荆楚文庫

〔同治〕來鳳縣志

〔清〕李勖修
〔清〕何遠鑒 張鈞纂

荆楚文庫編纂出版委員會
湖北人民出版社

荊楚文庫

〔同治〕來鳳縣志

TONGZHI LAIFENG XIANZHI

圖書在版編目（CIP）數據

〔同治〕來鳳縣志 /〔清〕李勖修；〔清〕何遠鑒，張鈞纂.
—武漢：湖北人民出版社，2023.12
ISBN 978-7-216-10739-6
Ⅰ.①同…
Ⅱ.①李… ②何… ③張…
Ⅲ.①來鳳縣—地方志—清代
Ⅳ.①K296.34
中國國家版本館 CIP 數據核字（2023）第 218288 號

責任編輯：陳　典
整體設計：范漢成　曾顯惠　思　蒙
美術編輯：董　昀
責任校對：范承勇
責任印製：肖迎軍
出版發行：湖北人民出版社（中國・武漢）
地址：武漢市雄楚大道 268 號
電話：(027)87679656　郵政編碼：430070
録排：武漢鑫偉創圖文設計有限公司
印刷：湖北新華印務有限公司
開本：787mm×1092mm　1/16
印張：20
字數：277 千字
版次：2023 年 12 月第 1 版　2023 年 12 月第 1 次印刷
定價：110.00 元

ISBN 978-7-216-10739-6

《荆楚文庫》工作委員會

主　　任：王蒙徽

副 主 任：諸葛宇傑　琚朝暉

成　　員：韓　進　張世偉　丁　輝　鄧務貴　黄劍雄

李述永　趙凌雲　謝紅星　劉仲初　黄國斌

辦公室

主　　任：鄧務貴

副 主 任：趙紅兵　陶宏家　周百義

《荆楚文庫》編纂出版委員會

主　　任：王蒙徽

副 主 任：諸葛宇傑　琚朝暉

總 編 輯：馮天瑜

副總編輯：熊召政　鄧務貴

編委（以姓氏筆畫爲序）：朱　英　邱久欽　何曉明

周百義　周國林　周積明　宗福邦　郭齊勇

陳　偉　陳　鋒　張建民　陽海清　彭南生

湯旭巖　趙德馨　劉玉堂

《荆楚文庫》編輯部

主　　任：周百義

副 主 任：周鳳榮　周國林　胡　磊

成　　員：李爾鋼　鄒華清　蔡夏初　王建懷　鄒典佐

梁瑩雪　丁　峰

美術總監：王開元

《荆楚文庫·方志編》編纂組

組　　長：賀定安　陽海清（執行）

副 組 長：劉傑民（執行）　王　濤　謝春枝　范志毅（執行）

參編人員（以姓氏筆畫爲序）：

王　濤　李云超　宋澤宇　范志毅　馬盛南　柳　巍　陳建勛
梅　琳　張　晨　張雅俐　陽海清　彭余焕　彭筱溦　賀定安
楊愛華　劉傑民　謝春枝　嚴繼東

編　　審：周　榮

顧　　問：沈乃文　李國慶　吴格

出版説明

湖北乃九省通衢，北學南學交會融通之地，文明昌盛，歷代文獻豐厚。守望傳統，編纂荆楚文獻，湖北淵源有自。清同治年間設立官書局，以整理鄉邦文獻爲旨趣。光緒年間張之洞督鄂後，以崇文書局推進典籍集成，湖北鄉賢身體力行之，編纂《湖北文徵》，集元明清三代湖北先哲遺作，收兩千七百餘作者文八千餘篇，洋洋六百萬言。盧氏兄弟輯録湖北先賢之作而成《湖北先正遺書》。至當代，武漢多所大學、圖書館在鄉邦典籍整理方面亦多所用力。爲傳承和弘揚優秀傳統文化，湖北省委、省政府決定編纂大型歷史文獻叢書《荆楚文庫》。

《荆楚文庫》以『搶救、保護、整理、出版』湖北文獻爲宗旨，分三編集藏。

甲、文獻編。收録歷代鄂籍人士著述，長期寓居湖北人士著述，省外人士探究湖北著述。包括傳世文獻、出土文獻和民間文獻。

乙、方志編。收録歷代省志、府縣志等。

丙、研究編。收録今人研究評述荆楚人物、史地、風物的學術著作和工具書及圖册。

文獻編、方志編録籍以一九四九年爲下限。

研究編簡體横排，文獻編繁體横排，方志編影印或點校出版。

《荆楚文庫》編纂出版委員會

二〇一五年十一月

前言

《〔同治〕來鳳縣志》三十二卷，清李勖修，清何遠鑒、張鈞纂，清同治五年（一八六六）刻本。內封鐫『同治丙寅鐫 來鳳縣志 本署藏板』。

李勖，字南渠，山東諸城人，清咸豐二年（一八五二）進士，同治四年（一八六五）任來邑知縣。何遠鑒，字葆山，邑人，舉人。張鈞，字蓮舫，邑人，拔貢。

來鳳古为巴子國地，元末設土司，清雍正十三年（一七三五）改土歸流，清乾隆元年（一七三六）置來鳳縣，隸施南府。清以前縣志不存，清康熙五十九年（一七二〇）卯峒土司末代安撫使向舜纂有《卯峒司志》六卷，有稿本流傳。乾隆間邑令林翼池創修縣志，其後邑紳王煜著有志稿二十二卷，緣經兵燹，頗多散失，亦未刊行。李勖莅任，恰逢上憲檄修縣志，以備省志之采擇，勖念來邑自設縣以來，人文漸興，而圖書無考，乃延葆山爲主稿，蓮舫亦參與其事，集諸君子旁搜遠紹，共襄盛舉。葆山旋即發凡起例，分門別類，『既循舊以圖新，更徵文而考獻，略者詳之，訛者正之』，六閱月而成書。

志分十五門，內容依次爲天文志（星野）、地輿志（沿革、疆域、形勢、山川、古蹟）、建置志（城池、公署、集場、倉儲、學校、書籍、書院、壇廟、坊表、津梁）、典禮志（慶賀、鄉飲、救護、祀典）、食貨志（户口、田賦、雜税、鹽引、領支、蠲卹、水利）、武備志（兵制、舖遞、控制、兵事）、職官志（文秩、武秩、政績）、選舉志（薦舉、科目、仕宦）、人物志（行誼、孝義、忠義、文學、武功、壽考、壽婦）、列女志（節孝等）、土司志、風俗志、物産志、藝文志（文、詩）、雜綴志（集異、存疑、祥眚、掇拾）。卷首收新舊各序、凡例二十三則、纂修姓氏、縣境諸圖，另録李勖自撰《採訪條欵》，闡述山川、建置、古蹟、人物、列女、風俗、物産、藝文等內容之采訪細則，以考其事實，激濁揚清，卷末附張鈞自跋。全書立綱分目，各以類從，無類可分者，編爲雜綴，眉目清晰，便於查閱。

是志采林、王兩志並重加搜集，又據府志增删，較之林志更爲詳實準確：天文門，『歷考諸書之翼軫』，以正林志之失；沿革目，林志載春秋至李唐，雖録有所據，而未有詳考，是志特據府志正之；邑內古蹟，前志所載寥寥，而確有可徵者甚多，『兹特搜采纂入』；自設縣以來，循良之吏不乏其人，緣未經呈請咨題不能率爲品目，故於職官志中特編政績類統之。

土司臣服數百年，『奉朝貢，備徵調』，而土官不載、建革難明，省志附藩封之後，府志列冠師之末，皆未得專記。是志特設土司一門，先以總考叙之概況，再按散毛、大旺、東流、臘壁、卯峝、漫水、百户諸司分而述之，内容頗爲詳盡，對於研究土司制度和土家族歷史，具有極高的史料價值。

據《中國地方志聯合目録》，是志大陸多地有藏，本次影印所據底本爲湖北省圖書館藏本，該藏本版刻雋永、字迹工整，無破損、無缺頁，整體書品較好。《中國方志叢書》《中國地方志集成》皆影印收録。（彭余焕）

目録

來鳳縣志

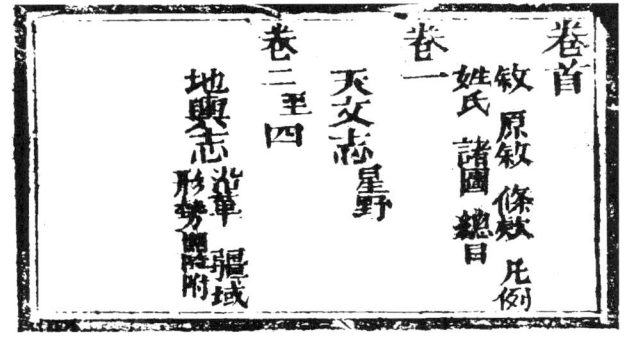

同治丙寅鐫

來鳳縣志

本署藏板

來鳳縣志序

邑有志何志乎謂志前哲之故事則稗官優爲之謂志
聖代之典章則胥吏能述之必待鴻儒碩彦始一修明者何也豈不以稱古昔昭來兹將備

物垂規納斯民於範圍之中哉故修之之法莫不恪遵成憲縷晰條分以示明備要其大端有二曰德曰政鑒別人倫以昭激勸所以觀德也辨其疆域紀其山川詳其教令程其土宜稽其俗尚肄其物釆以謹封守而察時變所以觀政也得其人則其德立其政行其書可傳而亦可守非然者擇焉不精語焉不詳其甚者又或狃於偏私習於鄙

近多所阿附而失之濫故余於嚴而流於刻無徵不信不信弗從而欲上以宏
盛世之規猷下以責斯民之則傚不綦難哉乙丑夏余署篆斯邑前縣林君煦齋已奉修志

之檄以將移官恐其事之不
終也而留以屬余嗚乎余以
輇材甫蒞茲土且邑自改設
以來未及百年而兩經兵燹
雖人文之漸興奈圖書之無
考而遽界以重任則難之又

難矣竊思單父感陽書之喻
武城留子羽之踪百里之內
豈無賢豪可與共理者急於
晉接邑士大夫時潛心諏訪
羣以何君葆山張君蓮舫對
爰造廬請謁獲領風規益深

悉其學術行誼咸孚衆望遂
欣然以爲得人而知其必能
相與有成也卽以志事與之
商訂而兩君者亦以大典不
可廢墜前徽之不可湮沒也
遂慨然分任之其於人也無

毀無譽以人物志任之幽闡
微顯而德無弗彰者何君也
其論事也有倫有要以天文
以下各志任之體明用達而
政無弗備者張君也簿書餘
暇藉資討論折衷焉以商其

去取者則余也書既成兩君且進有請也規爲之迹載乎書而治忽之理存乎人疆域志矣將何以保固之山川志矣將何以奠安之禮樂教令志矣將何以法守而欽承之人民物産志矣將何以教育而豐殖之民性日漓而德教靡興其治不可長也時事日非而政令不舉其安不可久也因勢而利導見幾而早圖是在有民社之責者余曰唯

唯謹受教雖然風會必十年而後變積弊非一日所能更有土者視地方爲傳舍竊
朝廷威福之餘而玩忽將事欲求一振興得乎此余所惓惓焉而深愧未能者願以自勵並以告後之君子是爲序

同治五年歲次丙寅署知來鳳縣事山左李勗譔

來鳳縣志序

余以癸亥歲來宰斯邑越明年冬奉
憲檄纂修縣志並爲楚北疊經
兵燹圖籍無存故
憲心用是汲汲也邑處遐陬而亦若不
可援手何哉竊以甘泉醴井不擇地
而孕其靈照乘連城或越時而挺

其采邑於古爲蠻夷國唐宋以前
渺遠難稽固已此後各置土司採風
者或置之羈縻不入輶軒然歷古
以來代歸朝命其人君臣父子夫婦
孝弟忠信其治禮樂詩書其事祀戎
刑賞度所建樹雖鉅細倣佛實政
教之同遵中朝一也而播遷既久文
獻無徵後之人聞傳遺事求其可
據者計不過千百之一而追及我
朝改土歸流沐浴
雅化已駸駸乎風會日開人文蔚起美

乃甫經百餘年而再蕩於兵戈殘碑
斷碣半薦荒榛賜鼎藏書悉歸
劫火而欲於風雨摧之中搜輯遺聞
故家巨族傳述舊詞其甚者或謁爲
販夫牧豎閱世而不知其高曾之名
與念及此而亟亟以圖之興廢舉墜

之謂何非所以表
圖而慎封守也乙丑春方議舉行忽
奉移任保康之檄自惟涼德無從
蔵事餘既無以福惠邑土又不獲爲
邑人士倡此舉實深慊焉而無
可如何此幸者　南渠李君以山左名
士代權斯篆知其必能舉久曠之
典以成不朽之業而有以釋吾慊也
今歲夏以書成來告並知秉筆其
爲何君篠山張君蓮舫兩君子共余
素所推服而心儀其也復得賢令尹
爲之主裁上以答

列憲之搜求下以具一方之掌故而
後世果有以釋吾慊矣爰即私心
所欣幸愉快者寄述簡端並具
修輯之勤既明且備當事諸君並
具長才何待讀其書始知爲一邑之
信史哉

同治五年丙寅夏日知保康縣事
前署來鳳縣事蕭山林煊撰

來鳳縣志序

同治三年冬映奉檄司鐸來邑未遽行也識者告曰是邑風土醕樸文教繁興其往哉毋忽四年春抵任宰是邑者爲蕭山林君方會議修志

竊念邑中老成之望典型之美與夫山水人物之秀麗將於此而覩其全也議未定以移任保康去今明府李君莅縣復議興修乃或者以甲第不勝爲嫌嗚呼甲第信美矣不甲第豈遂以掩畯良志之修也將爲忠孝發其光節義壯其氣政績綜其要經術正其趨何嘗拘於甲第哉況來邑士多美才歷任文宗稱爲施州之冠誠使滋培之不懈安見甲第之終不盛也映又觀庠序之士甚愛名節不趨勢利非沐浴

文教者深何克臻此然則是邑之膽炙人口者所從來遠矣志書成賢宰主之邑紳贊

之昳不敏奔走其間獲參末
議既喜前此所聞之不虛又
甚望多士之克自振拔而丞
爲
邦家光也因爲之序云
同治五年歲在丙寅來鳳訓
導麻城項昳書

原序一

施陽故衛所或謂古夜郎地邈難稽已迨至
今上御極之元年初改設畫土疆六屬轄施郡而惟來
邑距郡最遠東鄰南楚西抵巴蜀尤爲保障要區余自
十七年奉
命守此至卽索所爲郡縣通志者藉觀古昔以證今茲
而卒無所得創造維新人民非舊徒致慨於文獻之無
徵已比年來亦嘗分搜散輯博採遠蒐竊欲成郡志一
書甫脫稿而未謀剞劂方慮前無所丞而旁無所證難

以明義例綜終始而昭烱戒焉丙子冬來令林君乃出
其所爲縣志稿十二卷問余余細閱之其提綱析類援
昔據今於無可考證之中而未或雜一荒唐之詞洵不
愧愆憲來公所稱簡括詳明者尤於政治之有關民心
風俗之大者間記一二以見其用意之所存知其與蒲
二令暨董司張尉之相爲諮詢相度經玫究者匪伊朝
夕書曰同寅協恭又曰忠曰贊贊襄哉卽此一志可見
林令諸君之於治道官方寅恭襄贊能相與以有成也
蓋施陽六屬新闢土疆昔未有郡邑故未有志于今沭

洽
聖化漸摩仁恩疆里既正學校旋興在官有循績在野
有良民而匹夫匹婦慕義興行何地蔑有倘仍置之荒
草煙蔓草中寂滅無存將後視今猶今視昔之憾亦吾
蒞斯土者之職其咎也是則斯土之於志書一事視夫
中域名區尤宜亟亟已余故不禁心喜來邑志書之成
而爲之紀數言於篇首云爾
特授中憲大夫知湖北施南府事加六級紀錄十六次
宛平王如珪題於清慎勤堂之東壁

原序二

來邑昔無志非無志無邑也邑之設昉於
今上御極之元年前此未改郡縣土司仍屬施衛地大
不理箐林翳莽村閭星落其自城邑宮室原隰關梁以
及興育祀祭官秩食貨數大端均屬荒唐
國家重熙累洽疆土式廓乃以衛所改置州縣二十年
來經理剏設漸次就備則今之來非昔之所謂散毛臘
壁之來也是烏可以無志顧志記也有紀於前者方可
述於後抑志志也昔歐陽文公忠撰五代史大事則書
意有所示則書後有所因則書所謂志是事而意有所

取則作者之意志不苐爲記事書也余以腐朽經生初
蒞來土視事方一載見夫五方戾止者較昔奚啻倍蓰
而皆田廬未寧婚配未完禮教未習風土情性未宜所
以昔之案牘靜簡者而今方稍稍就繁方慮操刀學割
悵無郡紀縣志猶國之有史可以歸畫一而借龜鑑左
丞觀𧼈蒲公就余商志事余不敢易視此事每因公蹤
勘道途所經輙往復迴環相陰陽瞻形勝訪舊蹟考軼
事顧圖籍無稽者舊已沒徵文考獻之無從炊沙難以

成飯况復書慚半部才遜三長者之何能孩童學舞耶
蒲公觀察乃出其所纂稿示余余謂此吾儕責也未敢以不敏謝相與可否增損搜輯採擇提綱析類達義明例務期無者有亡者存廢者續略者覈陋者雅舛者正可以勸可以懲可以興可以述亦竊取夫大事則書意有所示後有所因則書之遺意云爾憑臆矜情余則何敢願以待宦於斯生於斯者後人有志相與發明光大前人志也則是志之可大可久永蒙我
國家億萬年有道之休於兹肇之矣是爲序

賜進士出身
勅授文林郎知來鳳縣事古閩中泉郡林翼池謦齋氏
撰

原序三

志者何記也記其天象記其地勢記其人事三才之道備矣來邑新闢彈丸有天道焉有地道焉有人道焉顧安可以不志第志惟其實不惟其虛善其善惡其惡不流於私曲董狐良史古稱之矣邑乘猶國史也寧可歧乎抑又有聞於古人之說焉傳疑多於傳信善善長而惡惡短孔子曰如有所譽者其有所試矣又曰隱惡而揚善則質直不阿尤當以忠厚之意行乎其間洪才之敏達學之淵博何敢妄言紀述祗以謬膺邑丞仰覩俯

察閱歷年所有昭昭不可湮没者自不容以不文辭爰與堂臺謦齋林公採輯纂修質焉直焉以書其情實求其不負厥體而已首星野次疆域輿圖以至食貨官師儀禮而於其間古蹟政績藝文以次相及亦惟疑以傳疑善善欲長之意云爾至於科貢人物猶有待也特懸一格以俟來者即譽有所試之微意也然此第草創焉耳討論修飾尚有藉於博物君子若夫質文繁簡媸美良史是又仰止焉而未逮者也余何敢云謹序
乾隆二十一年歲次丙子夏四月穀旦湖北施南府來

鳳縣縣丞古成紀觀齋蒲又洪題

採訪條款

一邑之有志所以志山川圖輿禮樂教令與夫邑人士嘉言懿行故事軼聞以永垂不朽者也我楚北自經兵燹之後各屬典籍半多散失各

大憲雅意興修亟宜纂集成書以副盛舉本縣蒞任伊始一人之知識既屬有限且於地方事蹟人物概少見聞惟賴

諸君子不惜勤勞博採旁搜同襄盛事所有政治典章載在册籍非鄉曲所能搜輯外其餘應行採訪各條擬就數則開列於左仍俟　高明酌裁以便舉行

一山川宜採訪也名山大川岳峙淵渟固所以表一邑之形勝即一邱一壑奧衍幽深足供遊覽詞客騷人聞而起褱或躡屩來遊或結廬托處俯仰林泉形諸吟咏亦風雅之一助也

一建置宜採訪也城垣壇廟以備居守以承祭祀久而彌新矣他若書院義學以儲人材橋梁渡口以便行旅溝渠塘堰以濟民生叢葬義塚以恤死喪雖歷年既多不無興廢或者循良之吏信善之人有踵事增修者乎

一祠廟宜採訪也典祀而外民間率多私祭若稟君竹王之屬其事皆載在史册其人實牖啟生民雖祀典所不存而祭賽則不廢歲時伏臘擊鼓迎神亦尊德報功之遺意也至若禪林道院雖屬不經而蚩蚩之氓每有不畏憲典而畏果報者亦姑存之以動其好善之心

一關隘宜採訪也設關禦暴凡所創立之處或依雄山或臨巨壑或當峽口皆有深意然須知其內外險夷出人遠近道路分岐山林起伏一旦有警戰守之形瞭如指掌庶於兵家稍有裨益或不至以地理之不諳因而

失機

一古蹟宜採訪也荒城故壘斷碣殘碑昔賢所留過而增慨究其興廢所由不惟動懷古之想亦鑒古者考鏡之資也他如仙佛之所幻化神物之所憑依靈異之蹟往古留傳亦不必以誕而棄之

一人物宜採訪也十室之邑必有忠信况吾邑山川明秀人才間出獻之廷者國之光修之家者亦鄉之望也或孝行之可傳或忠義之可風或皓首窮經足備儒林之選或青囊有術獨精方技之書若者大節無虧若者一行可取不惟見邑之多賢其與古人不朽之說或有合歟

一列女宜採訪也詩書之族固多淑女草野之家不乏貞婦或慷慨殉情捐軀盡節或從容就義撫子養親巳嘗亟爲表彰以激頹俗况吾邑疊經喪亂其矢志不辱慘罹兵戈者曷可勝道

朝廷之恩恤未及周施邑乘之流傳復聽沒滅豈不悲哉

一風俗宜採訪也吾邑向屬羈縻舊時之俗未入輶軒自歸版籍服教有年不無移易所慮者今則用夏變夷

由漓而之醕嗣復踵事增華由醕而之漓也宜亟志之以待後之主持風教者

一物產宜採訪也古者地曠人稀深山邃谷之中榛莽所叢豺虎所居而欲地之不愛其寶也難矣迄今生齒日繁開闢日廣桑麻徧野竹木成陰畜物滋蕃魚鹽作市固地利所宜抑亦見人工之修也

一藝文宜採訪也載道之文經世之編所以輔聖教而垂王章尚矣吾邑之始人文未起蓋闕如也他如吟弄風月贈答篇章庸有益乎雖然六經之傳不廢風雅太

史陳詩以觀民風卽衢壤謳歌莫不採拾則用是以觀
其志趣所向而得其哀樂之情誠有裨於世道人心者
必藉此爲著作之可傳猶其淺焉者耳
以上各條酌裁既定務卽矢勤矢公悉意搜羅無或狃
於已見失之偏畸無或狥夫人情因而冒舉無或揑飾
致來濫竽之譏無或忽疎使有遺珠之歎庶幾吾書一
出或傳或不傳隱寓春秋之褒貶有取有不取莫或月
旦其偏私考其事實可以行遠而歷久播諸教令足以
激濁而揚清

諸君子之集鳳邑而居者有榮光焉卽本縣之附驥尾
而彰者有深幸焉

知來鳳縣事山左李勗謹白

凡例

一縣志舊有前縣林公磬蕃刻本一十二卷維時草莽
初闢無可採志畧舉綱目而已其後邑紳王明經小
艭著有志稿二十二卷兵燹以後頗多散失近得之
龍邑黃奉政叔容家雖非善本亦多可採擇

一分野之說肇自黃帝星文之學源於甘石從來遠矣
必謂區區一隅毋庸論其星分將何據以察災祥辨
方位乎故歷考諸書之論翼軫者以正林志星蜀地
楚之失

一沿革不明則山川疆域無一不誤林志載邑自春秋
至於李唐隸彼隸此尚非漫爲附會者至稱宋屬施
南宣撫司明初分置散毛大旺諸司則未詳考也特
據府志正之

一卯峒漫水百戸三司史皆不載府志亦畧惟漫水二
字僅一見於格致鏡原卯峒土司志亦不能詳其沿
革書缺有間矣謹俟博物君子

一畛域不分則散無攸紀茲爲界劃朗然此疆彼界如
割鴻溝無事置詛里之鼓

一將境內名勝巧列佳名附於形勢之後甚屬無謂邑景舊有十六新定爲八邑人士有形諸吟咏者附見於藝文志中從林志例也

一邑中佛潭河即五溪之酉溪也前志未經道及茲從明史地理志中得其說因徧考諸書詳爲辨論以定其名

一邑中古蹟甚屬寥寥府志僅載已廢各司縣志僅載仙人崗而已不知翹龍山則唐有遺芬峽口關則宋標石柱振武留衛國之題佛潭存咸康之字皆事之

確有可徵者何恐概付諸荒煙蔓草茲特搜採纂入

一禮器樂器樂章儀注久經部頒通行似不必於邑志臚列但邑既處遐荒宮懸未備又經兵燹法物無遺壇廟現皆興復禮樂必漸修明故詳載之以俟雅意復古者

一作志例志名宦所以景前修而勵來者邑自改設後循良之吏大有其人因未經呈請咨題不敢率爲昂日茲特編政績志以統之而殉難諸公亦附焉若現存者雖有循聲槪不登載

一選舉首重科目固已若其人之以他途進者莫不懷瑾握瑜乘時利見歷志皆附諸選舉之末然分隸太雜茲特編仕宦志以統之可見
聖代用人不以一格拘也

一人物有以行誼著者雖有文學武功亦志於行誼有以文學武功顯者雖有行誼亦志於文學武功從其重也餘仿是其敘次或因時代之遠近或因採訪之後先隨到隨錄非有軒輊於其間

一人物有因祖父而志其子孫者觀其前而知後人之

必興也有因子孫而志其祖父者觀其後而知其先德之必厚也詳爲志之欲使閱者觀感興起非徒以榮其門族

一人物上自封翁下至傭工苟有懿行必爲登錄取善之途宜廣也

一壽考以現年八十以上卒年九十以上者爲率雖無善可錄而安分守己身家清白生無敗行者皆志之否則雖高年不錄其有樂善好施及排難解紛實爲鄉黨所推重之人有未入行誼者雖現年未登八十

辛年未登九十亦志之

一節孝志中年例稍有不符者亦間爲採入非惟善善從長亦以子孫成立決無墜志之事俾潛德懿行藉以垂久遠而資激揚

一土司服屬數百年奉朝貢備徵調世襲冠帶管理軍民其職亦王臣也土官不載一邑之建革難明故省志附藩封之後府志列官師之末兹本其意作土司志或存其名或紀其事庶登車攬轡不得以化外滋疑

一秩晋公孤顯秩也爵封侯伯高爵也膺兹懋典史册必書大旺土司志稱田應龍封平國侯田政封安平侯卯峒土司志稱向貴什晋太保封忠勇侯向喇喏封忠義伯向那吾晋太子少傅封東平侯向大踵封神武伯向政晋太子少保封懷遠侯雖屬言之鑿鑿緣於正史無考故槩從畧非掩美也昭信也

一風俗由於人節候運於天合志似乎不類然因時而有事相習而成風善言天者所以必驗於人也故總爲一志

一物產非土宜不載其詳爲考核者非矜博也欲深山窮谷辨其名而知其性也

一藝文非有關於本邑山水人物事蹟者雖佳不錄中惟張少尉惜春一律重其人不忍棄其詩故府志登載兹仍錄入

一難以類分者爲雜綴志以紀之語似不經而事皆徵實非好爲詭異風聞摭拾以紿後人

一邑自經兵革以來公廷之檔案無稽巨室之圖書俱盡咨詢匪易考證實難脱遺錯誤之處是編不知凡幾所望

高才博學者刋其謬而正其失則幸甚

纂修姓氏

主修

署理來鳳縣知縣李勗 南渠

協修

選授來鳳縣訓導項映 煦齋

纂修

原任嘉魚縣學教諭舉人何遠鑒 葆山

國子監學正銜選用訓導張鈞 蓮舫

參訂

選用通判張鑒 鏡如

選拔貢生張峻 小山

採訪

署應城縣學教諭張瑛 立堂

試用訓導向肇修 樹堂

候選訓導鄧福恒 嶽卿

候選訓導張治 崑山

候選教諭向安懷 仁圃

試用訓導何遠馨 倬齋

鹽運司經事張榮嶽 自舫

候選直隸州州判何遠椿 靈川

州同銜候選直隸州州判覃樂中 履卿

壬戌科舉人何盛矩 伯方

恩貢生蕭鳳儀 鏡清

恩貢生李廷柱 玉堂

歲貢生周肇基 吉堂

附貢生覃化南 荆門

雲南候選訓導王瑞霖 雨田

六品銜附生周在中 致堂

六品銜監生向瑄玉 敬亭

廩生鄒奐春 錦堂

增生張宗瑾 東序

附生段延澤 春圃

附生張濤 子松

附生覃敦和 雲門

附生何天照 篤齋

附生田承烈 偉卿

附生　劉毅　遠道
附生　周鸞
附生　張浩　養吾
附生　楊芝山　玉田
附生　周錫齡　鶴樓
附生　鄧炌　維山
附生　周本得　湘亭
附生　劉華國　甫亭
貢生　洪安瀾　禹門

監生　何暘　白樵
監生　覃選中
武生　陳期玉
武生　向明遠　允叔
八品銜　李超羣　卓人
九品銜　周臣　莆軒
九品銜　舒必達　玉成
文童　何遠城　金門
文童　莫盛松　硯南

文童　任紹助　贊卿
文童　劉學韓　伯琦

校對

文童　黎文炤　協堂
文童　張澍之　小舫
文童　楊如杏　春圃
文童　張之濟　菊農
文童　何盛霖　雨三
文童　張之澐　受伯

監工

卯峒司巡檢　毛學詩　問蓮
來鳳縣典史　陳世榮　小舫

督催

來鳳汛千總　楊得志　雲衢

捐板

文童　何盛徵　伸休

縣境諸圖 并圖說

周禮大司徒以天下土地之圖周知地與廣輪之數辨其名物圖之由來尚矣來鳳逼處三省最爲巖邑境內山川道里塘汛關津均宜詳志以備講求地利而慎封守然此特爲治者一事耳勤明之吏涖之數月豈不遍知竊見守土者深居簡出官舍且視爲浮廨四境之遙能無膜外置之備其一圖朝夕流覽或者於戶口之多寡民生之豐嗇風俗之良薄一顧之而動念嘅至林泉勝跡僅供遊觀已備載志中無事多圖以飾觀美

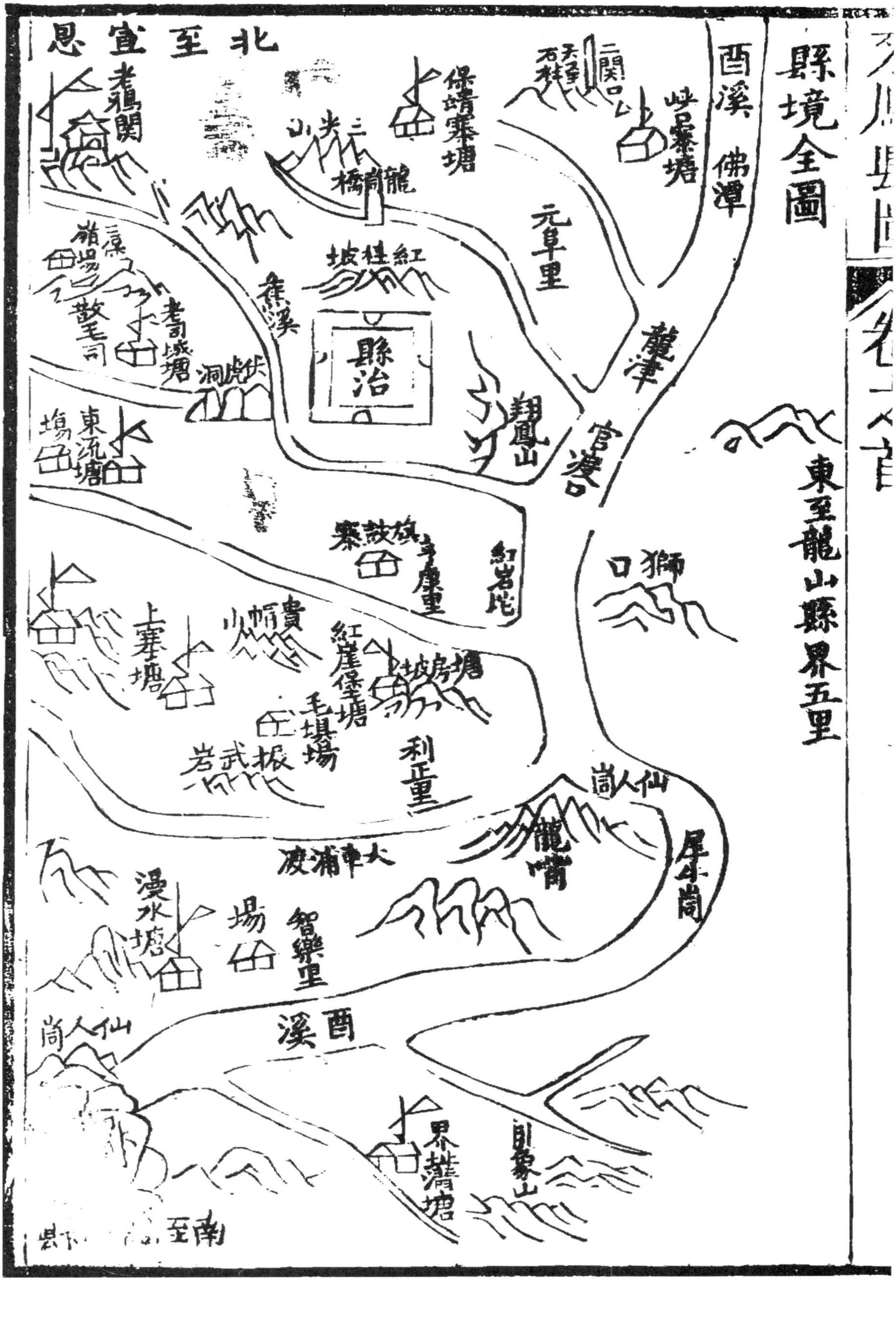
縣境全圖
北至宣恩
老鴉關
保靖寨塘
三尖山
龍橋
二關口山
酉溪
佛潭
元阜里
紅桂坡
縣治
龍津
官渡
翔鳳山
東至龍山縣界五里
獅口
旗鼓寨
紅岩坨
散毛司
老司城塘
伏虎洞
東流塘
貴帽山
上寨塘
紅崖堡塘
坡房塘
毛壩場
振武岩
利正里
仙人崗
龍嘴
大車浦渡
犀牛崗
漫水塘
智樂里
酉溪
仙人崗
界牌塘
白象山

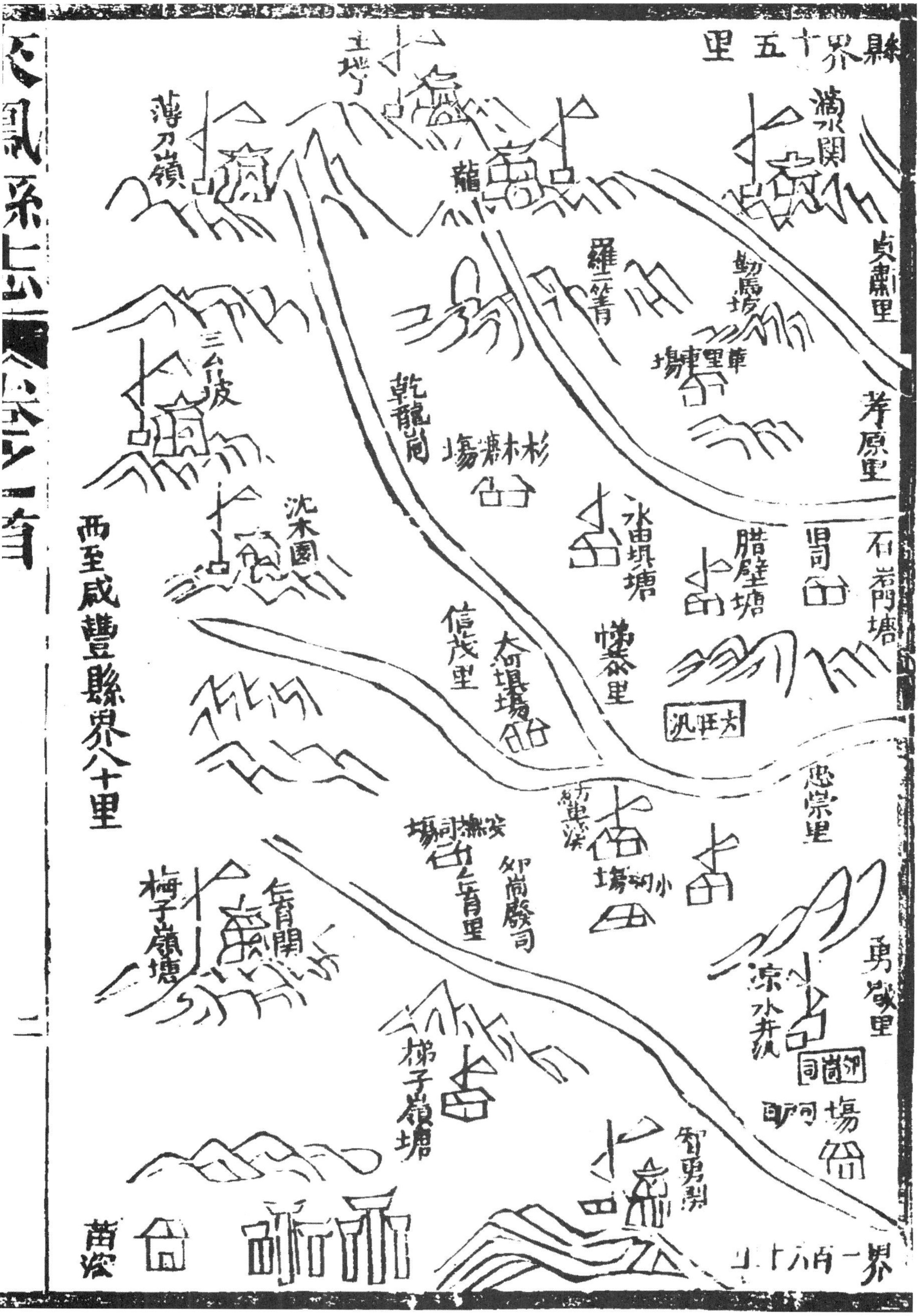
縣界十五里
滿水関
薄刀嶺
貞肅里
羅箐
孝原里
乾龍崗
三台坡
腊壁塘
石岩門塘
西至咸豐縣界八十里
信茂里
大河壩場
大旺汛
忠崇里
梅子嶺塘
勇敢里
涼水井汛
梯子嶺塘
場
界一百六十里

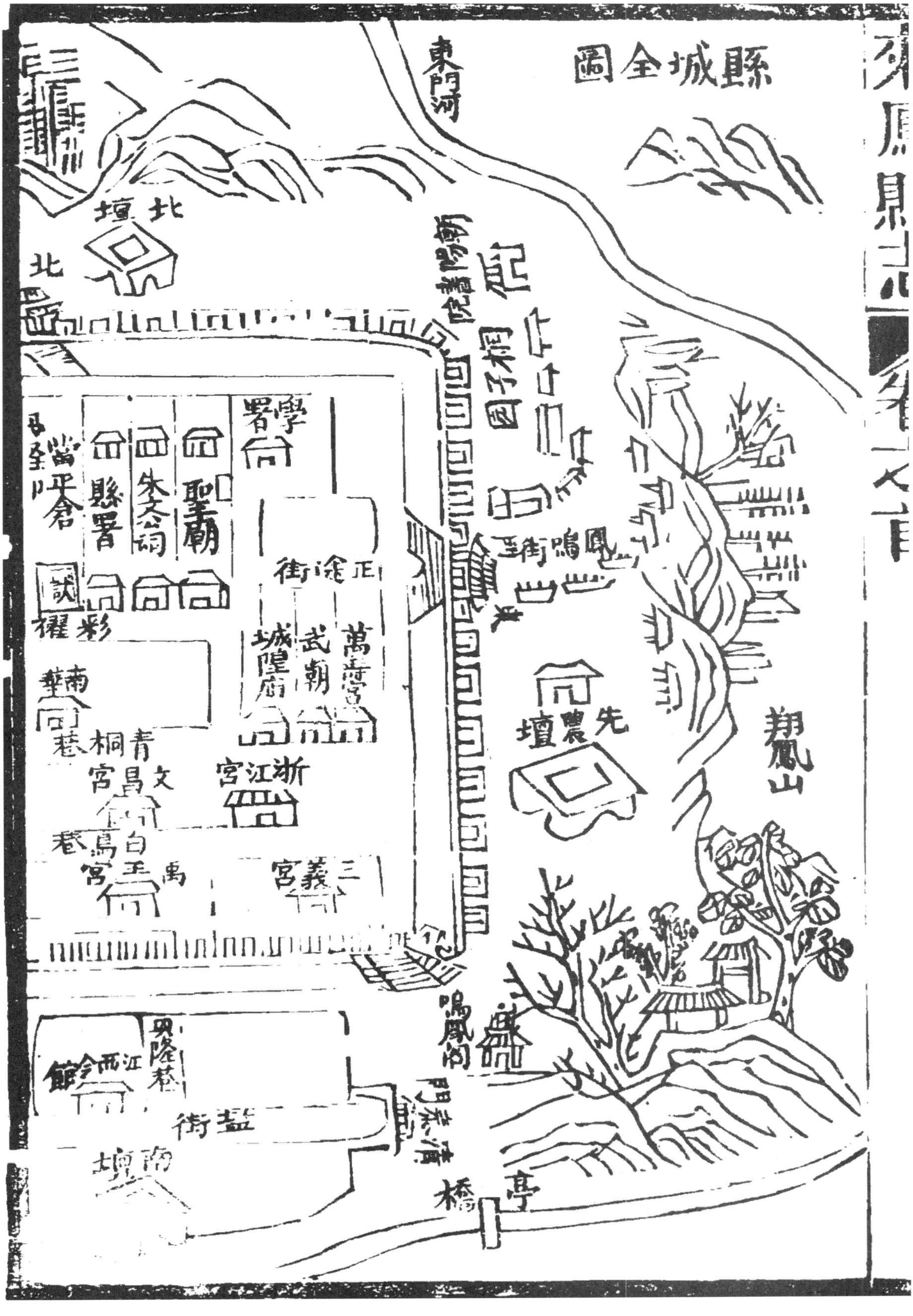
縣城全圖
東門河
北壇
朝陽書院
學署
聖廟
朱文公祠
縣署
常平倉
正途街
萬壽宮
武廟
城隍廟
鳳鳴街
先農壇
翔鳳山
浙江宮
文昌宮
青桐巷
三義宮
禹王宮
鳴鳳閣
清泰門
亭
橋
監街
江西會館
興隆巷
南壇

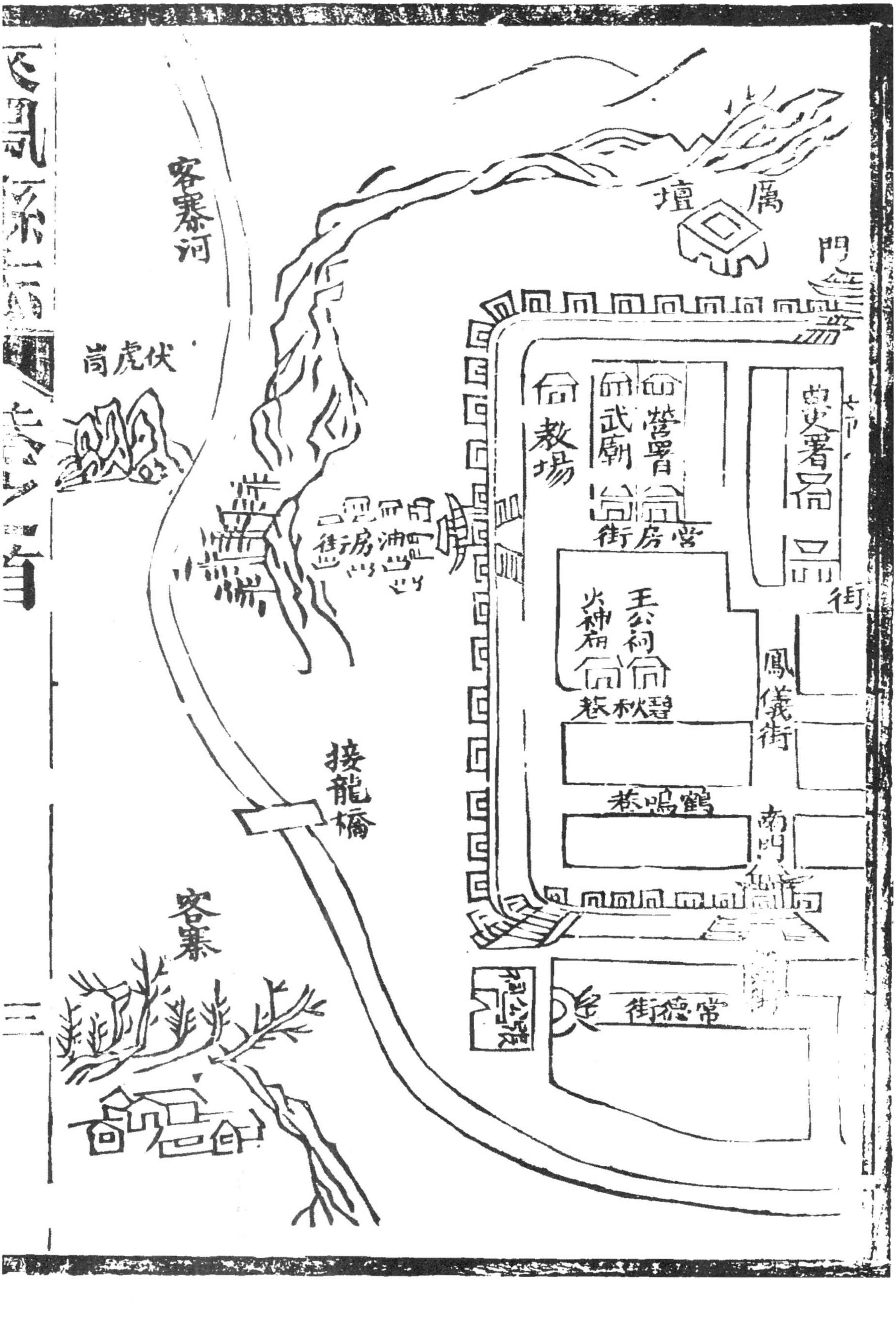
客寨河
伏虎岗
厲壇
門
教場
武廟
營署
典史署
營房街
街
王公祠
鳳儀街
碧秋巷
接龍橋
鶴鳴巷
南門
客寨
常德街

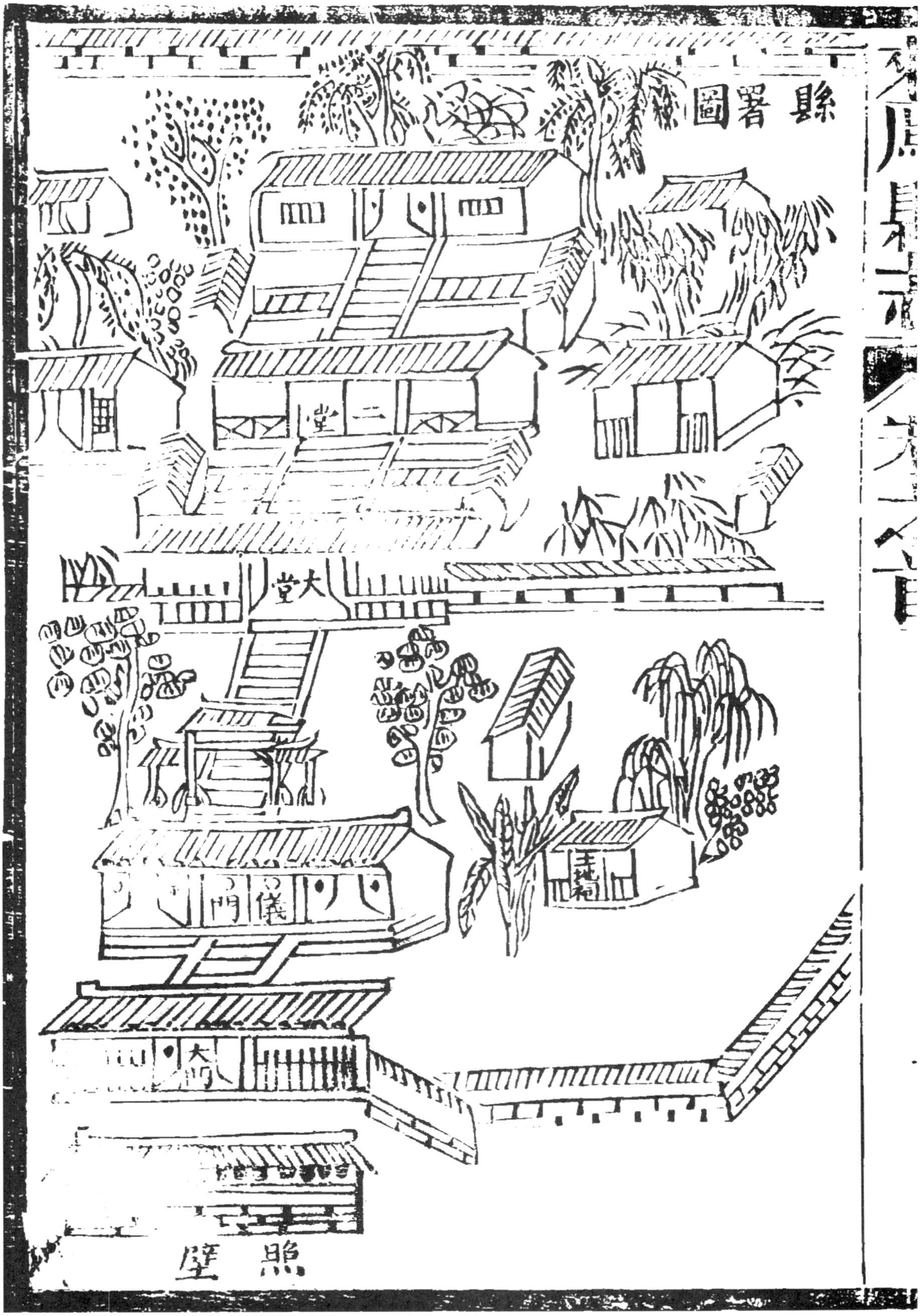
縣署圖
二堂
大堂
儀門
土地祠
大門
照壁

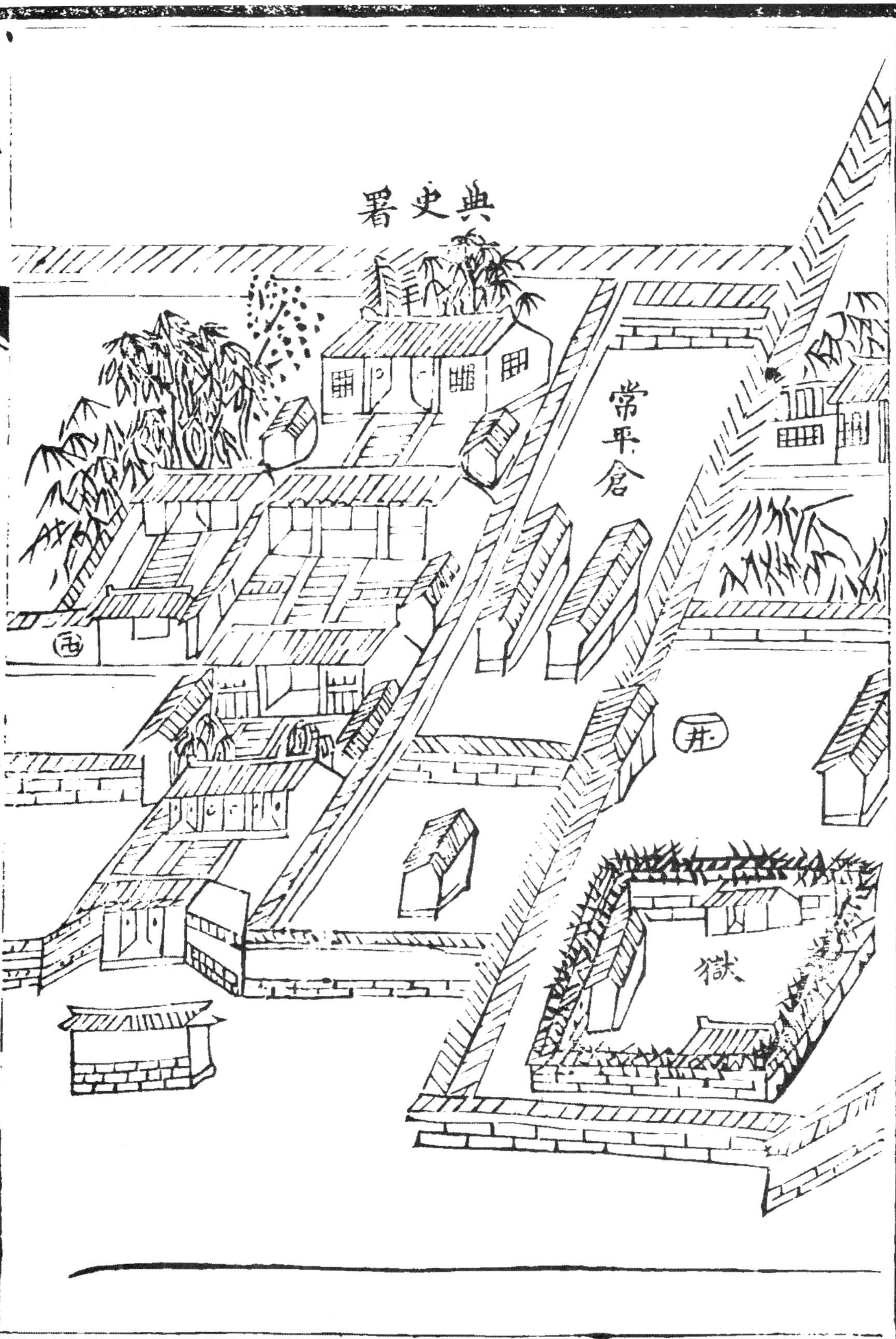
典史署
常平倉
井
獄

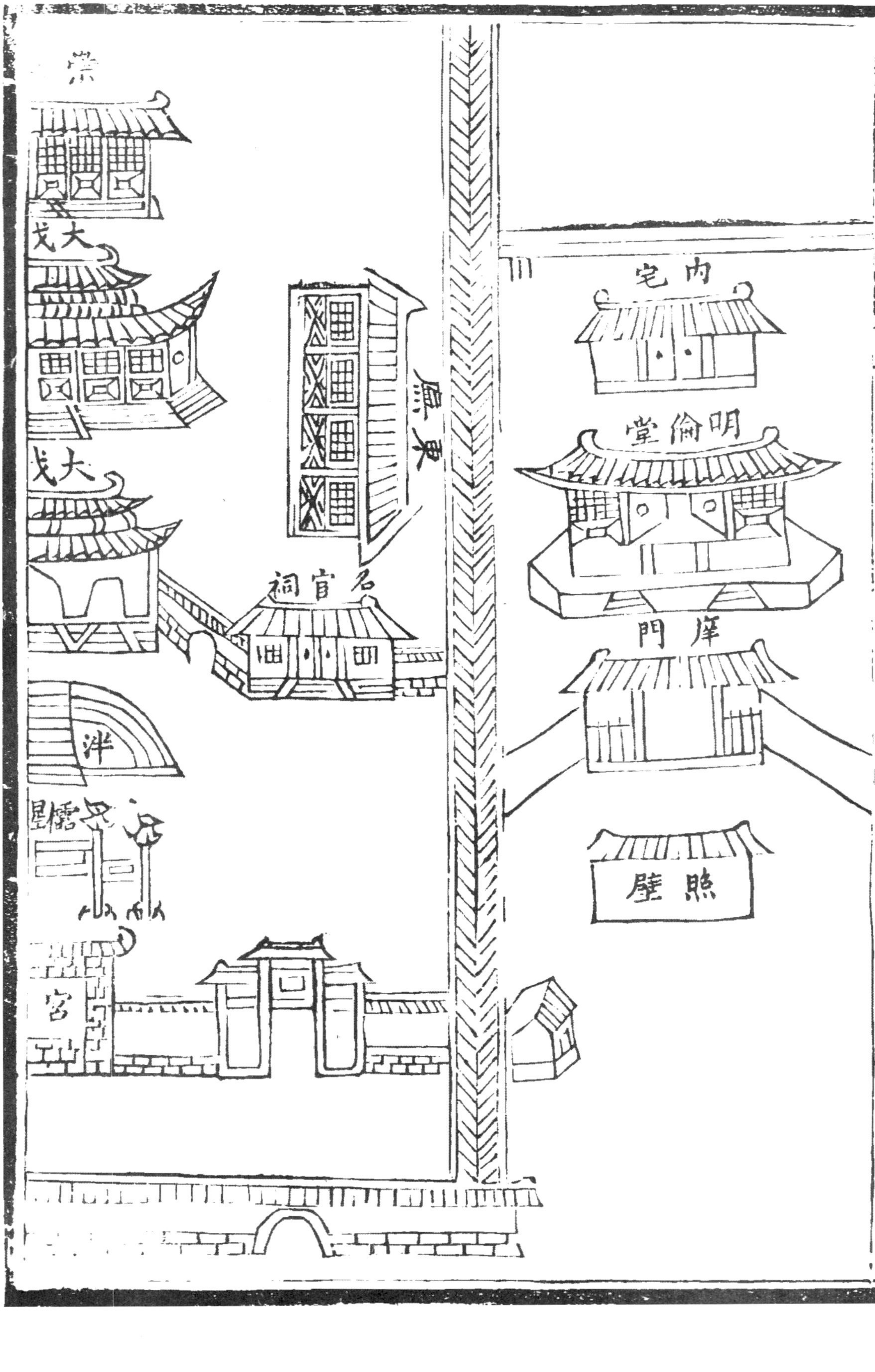
内宅
明倫堂
庠門
照壁
名宦祠
東廡
大成
大成
泮
櫺星門
宫
崇

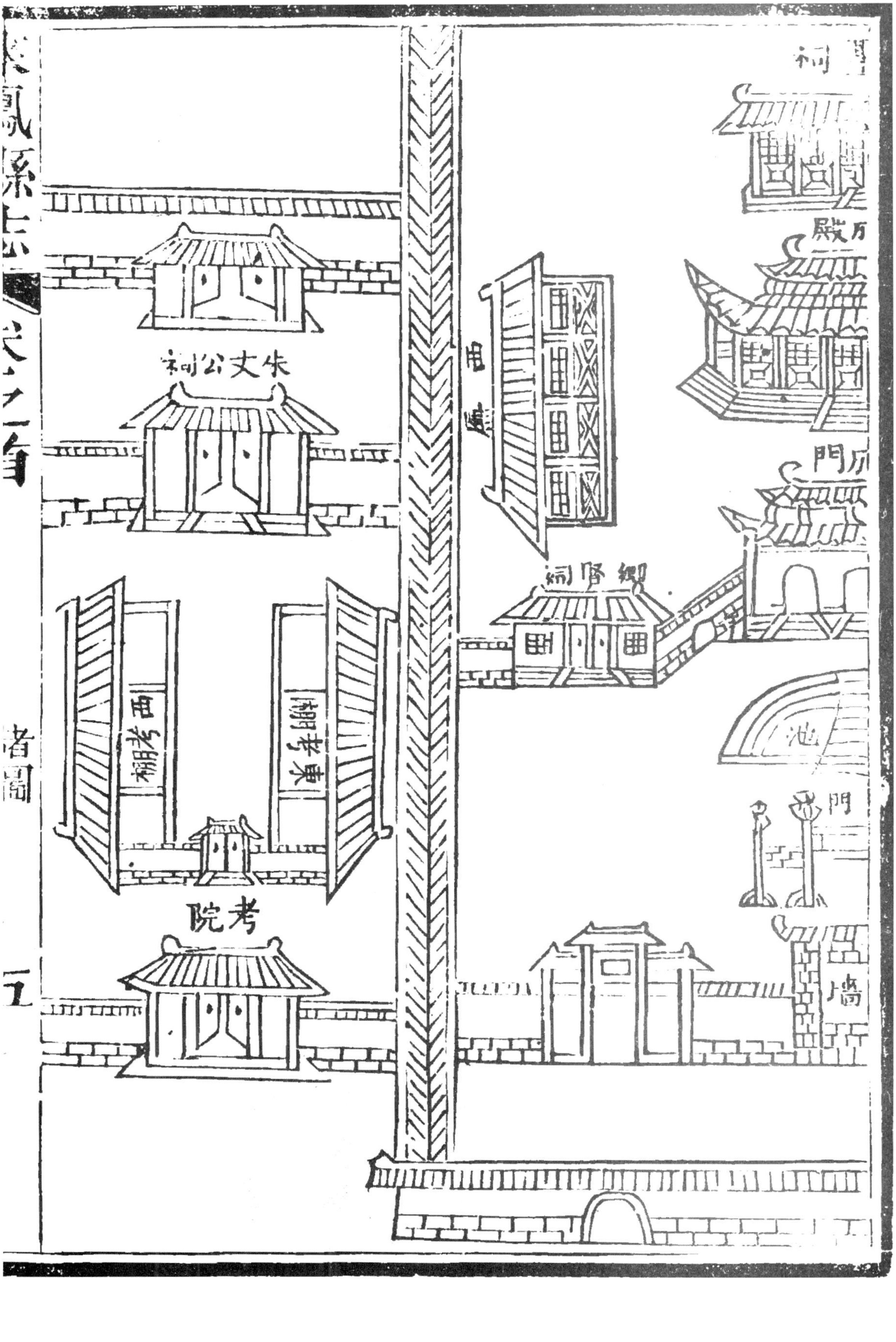
朱文公祠
考院
東考棚
西考棚
鄉賢祠
西廡
殿
門
池
門
墻
祠

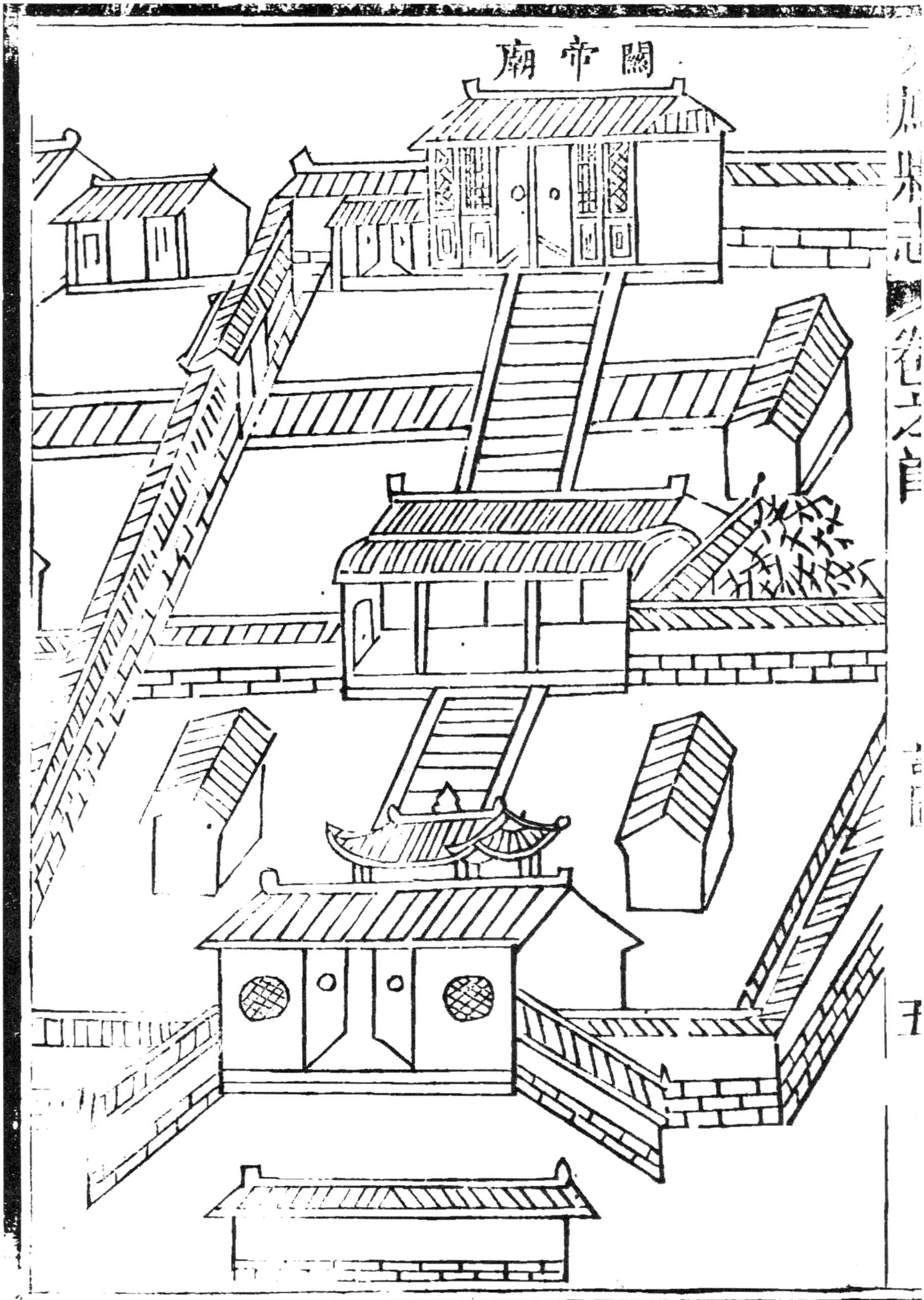
關帝廟

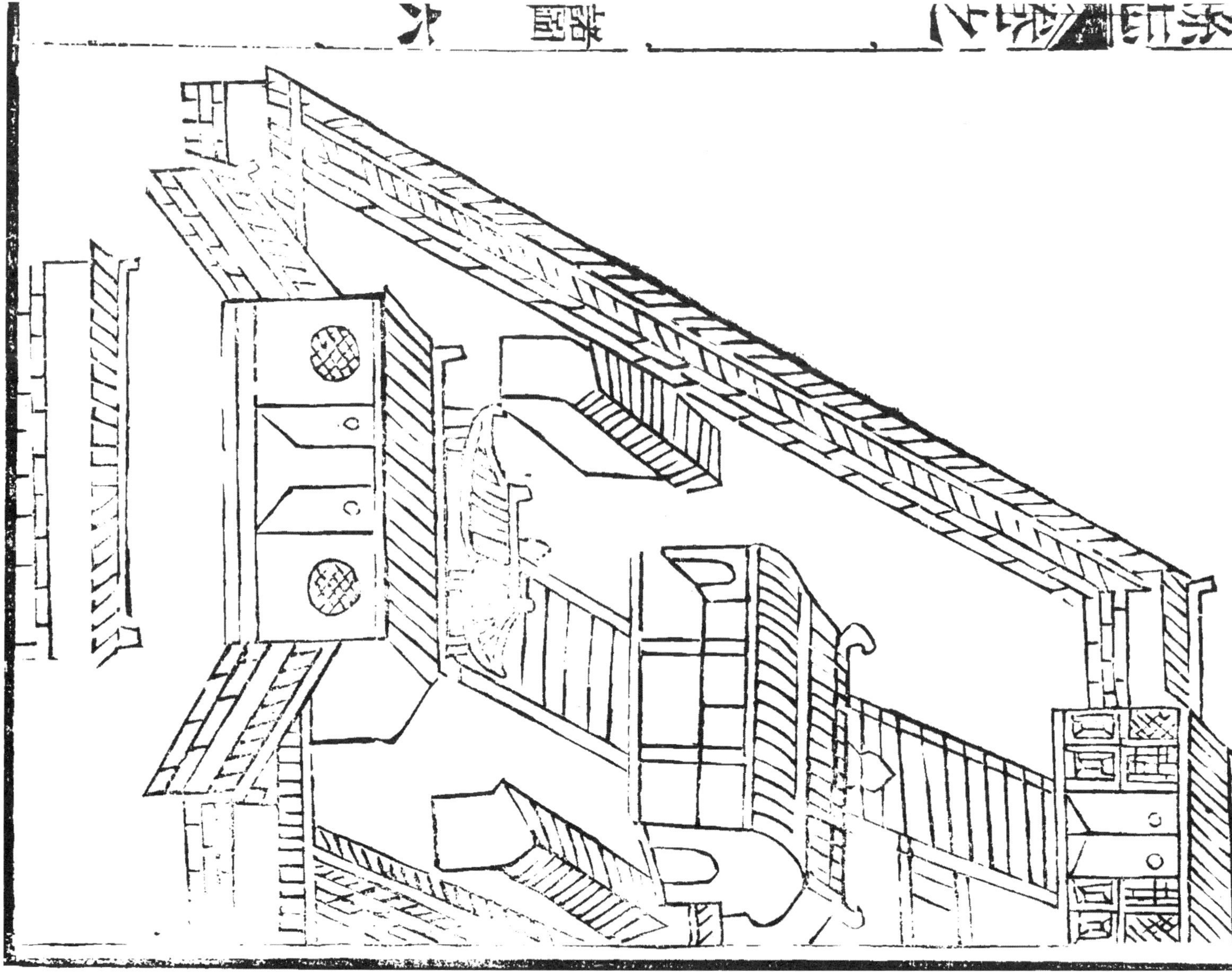

廟陰土城

來鳳縣志總目

來鳳縣志卷一

天文志

星野

北斗第五星曰衡　春秋運斗樞

荆屬衡星　廣雅

北斗第五星玉衡主荆州　星經

鶉尾爲楚　左傳

翼軫荆州　史記及漢書

軫星散爲荆州　春秋元命苞

自翼一度起爲荆州至翼之十六度爲各長官司　通天玉書

自張十七度至軫十一度爲鶉尾於辰在巳楚之分野　晉書天文志

屬荆州　班固三統歷

楚地翼軫之分野也今之南郡江夏零陵桂陽武陵長沙及漢中汝南郡盡楚分也　漢地理志

翼南五星曰東甌蠻夷星也軫南三十二星曰器府樂器之府也青邱七星在軫東南蠻夷之國號也　晉書天文志

翼軫鶉尾也初張十五度中翼十二度終軫九度自房陵白帝而東盡漢之南郡江夏東達廬江南郡濱彭蠡之西得長沙武陵又逾南紀盡鬱林合浦之地自沅湘上流西達黔安之左皆全楚之分古荆楚郢都羅巴夔與南方蠻貊之國翼與味張同象當南河之北軫在天關之外當南河之南　新唐書天文志

山南道古荆梁二州之域江陵峽歸夔澧朗復郢襄房爲鶉尾分　江南道古揚州南境岳鄂潭衡永道郴邵黔辰錦施叙獎夷播思費南溪溱爲鶉尾分　唐地理志

張十六度至軫九度鶉尾之次也湖廣之武昌府興國州荆州府歸夷陵荆門三州黃州府蘄州襄陽德安二

府安陸沔陽二州皆翼軫分長沙府軫旁小星曰長沙應其地衡州府桂陽州永州府全道二州岳州常德二府澧州辰州府沅州漢陽府靖郴二州寶慶府武岡鎮遠二州皆翼軫分　明史天文志

施州衞禹貢荆梁二州之域天文翼軫分野　明一統志

按舊荆州府志云由施南溯瞿塘諸衞其地跨梁益屬巴郡參八度井鬼相接之野而荆其餘分遂啟後人星蜀地楚之疑宋廣文施南志稽雖辨其非仍以施南入鶉首之次仍屬井鬼則辨而未辨也舊縣志

謂楚之西北鄖陽七縣故漢中郡古爲梁庸商麋諸國是秦楚之隅其星東井輿鬼終柳六度按於鶉火從施州上瞿塘以迄忠州諸衛其地跨梁益屬巴郡舊法參七度新法觜四度則亦參主其說不知來鳳古屬荆州楚地也分野自當從楚周天三百六十五度一度二千九百三十二里有奇今之荆州去此千里而近則固不獨來鳳一隅即施州全郡亦在鶉尾之次考　大清一統志云夔州綏定二府酉陽一州石柱太平二廳皆鶉尾之次翼軫分野又龍山縣從永順分置溯自武陵極於荆州南楚分星同在鶉尾之次翼軫分野來鳳西鄰於酉東近於龍星分翼軫更屬確然不得因通志有星蜀地楚之說執以論來鳳並執以論施州也

唐天文志河南之分中翼十二度

翼星圖

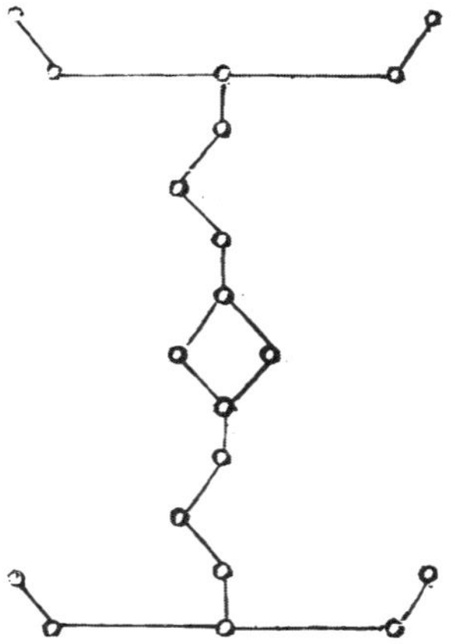

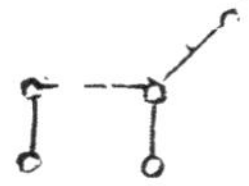

東甌

星經翼凡十八度一云十八度七十五分內十八尺爲黃道

翼爲羽翮主遠客正義云翼二十二星爲天樂府又主遠客占明大禮樂興四裔服史記天官書

翼星明大禮樂與四裔賓動則蠻夷使來晉書天文志

東甌五星在翼南蠻裔星也宋史天文志

按隋書天文志東甌五星今無

唐天文志河南之分終軫九度

軫星圖

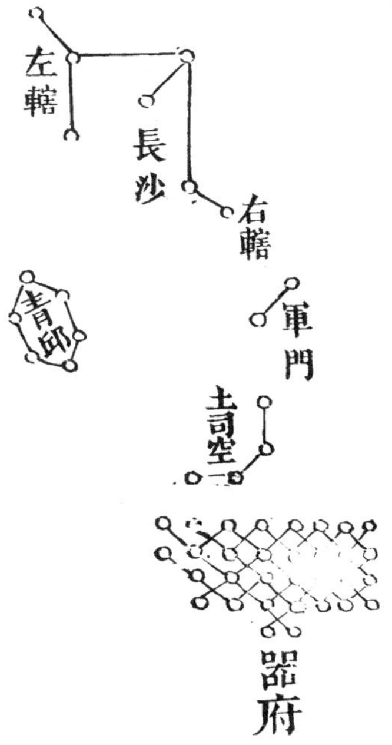

星經軫凡十七度一云十七度三十分內十三尺爲黃道

軫爲車主風其旁有一小星曰長沙星正義云軫四星主冢宰輔臣又主車騎亦主風占明大則車騎用長沙一星在軫中主壽命占明則主長壽子孫昌索隱云軫與巽同位爲風車動行疾似之也 史記天官書

軫四星主冢宰輔臣地主車騎主載任有軍出入皆占於軫又主風軫星明則車駕備動則車駕用轄星附軫兩旁主王侯左轄爲王者同姓右轄爲異姓 晉書天文志

青邱七星在軫東南蠻夷之國號守常則吉 軍門

二星在青邱西一曰在土司空北天子六宮之門主營候設豹尾旗與軍門同占器府三十二星在軫宿南樂器之府也明則八音和君臣平 土司空四星在青邱西主界域亦曰司徒均明則天下稼穡豐 宋史天文志

軫七星主將軍樂府歌讙之事五星犯之失位亡國女子主政人失業賊黨掠入禍生於百日內若光耀則天下昌萬民康四海歸王太白守之天下學校散文儒失業 星經

北斗第五星玉衡主荊州專以五卯日候之乙卯爲南陽己卯爲零陵辛卯爲桂陽癸卯爲長沙丁卯爲武陵又曰第五星不明或變色廢正聲務淫樂 星經

按隋書天文志青邱七星今三其軍門土司空器府俱無

來鳳縣志卷二

地輿志

沿革

上古蠻夷國 雷思霈方輿全書

唐虞夏商荆梁二州之域爲巴子國地

周巴子國五溪地

按春秋戰國皆楚地秦惠王欲楚黔中地以武關易之卽此也

秦隸黔中郡

按楚頃襄王二十二年秦拔巫中及江南爲黔中郡次年復歸於楚始皇二十四年滅楚仍置黔中郡如故

漢屬武陵郡

按武陵郡卽黔中郡漢高帝五年改置

蜀漢屬南郡

按南郡秦置高帝元年更爲臨江郡五年復故景帝二年復爲臨江中二年復故王莽時曰南順屬荆州

晉屬夜郎郡

按唐黔中道黔施珍思等州皆古夜郎地輿已變矣

壤

南北朝周隸清江郡

隋隸施州

唐隸清化郡乾元中復隸施州

五代羈縻感化州

宋初爲富州尋爲柔遠州仁宗時置散毛司以覃野毛爲散毛宣撫使司

元屬夔路仍隸施州初爲柔遠州尋廢爲散毛峒至元三十一年陞爲散毛府屬四川行省並置大旺宣撫司至正六年改爲散毛誓厓等處軍民宣撫司明玉珍據蜀改爲散毛沿邊軍民宣慰使司都元帥至元中又置神壁峒宣慰司在縣東南十五里之散毛關本名師壁峒尋改宣撫司領師壁鎭撫所師羅千戶所至正中又立長官司四巡檢司七明初復廢爲師壁峒

明洪武七年五月改散毛沿邊宣慰司屬四川重慶衛二十三年廢永樂二年五月置散毛長官司屬大田軍民千戶所四年三月升宣撫司屬施州衛東北距衛二

百五十里領龍潭大旺二安撫司東流臘壁二蠻夷長
官司
按前明沿革本明史録入府志云洪武七年改宣慰
司制其半爲大田所編戸一里領大旺龍潭二安撫
司又云大田所洪武五年定其地二十三年屬千戸
所仍名散毛尋改爲大田軍民千戸所領百戸所一
土官百戸所十剌惹等三峝又舊縣志云洪武二十
三年改施州衛置軍民指揮使司屬湖廣都司領散
毛宣撫司大旺安撫司東流臘壁蠻夷長官安撫司

漫水司百戸司參考府縣兩書多本施州衛舊志其
時明史想未經見隸此隸彼互有不合備録俟考
國朝順治初仍爲散毛宣撫司領大旺等司如故康熙時
宣撫使覃勳麟從討吳逆有功封鎮遠將軍沙溪六峝
屬焉俱隸荊州府尋改守備領各司雍正六年改恩施
縣轄各司乾隆元年先後歸流始廢散毛大旺百戸卯
峝漫水東流臘壁七土司爲來鳳縣編戸一十二里
散毛司屬之桐子園即今縣治編其地爲誠一元阜亨
康利正貞肅五里

大旺安撫司古未通中國宋熙寧六年章惇經制溪峝
始納土爲大翁迦峝屬師壁峝安撫司元至元三十一
年置宣撫司明玉珍據蜀亦置大旺宣撫司明初因之
屬四川洪武四年宣撫司田驢蹄歸明尋叛六年仍置
宣撫司再叛二十三年涼國公藍玉定其地置千戸所
鎮之永樂二年令領東流臘壁二長官司與龍潭俱隸
散毛五年省入大田所改安撫司編戸三里尋改蠻夷
官司
國朝順治初仍爲安撫司乾隆元年歸入來鳳縣編爲忠

崇信茂二里
東流臘壁二蠻夷司原附大旺地逕二百餘里大旺之
分族也東流自田銘始臘壁自田大旺始永樂二年令
大旺宣撫領東流臘壁二長官司宣德二年設東流臘
壁二蠻夷官司俱隸散毛　國初仍之乾隆元年歸入
來鳳縣編東流爲孝原里臘壁爲悌恭里
漫水卯峝百戸三司沿革失考其酋長皆向姓土人記
載稱其自唐平蠻入山歷宋迄明世爲軍民安撫司考
龍山縣志土司考載唐末溪州刺史彭瑊與漫水土司

之弟向伯林共滅龍山老蠻頭吳着沖㺜以洛塔之地酬向氏洛塔今屬龍山 仍據此則三司來自李唐信不誣也
國初仍爲土官乾隆元年歸入來鳳縣編漫水司爲智樂里卯峒司爲仁育里百戶司爲勇敬里

來鳳縣志卷三

地輿志

疆域

縣境周圍五百餘里東西廣八十五里南北袤二百一十五里東至簡家潭與湖南龍山縣正南壩交界距縣治五里東南至近鳳河與湖南龍山縣謝家壩交界距縣治三里東北至闗口塘與宣恩縣爛泥壩交界距縣治十五里南至界址溝與龍山縣七寨交界距縣治一百六十里西南至梅子坳與四川酉陽州馬蝗溝交界

距縣治二百一十里西至羅二溪分水嶺與咸豐縣土老坪交界距縣治八十里西北至老鴉關小箐與咸豐縣忠堡交界距縣治七十里北至寮葉船分水嶺與宣恩縣冉大河交界距縣治五十里距施南府城二百七十里距湖北省城二千二百七十里距京師五千里縣設三鄉編戶一十二里

東曰體乾鄉里五

誠一里環繞縣城周圍九里東至簡家潭交龍山縣界距城五里南至官渡口交龍山縣界距城三里

麥地塢　二臺坪　老寨坪　簡家潭
白羊坡　茅草灘　萬家塘　桐子園
客　寨　板　橋　半邊城　偏　坡
元阜里東至佛潭河交龍山縣界距城十五里又東
至關口交宣恩縣界距城十五里又東北至老茶
口交宣恩縣界距城二十里
陳家灣　峽口寨　白地庄　保靖寨
討火車　麂子峽　老茶口　小河坪
冷沙坪　沙坨坪

亨康里東至紅巖坨交龍山縣界距城十五里
土　城　絲栗坪　劉家坪　紅巖坨
板栗坪　楊柳溝　旗鼓寨　九龍盤
水坨溝　太平園
利正里距城四十五里
紅巖堡　苧　壩　上　寨　包子寨
茶園坪　尖峯寨　西灘坪　田家寨
沿山壩　大堰塘
貞肅里西至滴水關交咸豐縣界距城七十里北至
老鴉關交咸豐縣界距城六十里
老司坪　侯栗堡　白戶庄　金嵓溝
樓房溝　倘虎城　青龍嘴　蘇家堡
范家溝　紅魚泉　劉家壩　胡家溝
韭菜園　黃伯園　漫　塘
南曰達德鄉里三
智樂里東至石巖門交龍山縣界距城八十里
漫　水　蘇家坪　黃土坎　洗　車
黃泥堡　新寨壩　冉家壩　三脚巖

魚　塘
仁育里西至梅子坳交酉陽州界距城二百一十里
梯子巖　洞長壩　秦家砦　楊家壩
木車壩　土　堡　新　寨
勇敬里南至分水嶺交酉陽州界至城一百二十五
里又南至茴溶交酉陽州界距城一百四十里又
南至界址塘交龍山縣界距城一百六十里
樓房壩　南　河　卯　嵓　誠車壩
天井壩　中軍壩　梅子嶺　楠木溝

陽和坪　揑車坪
西曰聚倫鄉里四
孝原里西至白店木羅二箐龍家了口交咸豐縣界
距城五十里
東流司　上家崗　馬鬃嶺　圓塘子
花屋灘　革勒車　陳家溝　羅二箐
獅子坨　大頭坡　東流壩
悌恭里距城五十里
舊司　水田壩　鐵家坨　社壇溪

濯足溪　三到林　阿波崗　後槽
竹坪寨　五道水　向家寨
忠崇里西至三台坡洗木園交酉陽州界距城一百
二十里
芭蕉溪　杉木溪　黃土壩　新路坡
月耳井　三寨　板斗科　水安壩
九龍崗　黑崗
信茂里西至落鍋坪交咸豐縣界距城一百一十里
黔江崗　板栗園　大河壩　龍塘坪

細沙溪　楠木園
每里四甲每甲設鄉約一名保正一名

來鳳縣志卷四

地輿志

形勢 關隘附

來鳳山川盤礴道路紛歧逼近苗疆間處三省其勢宜強而不宜弱其地可戰而亦可守誠川湖之咽喉而荆施之阨要也其東與南均界接湖南龍山西南界接四川酉陽西及西北均界接咸豐咸豐毗連黔江爲入川門戶龍山故苗疆去保靖近保靖又與鎮筸近鎮筸四面皆紅苗來鳳距苗寨數百里耳舊志及文移相沿亦

以來鳳爲苗疆皆未詳考古稱西南夷襍處夜郎五溪之間謂爲蠻夷則可謂爲苗疆則非也歷代以來叛服不常卽爲用武之地考其地圖舊司城外不曰寨則曰營不曰營則曰堡大抵憑高阻深以自固故雖承平而仍不改舊名夫既有營寨屯兵馬有崗巖作巢穴則其形勢亦大可思矣書曰居安思危易曰安不忘危守斯土者誠能善爲籌畫愛養元元以堅其向化之心而潛消其刁健獷悍之氣爲之慎固關隘團結民兵多儲積精偵探實心而行之乘人而任之勿驚勿擾使頑苗逆匪諸不軌不得入而以我爲淵藪庶獄訟不興萑苻息警而百姓皆得安樂壽考享　國家昇平之福於億萬斯年豈不休哉

按來鳳灘險巖幽林深箐密由卯峒順流達江湘而甚駛自瀑泉取道入黔蜀而非遥古屬羈縻或委諸草莽耳自改土而後披荆斬棘行李往來遂爲三省之要區四衝之捷徑然而地瘠民貧商多農少無事則列肆而居虛名遠播有警則羣心不固實禍獨嬰識時者有近慮遠憂牧民者不可不思患預防也

關隘附

散毛關在縣東南十五里本名師壁峒元至元年置神壁峒宣慰司今改爲散毛關

界址溝在勇敬里南距城一百六十里與龍山七寨交界

卯峒在勇敬里西南距城一百二十里四川湖南接壤要地

興隆坳在智樂里南距城六十餘里通漫水卯峒大路

梅子嶺在仁育里西南距城二百一十里接酉陽界咸

豐九年建有關卡碉樓名仁育關

野貓關在縣西一百里大旺喇叭洞路口

老鴉關在貞肅里西距城七十里通咸豐入川大道

滴水關在貞肅里西距城七十里通咸邑

峽口關在元阜里東距城十五里通宣恩赴施南大道

分水關在勇敬里南距城一百二十五里通四川酉陽咸豐九年設有關卡碉樓名曰智勇關

龍家丫口羅二箐白杏木皆在孝原里西距城五十里與咸豐交界通川東大路

大板營在縣西一百二十里土司時於此設營故名山勢高峻上有九溪曲折流繞至山麓而合行三十里至荆竹泉爲酉陽細沙河下流入黔江濯河壩河

土地丫薄刀嶺在信茂里西南距城一百二十里由咸豐入川要路咸豐九年兩處建有碉卡

茜滌在勇敬里西距城一百四十里通酉陽

梯子巖在仁育里西南距城一百四十五里此去四川甚近故設塘汛屬大旺司縣之要隘處也

鍾靈山在利正里南距城四十餘里通卯峝大路上有碉樓咸豐九年建

梅子樹在利正里南距城五十餘里通卯峝大路上有碉樓咸豐九年建

沈木園在忠崇里下坡三里距縣一百二十里通酉陽州麻陽寨興隆坪等處咸豐九年建有碉卡由卡至酉陽州城二百里

三台坡在忠崇里距城一百一十里南行下坡至仁育里通卯峝大路西行上白巖山通四川黔江縣大路咸豐九年建有碉卡同治元年被土匪燒毁

來鳳縣志

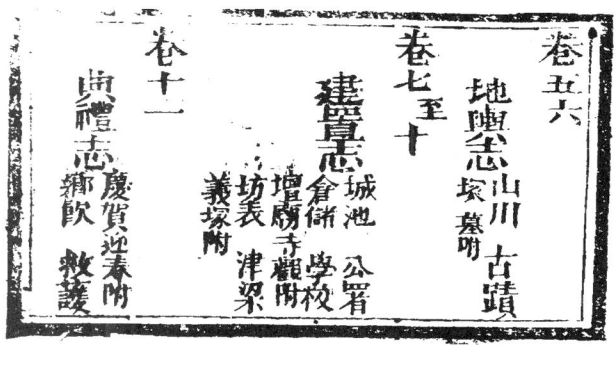

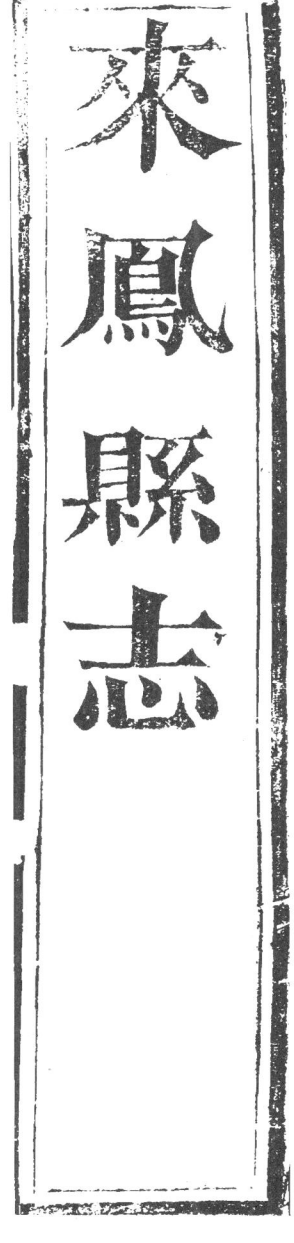

來鳳縣志卷五

地輿志

山川

貴帽山縣西南五十里山前後兩峯其峯如帽聳入雲霄霧興即雨諜之屢驗上有連珠坡形家為七星聚會乾隆時潘邑侯稱為文峯隱射奎宿邑之科名卽係乎此遂禁以碑

翔鳳山縣東三里山形聳拔如鳳舒翼故名又名近鳳山出城東門百十武歷石磴五十級曰半邊城高岡平

遠嘉木叢生鳳泉在其左其甘若醴邑中第一泉也右則鳴鳳樓在焉高五十餘尺登之可窮數百里下視城市萬瓦參差由鳳泉折而南皆踏鳳脊而行下渡小溪橋一峯撲面勢若迎人從此徑愈危境愈妙又南上半里始登絕頂上有觀音寺紺宇琳宮掩映於萬竿修竹中寺外老桂一株花時香聞數十里下瞰官渡行人如織碧波芳草更自生妍隔岸湖南諸山若拱若伏盡在足下春秋佳日游者雲集

水寨山在亨康里三面距水昔散毛宣撫築寨於此以防湖南苗寇上有龍鳳觀

官寨坡在貞肅里前明散毛土司設以禦容美桑植各司上有朝陽寺

登高山在貞肅里昔散毛宣撫九日登高觴詠處也

巖丫口在貞肅里山翠而峻中缺月至缺處始見昔人呼為雁門吐月

廻龍山縣西十里山勢盤屈上有唐時佛庵今圮矣基址猶存

土城坡在亨康里散毛土司築以防邑梅者故址猶存

得勝坡在貞肅里原名觧桶坡下有土坑土司封收戰骨之處嘉慶丙辰總兵慶溥敗白匪於此因改今名

五馬山縣北十里五峯高聳形如犇馬

三尖山縣西北四十里三峯筆立蒼翠欲滴中平曠可容數千人嘉慶丙辰咸豐辛酉避難者多在於此

虎耳山縣西一里伏虎洞對岸高十餘丈通黔蜀大路

白巖山距城十二里城北諸山此為獨高上多靈怪雲興卽雨

九龍山縣南十五里九峯接連如龍蟠俗名九龍盤下

有九龍洞洞中有靈禱雨卽應

白鳳山

武　山

懷來山

獅象二山縣南二十五里河流出口處懸巖絕壁水中盤石似珠左右小山肖獅象拱伏

望雲山在孝原里石壁峭立高十餘里上有佛寺登其巔酉陽黔中一覽可盡

玉屏山縣北一里俗名觀城坡爲縣城後岸方正如屏

紅桂坡縣北一里高可十丈又名鳳臺亭上多紅桂故名

老鷹坡縣東北十里山高峻如鷹隼聳立舊志譌作鶯坡

新寨坡縣東十二里山形橫亘右阻巖谷左帶大河前俯平疇後盤曲磴由來鳳至宣恩大道咸豐辛酉冬劉方伯嶽昭李總兵復盛連營於此以拒髮逆

翠眉山縣西里許兩山分列如掃蛾眉

勒馬坡縣西三十五里山徑欹仄乾隆二十年典史張成塽勒馬過此病其險捐俸修之故名

轎頂山縣西北二十里形如轎頂

白羊坡縣東二里相傳漢時有白羊數羣忽隱忽現故名

馬鬃嶺縣南三十里紅巖巀嶪仄徑崎嶇嘉慶元年副將樊繼祖曾駐兵於此上有韓瓊廟不知何神

馬鞍山縣北十里兩峯高聳如馬鞍

松雲山縣東十里三峯屏列蒼翠欲滴上有松桃萬株清流下繞登之眼界極豁有閣名高遠邑紳張氏讀書處也

鍾靈山縣南四十里詳關隘

獅子山形肖獅子仁育里之水口山也

翠雲山縣西二十里一峯高聳蒼翠入雲

佛山在孝原里距縣西三十里與雀兒峯對峙中通一峽高洞河之水出焉上有佛寺隨雨晴爲隱現

望月山縣西三十五里孤峯挺峙下臨大道

天然圖畫山在縣南百二十里仁育里覃家營衆山環列如城水自茅岡洞流經其下岸峯壁立如數幅畫圖

淺深濃淡設色天然下有泉產石如魚天將雨則飛躍入雲晴則伏者爲飛魚泉巖有白石形如半月入夜而明者爲見星巖山石空靈擊之作金鼓聲其形狀則千譎百詭未易備述邑中山外最奇絕處也

望遠峯在縣南百二十里羣峯攢簇中突兀矗起高四五里登之酉陽秀山黔江諸山卯峒安撫洞長諸水悉在目前

天門山在卯峒石壁極陡處有門洞開遠望如鏡古號涼風洞

挂榜山在仁育里山自西蜀天龍山來迤邐入縣境數十里至木車壩聳然壁立高數十丈形如挂榜山麓一石如馬奔騰

月巖在仁育里山上有石晶瑩如月

腰帶巖在仁育里山腰橫石若帶月夜望之較他處倍明

筆架山在仁育里三峯並立中峯微高形如筆架

秦古寺山在仁育里林木茂美絕頂有寺曰秦古寺廢圮已久

黑山在利正里山極高峻春夏雲霧彌漫罕見其頂嘉慶丙辰白匪之亂川督孫中堂駐軍於此遺壘尚存

大營山縣南三十五里龍嘴河遶其三面地極險孫中堂自黑山移營於此

塘房坡縣南三十里逼卯峒大路前與九龍盤遥遥對峙左右岡巒迴合綿亘數十里縱橫可容萬軍咸豐辛酉髮逆之亂邑諸生周在中田耕心等召募鄉勇約會酉陽州牧王鱗飛主事陳繼薰連營拒賊於此

仙人掌縣南六十里一石高聳如掌

白巖山縣西一百二十里形家謂縣城來龍也其山從峨嵋發脈經酉陽透迤而來半山中忽巖壁削成高聳百丈周圍石墻橫列約數百重其色皆白遠望若白雲合布上有玉池水方員約二里巖口一逕容人比肩而過入口忽兩峰對立如門曰朝天門門下有洞瀑布數十丈飛下與紅石茶園兩溪合流卯峒此山北由薄刀嶺土地丫天山坪繞咸豐界至滴水關三堡嶺過五馬山直結縣局洗木園三臺坡兩險隘亦在其中邑中之最高且大之山也

青屏山在縣南百餘里青石屹立了無餘土類刀劍成望之若屏

淩雲山在忠崇里

獨秀峯在忠崇里

鷹嘴巖在忠崇里

將軍石距城西七十五里黑崗塘上有三石一高八九丈一高六七丈一高五六丈森然鼎列遠望如人甲胄而立後有小石筍高數尺者若林

峰巖仁育里峰巖四十八座求窨者非歷險不得其尤

險者爲大洞自大洞北行三十里巖高百尺得石逕寬不及尺欹斜而上約數十丈得石槽廣五六尺以小木作梁名箱子巖有石橫路過者必抱定此石旋轉而行旋轉時石動搖有聲至此絶數十丈而下始得窨

龍嘴河在仁育里木車壩洞長壩兩水交滙處中夾一山曰龍頭嘴春夏水漲兩水雖濁會合處有藍色一片拖浮水面

香爐巖在卯崗巖高千丈形如香爐旁有蓮花瓶

觀音巖縣西二里曰茅坪峭壁千尋道光初巖中忽現觀音像仰而望之宛似飛來邑侯方公建石臺其下高數丈咸豐己未邑人即石臺爲層閣名曰飛來閣

梯子巖縣西南一百四十五里巖勢陡峻登陟如梯

佛潭巖縣東十五里峭壁無梯下臨深潭詳見古蹟

石巖門縣西六十里兩巖對峙其形如門中通一道東山月出從門隙照入舊志所謂巖門穿月也

三脚巖縣東南一百里

獅子巖縣西四十五里

麂子峽縣西一里危巖相向其高摩天灘聲如雷徑險

而峻咸豐辛酉冬惠協戎戰死處也

伏虎洞縣西一里巖石欹仄水從中出愈入愈狹有窮其境者伏沙石中匍匐而出則抵攔河夾中有綠魚長五六尺晴久則出出卽雨人多見之

犀牛洞縣東南七十里洞極幽暗水深不測七人相傳有犀牛出入河畔故名

九龍洞在九龍山中有靈湫禱雨有應

孝子崗縣西二里嘉慶元年茂才周南奉親避亂罵賊遇害處署令王公三錫題曰孝子崗

樂崗縣西十五里一名三樂崗中極平曠可安床席容數十人

爛柴崗縣東十五里兩山廻抱中有石室男女可以異居溪水盈盈一木渡之水曰供千人不乏

花魚崗縣東北二十里洞小而深徑危以瓜外臨溪河

白巖崗縣北十二里一名飛洞在白巖山東南崗口僅容一人行二十武始寬鄉人每禱雨於此中產硝亦名硝崗峭壁間別有小洞咸豐辛酉九月鄒烈女罵賊殉節處也

天姥崗在百戶司二三里許俗名婆婆崗崗臨大河極寒雖暑甚必裘而入崗濶大而曲折初入如堂皇仰觀若雕鏤堂上石臺有石像天姥石遶繞之以足頓地鏗然作鐘鼓聲左右皆有門窺之正黑非列炬不敢入左折而上有石黑龍長三四丈蜿蜒欲動疑挾風雨使人毛髮淅洒又有石鳥作飛鳴狀再進聞水聲潺潺復行數十武忽天光射入照見石田千畝畛畦朗然石甕石罌纍纍無數再前愈深不可測不敢復入轉自右門出仍至於堂

入然洞在孝原里紅魚泉洞口藤蘿繚繞莫知所入自上而下石逕盤旋泉水涓涓內分兩途左深十餘里右開數十丈之堂石柱高聳曲磴斜倚中有天塹深無底止於細路不容迹處渡以畧彴忽歷土梯石門露焉一夫守之萬夫無策咸豐辛酉避亂於此者數千人俱獲全

釣巖洞縣北七里壁立千尋洞在山半中有巨石如人當門而立嘉慶丙辰咸豐辛酉避亂者多於此獲全

龍柱崗縣西六十里巖石雄拔中有崗三層高廣皆十

餘丈入必列炬愈入愈濶可容數萬人然空無所有過此則有石潭深五六丈廣如之無水惟磊磊白石潭盡得巖巖之中石鏬露焉鏬僅二尺伏而入約百步出口復進一層別開生面石乳下垂如柱柱端尖銳欲滴石筍林立距柱或二三尺或四五尺皆嵌空玲瓏如游玉筍瑤篸中令人神賜最勝者乳林中有一柱自頂及趾大可一圍一龍蟠焉頭角崢嶸鱗爪飛動其隙處有若人物車馬花草形狀逼肖土人呼曰蟠龍柱又曰將軍柱石壁中有孔容一人縋而出丈餘已至平地則咸豐

之忠堡屯兵士八曰自陽和壩至此蓋十里程也
乾龍崗縣西五十里
巴息崗縣西八十里亦曰八雪洞
九靈崗在縣南明初向天富作亂調酉陽土兵隨藍玉討平之以附近九靈地歸酉陽今仍在來鳳界中
阿坡崗在悌恭里
高崗在孝原里懸巖千尋深潭百丈石逕難攀險阻可恃髮賊犯境時避於此者保全甚衆
上家崗在孝原里

黑崗在忠崇里
黔江崗在信茂里
無盡崗在卯崗欄河古渡左岸磨刀溪中有石門石樓深潭綠水牛馬足跡行數日不能盡也
涼風崗縣西南十里
龍崗縣北五里其下湍水激流建有橋卽龍崗橋也
卯崗 詳見古蹟
佛潭河源出宣恩鶴峯交界處之將軍山在宣恩境爲白水河西南流入來鳳縣界卽古五溪中之酉溪也初入縣界爲佛潭河於縣諸水爲最大故曰大河經犀牛潭至倒開門由東而南至陳家灘小河坪小河自東北來南流入焉又南歷龔家潭至小壩徑近鳳寨東門河水自東北流入焉西折爲龍津冉大河滴水嶺以下板橋客寨河諸水入焉又東南流爲紅巖堡河栢皮嶺乾龍崗天蒜坪及東流司屬各溪水入焉又南流爲仙人崗河石巖門永安壩紡車溪及大旺臘壁司屬各溪水入焉又東南流徑犀牛崗河三腳巖冉家壩界址溝等水入焉又南折徑仙崗過硤至卯崗司梯子巖水自北

流注之梅子嶺怯道河水自西流注之竟縣東南二境計程一百二十餘里爲縣水宗幹其自東北來者一北來者三西來者四西南來者三東南來者二計水一十有三道皆注焉滙爲大河入於辰沅其由龍山諸水來注者不錄正疆界也蓋河西屬來鳳河東屬龍山也
嘗考各舊志散毛司沿革皆以爲五溪地竊意古人必有確証非漫爲附會者獨恨未嘗明指爲五溪中何溪耳及加考証惟明史地理志爲獨詳於散毛宣撫司則曰南有白水河一名酉溪自忠建宣撫司流

入東南入永順司界於永順司則曰西南有水溪卽酉水下流入沅陵縣界於忠建司則曰南有白水河源出將軍山邑散毛故地也永順司卽今龍山縣及永順縣地忠建司卽今宣恩縣地所稱將軍山在宣恩東南一百二十里毗連鶴峯州界緣山東南行四五十里地名羅戈川白水實源於此與湖北通志源出宣恩鶴峯交界之說相符乃確知此水之卽爲酉溪也按酉溪爲禹貢九江之一水經註酉水出故武陵充縣之酉源山至沅陵縣南注沅水與漢書註同

明一統志充縣在慈利縣西二百四十里今鶴峯正當慈利之西計其道里亦相去不遠尤爲此水發源確証惟亂山叢出溪流輻湊求古所謂酉源者莫可指名耳方輿紀要慈利西北有水沈洞或謂卽漢書之酉源山亦屬臆斷而無可憑一統志所稱酉陽后溪河源出湖南漫水司則由其下流求之而未悉后溪之卽酉溪也江陵新志稱酉江卽酉溪出會溪城西山中則益由其下流求之而未悉沅陵北河上湖后溪之通爲酉溪也方冉亭禹貢南條水道考異九江孔殷條下註云辰永諸郡伏流甚多而永之卯峒酉水至此伏流山下五里其上下皆大川通舟楫考証極確而原其水之所出則曰自四川酉陽而未窮其本源誠如諸書則古酉源之說不幾誣乎今以明史地理志及湖北通志發源宣恩鶴峯交界者爲斷其源遠其流長初入宣恩爲白水河至來鳳爲佛潭河至酉陽爲后溪河下至沅陵爲北河隨地異名而實則一水沅北諸溪莫此爲大漢書云水行二千二百里觀其吐納衆流廻騰奔激經歷數郡而會於沅

較今湖南之所謂酉溪不數十里而卽入江者大小懸殊矣或謂邑之卯峒卽酉峒古卯字作丣酉字作丣後世誤丣爲丣遂謂之卯峒酉水實經其中疑卽由此得名究之事屬推測或因峒而名水或因水而名峒誰爲最古則誠無可考耳

東門河一出花廠至小河溪一出大溝經干溪至龍峒橋自乾元寺前合流繞縣東而南流入大河舊志作源出峽口寨誤

小河在縣東十里源出爛柴峒徑小河坪折流冷杉坪

西南入佛潭河
容寨河在縣南一里源出宣恩縣之冉大河及老鴉關滴水關水溪東流伏虎崗又東至客寨南過四斗種北流至翔鳳山東入龍津大河
板橋河在縣西一里源出漫塘由散毛舊司東流與客寨河合入龍津大河
欄河縣西一里流逕伏虎洞入龍津大河
紅巖河縣南三十里源出散皮嶺天蒜坪東流入大河南入卯峝此處兩山對峙中夾一澗春夏水漲溪水巖

流犇騰激湍雖有官渡行人苦之道光元年邑人楊文龍捐萬金建石橋其上往來者如游康衢
高峝河縣西南三十里孝原里花屋灘之下河中天生二石梁人呼爲石龍過江中缺丈許如門鄉人架板橋於上石下有洞水流其上
漫水河滙各溪流下入卯峝大河在縣南八十里舊志
龍嘴河縣南三十里縣治諸水與龍山營水合流處也兩山對峙壁立千仞有灘曰魚灘魚從中分每春夏之交自下而上漁人以兩筍並乘在龍山者色黄色墨鱗

鱗在來邑者色白有鱗以一水而魚分兩縣兩色亦奇
紡車溪縣西一百二十里源出永安壩山下經上寨出仙人峝入卯峝大河
怯道河縣西一百三十里源出酉陽州經百戸至凉水井入卯峝大河合流入於辰沅
水溪源出後山繞縣西而東南流至虎七溪入卯峝大河
達東溪
芭蕉溪

社壇溪在脩恭里
細沙溪在信茂里
杉木溪在忠崇里
濯足溪在忠崇里
紅巖溪在元阜里
小河溪在元阜里
老虎灘河在城西六十五里大旺司一發源於信莪里天山坪旋坨土地了等處與咸豐黔江交界東流六十里至大河壩交忠崇里界一發源於忠崇里白巖山北

流三十里至大河壩橋渡口合流遶忠崇里界東流三里至小河有悌恭里杉木塘水南流會之東流三里至乾石洞稍折南流三里至老虎灘有古竹溪黑洞塘二水會之稍折環繞大旺司而南又東流三里至竹壩渡口有螺螄塘溪水會之又東流八里至舊司場有悌恭里三刀林溪水由水田壩臘壁司南流三十五里會之稍折東南流二十五里出利正里峽口至體河入大河流出卯峝

虎潭縣西一里伏虎洞口

像魚潭孝原里峽口之上游有深潭清澈異常中有大石袤八九丈廣三丈餘形酷似魚其首向上水分兩岐石若洋洋欲動高下隨水之消長人呼爲鯉魚上灘

石馬潭在仁育里潭中有石如馬踏波而立隨水消長俗呼馬娃潭

旋潭在仁育里水自龍嘴出至此不拘消長漩洄不息

大小龍潭在仁育里洞長壩

石牛潭在貞肅里河中大石形類牛隨水消

官堰潭在貞肅里散毛土司蓄魚供祭祀處也後改爲官渡

佛潭縣東十五里水深不測下有神魚禱雨立應土郎佛潭巖也

老潭在卯峝司

鳳山泉縣東一里翔鳳山半邊城上石鑄一脉涯爲二池甘洌清香不涸不溢古老相傳有鳳飲此故名池右二三尺許另有一池香味遠遜欲辨眞僞注水器底浮於上者爲眞餘水不能也

小隱泉在板橋側

雙楓泉縣西十五里雙楓橋側山上味出鳳泉上第性過寒耳

靈泉縣南十五里九龍山上泉小而深取之不竭土人謂爲龍湫

花魚泉縣東二十里在花魚峝口

紅魚泉在貞肅里中有紅魚游泳其中捕之不得

凉水井泉在卯峝司後山下泉水甚甘四時不竭雖一掬而頃刻千佐鳳泉之亞也

荷葉井泉縣東十里元阜里之陳家灣陳家灣泉皆有

泥氣惟此泉味與鳳泉均特清滑不及耳

來鳳縣志卷六

地輿志

古蹟 塚墓附

廢散毛宣撫司在縣東貞肅里老司坪

廢大旺安撫司在縣西忠崇里

廢東流長官司在縣西孝原里

廢臘壁長官司在縣西悌恭里舊司

廢漫水宣撫司在縣南智樂里漫水

廢卯峒安撫司在縣南仁育里

廢百戶長官司在縣南勇敬里

廢神壁峒宣慰司在縣東南十五里散毛關本名師壁峒元至正中置明初復廢爲師壁峒

廢師壁鎮撫所失考

廢師羅千戶所失考

宣撫堡在漫水河岸

落印潭在宣撫堡下五代時有向伯林者漫水土司弟也夜盜其兄所佩印口銜渡河其兄覺而追之印驚落於潭伯林逃之他砂不敢歸今龍山向姓其裔也初印

落時百計求之不能得後有漁人獻大魚於宣撫剖之
印在其腹故名其地曰宣撫堡名其水曰落印潭

仙人崗在縣南四十里乃佛潭上寨諸水滙流處也兩
巖壁立千有餘尺上有檻椎傳爲仙剎高不可攀

卯崗在縣南一百二十里穿巖成崗形如圓門深四里
許樹木森翠四時不改中分正大二崗大崗廣十數武
內有石磨龕棋枰香爐巖諸奇勝正崗周圍半畝內置
石几供菩薩旁侍神女作鞠躬奉持狀石上垂蓮花數
十瓣皆天然生成非人工又有石類龍鳳龜麟栩栩欲

動爲四靈石其下飛湍湧激不敢逼視則酉溪經其中
也離崗半里遥望巖壁高數十丈中裂一門前置木欄
杆縱六横七壞則墜浮崗口尋復設如舊製意上有仙
靈然究莫能攀躋從無問津者施州衛舊志仙崗巖卽
此

按大河至卯崗俯流其中不通舟楫商賈至此必負
擔登陸行人苦之乾隆元年縣令于公欲疏通之備
極人力用大木横排而攻其顛數月功成可行舟往
來忽一夜大雷雨墜巨石而扼其崗之吭意者天之
所以限南北也故土人至今有若要卯崗開除是鏤
船來之謠

天然三塔在卯崗對岸方圓層級咫尺不紊高十餘丈
皆中空淩波鼎峙聳矗霄漢昔人謂之插天文筆

咸康佛在佛潭巖上峭壁千尋上刻古佛二尊鬚眉如
畫居人倚石壁建閣三層檻外古柏一株緑陰如幂數
百年物也檐際泉飛四時疑雨洞壑幽峭夏亦生寒從
此泛舟可通官渡端午競渡兩岸士女如雲隔溪龍山
諸山若隱若見樵夫耕者出入畫圖亦奥如亦曠如也

左鐫有記僅餘咸康元年五月六字文多不可辨

按東晉成帝十年改元咸康五代蜀主王衍亦建元
咸康然衍未踰年爲唐所滅則此咸康當是成帝年
號至今千五百餘歲矣

天聖石柱宋刺史史方逐蠻至七女栅降之立以分界

按舊衛志距府二百七十里計其道里當在縣東十
五里元阜里二關口等處今二關口山上有石屹立
離地三四尺歷久剥蝕字跡毫無居人稱爲界牌或
卽此與

振武巖在縣西南五十里明洪武五年正月衛國公鄧愈充征南將軍分道討峝蠻四月平散毛等三十九峝振旅而歸大書振武巖三字於石壁上今將五百餘年字跡猶隱隱可辨

唐時佛菴在縣西十里廻龍山

冢墓附

明

覃騎將軍臘壁司安撫使田大旺墓在宣撫山

都督元帥散毛司宣撫使覃本林及其子顯宗墓在尚

虎城

臘壁司長官司田耳毛送墓在衙院後山

蓬萊墓在貞肅里官墳山墓制甚鉅無碑無銘上刻蓬萊墓三字中有石門日影倒入石隙可以窺見左右千章古木大皆十圍常有大鳥數千旋繞上下相傳爲明鎮遠將軍散毛司宣撫使覃玉鑑之墓

國朝

鎮遠將軍散毛司宣撫使覃勷麟墓在蘇家堡豐碑穹窿八馬望柱具備碑刻　誥勅及誌銘久經風雨湮滅不能成篇

散毛宣慰使司覃鴻基墓在侯栗堡距城十五里舊日衙署之西今衙署已毀土人尚呼爲衙院云

廣東督標守備前臘壁司長官司田封疆墓在鐵家坨

古和尚墓在城南五里橋右側山上石砌甚古但無碑碣不知何代僧也

處士覃璠墓在侯栗堡縣訓導蕭琴銘其墓曰土曰王土臣曰王臣薄海內外莫不尊親矧茲蠻裔敢憑險阻以勞王師抗命戎虜　皇帝曰咨咨爾十五司率土歸誠用沛恩施予爾世職以輔我　國家無窮之基公也

當襲再拜固辭曰有子可教有書可讀何世職之云云

甘學師墓在學署後嘉慶丙辰之變訓導甘公杜殉難後葬之於此

張尉葬衣冠墓在縣東十里峽口寨嘉慶丙辰之變典史張寧殉難屍毀於賊士民具衣冠招魂葬之

三烈士墓在三堡嶺指甲坡嘉慶丙辰之變邑諸生蕭大鍾千總衛龔起元劉宗文三人起義兵討賊總督福寧令往說賊降賊殺之同葬於此樊將軍繼祖題其墓

曰忠烈之墓
周孝子墓在廆子峽縣令王公三錫題其墓曰 大清
孝子生員周南之墓湖南舉人舒習儀銘曰翩翩周生
其人如玉小醜跳梁奉親山谷賊至逼降生罵不屈不
媿聖賢難報鞠育同時何君亦自越俗先後隕命媿彼
鼠伏謂生員何公澤也亦駡賊而死者溝壑不忘其志彌篤千載而下
仰茲芳躅
王孝女墓在客寨河知縣錢塘周公向青作墓碑紀其
事

詩人歐陽敬亭墓邑諸生歐陽祖璵雄於詩年七十餘
卒葬廆子峽卽公住宅也道光癸卯知縣濟南李公景
頤題其墓曰詩人歐陽敬亭之墓
知來鳳縣事鳳陽林公士端墓在城東洲上公卒於咸
豐壬子之春殯於縣署之西越八年庚申王公頌三率
邑紳祭而葬之
知來鳳縣事黔南王公恩綸墓在漫水

來鳳縣志卷七

建置志

城池

來鳳西鄰巴蜀南接苗疆萬山叢雜最爲緊要昔七土
司各據崗谷築砦自固未有城隍土司以前遐哉勿可
考已
國朝乾隆元年改土歸流初設縣治於故散毛司之桐子
園卽勘定城基周三里四分嗣因土性鬆浮詳議停修
乾隆三十二年知縣楊公澤清詳請估建城垣需銀貳

萬伍千兩有奇未經請發帑藏輒止嘉慶二年知縣康
公乂民首捐廉俸督同紳耆捐建土城一座門四東曰
廣仁西曰崇義南曰敦化北曰承恩繞城鑿池引老母
溝水灌入歷經風雨坍塌幾盡惟四門城樓僅存
嘉慶七年知縣朱公鳴鳳奉文議建石城旋以改建石
城不易爲力土性鬆浮難期鞏固不敢以偏僻彈丸重
糜帑項復止
嘉慶八年正月聞有龍山苗民煽惑土著之謠訛言日
起訓導蕭公琴集紳耆於明倫堂首捐清俸議建石城

公請於縣令朱公鳴鳳亦捐廉倡率邑紳王廷猷張鴻範覃協中龍世清向興校等互相勸勉力𠑽其事議用外石內土遂於嘉慶八年三月啟工九年三月蕆事自東門至南門計三百七十弓長一百八十五丈自南門至西門計二百三十六弓長一百一十八丈自西門至北門計二百八十六弓長一百四十三丈自北門至東門計二百九十六弓長一百四十八丈共計一千一百八十八弓長五百九十四丈計三里三分高一丈二尺脚厚一丈四尺深五尺面厚七尺連女墻共高一丈七

尺並開城濠周圍長六百二丈寬二丈四尺深二丈用銀萬六千兩有奇於是金剛壯麗翼角飛翔池深城固人情安堵矣

道光二十九年知縣林士端以縣城修建已歷四十餘年坍塌又將殆盡又議重建石城並以濠水灌注浸壞城脚議將城濠填平督同邑紳任黃梅縣訓導張光杰舉人何誠立直隸州州判何遠椿生員周在中張浩職員洪安瀾民人張思謙等倣照前式另伐新石通體重修張元杰獨力捐修南城遂於道光三十年秋啟工至咸豐元年冬告竣城濠亦經填平費用較多而堅固勝前所有在事出力官紳及捐貲人等　奏請議叙有差

咸豐十年知縣王公頌三督同紳士張光杰補修城西北城身女墻

咸豐十一年九月髪匪逼近知縣王公頌三督開城濠工甫動而城陷

同治元年正月初九日賊平四圍城垜多被攻毀二年冬知縣任公廷槐督同善後局首士補修並議開浚城濠工未竣任公以卓異調劑水林公瑄接署照舊修浚

公署

知縣署

乾隆四年建照墻一座頭門三間左右為兩班房儀門三間東西為角門
聖諭坊一座在儀門內科房東西各四間大堂三間庫房東西各一間在大堂後宅門前宅門一棟左右廂房四間二堂一座曰自新堂廂房東西各三間東書房五間曰竹梧書屋屋前有亭曰政餘亭道光甲辰年縣令陳公炳常建亭前有池池東為小圃中有茅亭一座西書房

五間三堂三間東西厢房各三間廚房二間馬房二間儀門左爲土地祠儀門右爲禁獄獄神祠一所在獄内内獄三間外監二間嘉慶元年白匪之變燬於賊二年重建咸豐十一年髮逆陷城復燬僅存頭門儀門大堂廚房同治二年重建西書房五間餘未修竣

訓導署在學宫左

乾隆四年建明倫堂一座三間三十六年設學始建學署照墻一座頭門三間大堂一座三間内署三間左右厢房各二間廚房一間嘉慶元年燬於賊二年重建至

咸豐四年傾壞過半訓導閔洪率合學重修咸豐十一年復燬於髮逆之亂現未修復

縣丞署在大旺司

乾隆四年建五十二年缺裁署廢

巡檢署在卯峒

乾隆四年建照墻一座頭門三間儀門三間大堂三間二堂三間東西門房各三間書房一間三堂三間廚房三間

典史署在縣署常平倉右

乾隆四年建照墻一座頭門三間儀門三間大堂三間二堂三間三堂三間廚房二間馬房二間乾隆十九年典史張成塽增修西院書房南北相對各三間嘉慶元年燬於賊二年重建咸豐十一年髮逆陷城復燬僅存頭門大堂及二堂之半同治三四年重修

城守千總署在西門大街

乾隆四年建照墻一座衙署一座通計九間營房五十間演武廳一座嘉慶元年燬於賊二年重建咸豐十一年復燬於髮逆之亂同治四年重建

把總署在大旺司

乾隆四年建衙署九間營房三十間演武廳一座咸豐十一年燬於髮逆之亂僅存頭門一間同治二年重修

外委署在凉水井

乾隆四年建官房七間營房十二間火圮

考棚

邑向無考棚俱就縣署扃試道光三十年知縣林公士端如於縣署左側朱文公祠前左右建號屋各五間以爲東西文場

養濟院在西門外
乾隆十八年建院屋一座留孤貧八口名額按口給糧
外來流丐亦許投足

申明亭
乾隆十一年建縣西一座大旺司一座卯峝司一座以地

觀履亭在東門外俗所謂接官亭
乾隆二十一年建知縣林公翼池記曰邑東關爲通郡大道上憲廵歷從此入境冠蓋往來率多由是街衢民居列屋郭外田畝沿溪慮無一席地可爲迎候之所而

行李往來亦無可少憩其下乃傍溪覔隙地縱橫計二丈餘飭工庀材搆後室前亭一座亭翼道上坐西朝東制取樸固不事麗飾以六月望後興工七月望後告竣詩曰周道如砥其直如矢君子所履小人所視爰額曰視履亭今廢

街巷
彩耀街正途街在東門內鳳鳴街在東門外營房街在西門內油房街在西門外鳳儀街在南門內豫章街當德街鹽街在南門外興隆街在北門內白鳥巷俗名鹽店巷在縣署南青桐巷前青桐巷俗名猪市巷在白鳥巷後鶴鳴巷俗名馬家巷在縣署西碧秋巷前碧秋巷俗名邱家巷在鶴鳴巷後

集場
誠一里場在本城元阜里附城無場亨康里曰旗鼓寨場利正里曰上寨場毛壩場貞肅里曰猴栗堡場三堡嶺場孝原里曰革勒車場蘇家堡場東流司場悌恭里曰舊司場杉木塘場忠崇里曰觀音橋場信茂里曰大河壩場智樂里曰漫水場仁育里曰安撫司場小坳場

勇敬里曰百戶司場

倉儲
常平倉在縣署西
乾隆四年建倉兩座六厫共儲穀一千五百石三十二年收捐監穀一百八十三石六斗四十一二年增二千三百一十六石四斗六十年湖南苗逆滋事奉文全數碾米運供軍需無存知縣朱公鳴鳳於嘉慶八年十一年兩次買補足額咸豐十一年髮逆竄陷縣城概被焚燬

社倉
乾隆四五六等年設倉九處一在縣署西其餘八處分設各里初儲穀一千石零二升八合五勺共積穀二千六百石嘉慶丙辰白匪之變蕩然無存咸豐九年知縣王公頌三督同邑紳張光杰張瑛全福覃述祥等勸捐社穀一千六百三十八石六斗四升分儲十二里咸豐十一年髮逆之亂賊匪刼燬及兵勇就食蕩然無存嗣以亂後民氣未復未經捐補

來鳳縣志卷八

建置志

學校

邑於乾隆元年改設縣治四年創修學宮始議請設置學校是年郡伯田公三樂詳請宣恩來鳳咸豐利川四縣新疆士童另編新字號附入恩施縣一體考試每於恩施縣學二十名外共取一二名暫隸恩施縣學題准照貴州古州增設苗額酌取得考恩施廩貢與恩建兩縣俱附宜昌府考試首入恩施學者覃述綸覃述書覃述古覃玳田大鵬覃瑫覃述圖覃文基王士超向日葵向懷陛田生珍向正材也首補恩施廩出恩施歲貢者覃述綸覃述書覃玳也

乾隆三十六年郡伯張公映壽詳請置學增設學額奉部議湖北施南府屬宣恩來鳳咸豐利川四縣於乾隆元年改土歸流嗣於乾隆四年議准另編新字號考試四縣共酌進童生一二名暫歸恩施縣學管轄並未按縣置學現今人文充盛應照該省鶴峯州長樂縣並湖南永順府暨保靖諸縣之例分設學額嗣後宣恩來鳳

咸豐三縣准其各取三名利川取進四名至施南府設立府學將府屬恩施縣學原額十五名內量減三名建始縣學原額八名內量減一名撥入府學此外於六縣中酌取四名定爲學額八名令該學政歲科兩試時嚴慎校閱如佳卷不敷寧缺毋濫至各縣廩增額數並校試武童亦准其照鶴峯州長樂縣之例俟將來人文再盛另請增設並將宜昌府訓導撥改施南府學東湖縣訓導撥改來鳳縣學巴東縣訓導撥改咸豐縣學歸州訓導撥改利川縣學恩施縣訓導撥改宣恩縣學以專

訓廸是年建立學署始官者黃岡張宗震也三十七年始入來鳳縣學者覃協中張心盛覃驄覃受中王光南簡在心也

乾隆三十九年部議湖北施南府屬宣恩來鳳咸豐利川四縣自乾隆三十六年各設學額所有舊附恩施考試各生業經撥歸各學管轄但未設有廩增額數查利川人文較盛撥回之生已有六十餘名內實廩八名候廩三名應將恩施縣原額廩增各二十名俱減爲十二名以八名撥入利川縣卽以撥回之現廩八名補實遇有缺出以候廩三名收補增八名除將候補實補外餘以撥回之生照考案序補其府學及宣恩來鳳咸豐三縣俟設學十年後自四十六年爲始各設廩增二名現在考試各童來鳳咸豐俱有候廩二名卽令認保至設廩之年准其先與補實宣恩責令撥回之附生暫行認保回學均照定例設廩後必食餼十年方准出貢以後四年一貢至撥回之實廩候廩在恩食餼已久仍准其與恩施學校年分出貢俟届該本學應貢之期再將未貢之生歸於本學出貢再武童應於恩施量減三名建

始量減一名作爲府學四名其宣恩來鳳咸豐利川各取進二名

乾隆四十三年學使洪公樸以郡伯汪公獻琛之請會同兩院　奏准與宜昌分棚先是三十六年各縣生童以赴宜昌考試路遠費艱願於府城內捐建考棚詳請興工四十一年工竣故有是請

乾隆四十六年郡伯陳公嘉謨始請學使吳公省欽按臨施郡考試

乾隆六十年二月上丁

高宗純皇帝親詣　文廟釋奠禮成閱視辟雍新刻石經
加　恩增廣學大學加取五名中學加取三名其取
進六名以上者加取三名四五名者增額二名二三名
者增額一名
嘉慶元年奉
恩詔增廣學額一次同乾隆六十年
嘉慶四年奉
恩詔增廣學額一次同嘉慶元年
嘉慶十一年部議湖北巡撫瑚圖禮等奏請恩施縣復

還學額三名文武童生各取進十五名建始縣復還學
額一名文武童生各取進八名但既復還二縣學額則
府學僅存學額四名仍於原額有缺應請於府學內加
還學額四名以符乾隆三十六年定額八名之數並令
於宣來咸利四縣各坐撥一名其餘四名作爲六縣分
撥以昭平允其府學武童進額亦照舊仍設四名外增
設廩增各二名共四名
嘉慶二十五年奉
恩詔增廣學額一次同嘉慶四年

道光元年奉
恩詔增廣學額一次同嘉慶二十五年
咸豐元年奉
恩詔增廣學額一次同道光元年
同治元年奉
恩詔增廣學額一次同咸豐元年
同治元年捐輸軍餉奏請
恩廣學額一次文武各二名
同治四年捐輸軍餉奏請

恩廣學額一次文武各一名

書籍

日講四書
孝經註
十三經註疏
二十一史
明史
朱子全書
通鑑綱目

資治通鑑綱目三編
唐宋文醇
淵鑑古文
欽定四書文
以上奉文頒發
上諭書
資治通鑑
醫宗金鑑
性理精義

大清律義
大清律續纂條例
大清律校正各條
駁呂留良四書精義
以上知縣于公執中捐置
周易折中
書經傳說彙纂
詩經傳說彙纂
春秋傳說彙纂

以上知縣黃公升捐置
子史精華
康熙字典
周禮注疏
周官義疏
禮記注疏
以上知縣劉公若椿捐置
御製
聖諭廣訓　奉文頒發

乾隆五年
欽頒祭祀樂章
乾隆十四年奉
旨頒發平定金川告成太學碑文
乾隆二十年奉
旨頒發平定準噶爾告成太學碑文
乾隆二十四年奉
旨頒發平定回部告成太學碑文
乾隆四十一年奉

旨頒發平定兩金川告成太學碑文
嘉慶七年奉
旨頒發平定三省紀畧
按以上經籍各種兩經匪變焚燬無存

書院

岐陽書院在城內白鳥巷乾隆七年知縣于公執中捐建乾隆十三年知縣范公汝軾重修乾隆二十一年知縣林公翼池重修嘉慶二年知縣康公乂民移建東門外桐子園易名曰朝陽舊院改爲孫公士毅祠旋廢嘉

慶六年改爲文昌宮

朝陽書院在東門外桐子園嘉慶二年知縣康公乂民建前爲奎星樓樓凡二層中爲講堂凡三間後爲院師寢息地亦三間左右齋房各十間厨房二間

朝南書院在大旺司乾隆七年知縣于公執中捐建

桂林書院在卯峝司乾隆五年奉文建乾隆十年縣丞蔣灝捐建四十一年巡檢沈懷楓改置嘉慶九年增修講堂同治五年下三里紳首捐募重修

育鳳山義學咸豐八年邑人田有糧捐建同治二年其子附貢田耕心增修捐置學田四年勘明通詳立案

學署田土

署後附田一坵

署左側附田一坵

東門外先農壇右田大小四坵閤學契買咸邑陳允道兄弟業

書院田土

桐子園水田二十一坵計三十一畝五分一釐

竹園坪水田三坵計十三畝七分五釐

以上二項係乾隆三年知縣于公執中捐買每年

所收租穀分給城中朝陽書院大旺朝南書院二處山長修資嘉慶八年知縣朱公鳴鳳勘定編列天地字號天字號竹園坪田歸大旺書院地字號桐子園田歸城中書院

卯峝桂林書院每年請領藩庫銀十六兩作膏火嘉慶二年邑庠生田啟芳王長青等募買地名開榜田大小水田四十九坵共契價銀四百四十兩作爲桂林書院膏火契存張廷松家

賓興田土

磨坡水田二十五坵熟土一幅屋場土一幅邑紳何誠瑞捐當張思義之業同治二年知縣任廷槐發善後公項買之以成義舉

膏火田土

牛車坪水田九坵土一幅係買何天曙業

萬家塘熟土一幅同治元年十一月買何煥紳業

黃茅坪晒穀園田二坵易家園田二坵同治三年四月買梁永奎業

桐梓園水田三坵同治三年買李暢茂業

龍山縣駱馬山田十七坵係鳴鳳樓業同治二年併入膏火

勇敬里倒坨山土係鳴鳳閣業同治二年併入膏火

周家堡田二坵係鳴鳳閣業同治二年併入膏火

梔桿堡坎下土一幅係咸豐元年鳴鳳樓得買劉宏順業同治二年併入膏火

梔桿堡基地熟土二幅周圍園坎樹木在內係道光二十四年鳴鳳樓得買劉安亨業同治二年併入膏火

梔桿堡熟土一幅係道光二十四年覃謂中懷中捐作鳴鳳樓基地同治二年併入膏火

貞肅里長嶺岡水田九坵係朝陽書院業同治二年併入膏火

縣門口基地一幅係文昌宮業同治二年併入膏火

易家園土一幅係文昌宮業同治二年併入膏火

育鳳山義學土田皆田耕心業捐入義學

附學茶山二幅

枹桐灣水田大小十坵

瓦場溝小田大小十坵

來鳳縣志卷九

建置志

壇廟寺觀附

萬壽行宮在城東南隅武廟左道光四年知縣范炳監勸建以爲朝賀之所同治元年燬

先農壇在東門外乾隆四年建壇後正屋三間中供神位左藏祭品農具右存籍田米穀東配房一間辦祭品西配房一間農民居之

社稷壇在北門外乾隆二十一年知縣林翼池捐建

神祇壇在南門外乾隆二十一年知縣林翼池捐建

按舊名山川壇嘉慶十六年奉部文更正

厲壇在北門外乾隆二十一年知縣林翼池捐建

按壇無定制京都曰泰厲府州曰郡厲縣曰邑厲

聖廟在縣城內東北乾隆四年知縣于執中倡建嘉慶元年燬於賊七年知縣朱鳴鳳訓導蕭琴倡率重建同治元年正月復燬於賊二年知縣任廷槐倡率重建

按會典稱爲至聖先師廟復稱曰文廟咸豐中升文昌宮爲文廟乃專稱聖廟

崇聖祠在大成殿後

名宦祠在戟門左

鄉賢祠在戟門右

武廟在城東南隅城隍廟左乾隆四年建嘉慶元年燬於賊後重建同治元年正月復燬於賊今重建未竣

按雍正八年特尊關帝廟爲武廟

文廟在城內白烏巷即岐陽書院舊址嘉慶三年改爲孫文靖公祠旋廢嘉慶六年改祀文昌同治元年正月燬於賊

按文昌自元明以來惟民間禋祀故未入會典嘉慶六年五月始列入祀典咸豐中奉文尊孔廟爲聖廟文昌宮改稱文廟與武廟並列中祀

城隍廟在城東南隅武廟右乾隆四年建嘉慶丙辰匪變傾圮後經官紳修復道光六年知縣方策重修同治元年燬於賊僅存正殿同治四年重修

火神祠在城內碧秋巷咸豐元年知縣林士端勸建同治元年燬於賊

龍神祠在縣署左咸豐元年知縣林士端勸建

朱文公祠在縣署左即仰止書院舉人曾有光等建道光十七年重修道光三十年知縣林士端即祠前建立考棚同治元年考棚燬於賊

昭忠祠嘉慶四年附建城隍廟西偏祀殉難知縣莊公紱蘭訓導甘公杜典史張公甯旋圮道光十七年署知縣繆庭濰復建於關帝宮後左側並附祀殉難生員蕭大鍾何潭周南及陣亡兵勇捐錢四十千派首事掌管以爲祭祀之資同治元年燬於賊

張公祠一在西城外牛車坪一在元阜里沙坨坪乾隆

年邑人公建祀前知縣太康張公沖爲民興水利者

王公祠在城內碧秋巷祀殉難知縣王公頌三同治二年秋知縣任廷槐率闔邑紳庶奉文建

王公祠在城西麂子峽嘉慶時邑人公建祀前署知縣利川縣丞王公三錫久圮

孫文靖公祠在城內白鳥巷岐陽書院故址也祀四川總督孫文靖公士毅嘉慶六年廢爲文昌宮

元后宮在城隍廟右祀黃帝元妃西陵氏咸豐年間建同治元年燬於賊

東嶽宮在城隍廟東偏道光六年知縣方策建

武聖宮在千總署側閤營公建同治四年重建

三義宮在南門內祀張桓侯同治三年重建一在卯峝司

軒轅廟在武廟左側同治二年建

孫眞人祠在武廟左側俗名藥王殿同治二年邑人張培桂捐建

南華宮在城內青桐巷

　案南華宮以南華山得名六祖惠能愛曹溪水香從地王求一袈裟地地王許之遂以袈裟覆地周南華

山方圓八十里焉

禹王宮在南門內湖南會舘也乾隆二十年建同治元年燬於賊大殿獨存同治四年重修卯峝大河壩舊司場皆有之

許眞君廟一名萬壽宮江西會舘也在南門外乾隆二十年建嘉慶二十一年重建同治元年半燬於賊卯峝大河壩舊司場上寨場皆有之

天后宮在東門內福建會舘也

浙江會舘在城內白鳥巷道光年間建祀關聖文昌
魁星閣在東門外朝陽書院前嘉慶三年知縣康乂民建
鳴鳳樓在城東半邊城道光甲辰知縣陳炳常率紳士公建樓凡三層高八九丈聳入雲霄勢甚巍煥上層祀魁星中層祀關帝文昌樓後爲屋二棟前堂後室各三間以爲游晏之所咸豐辛酉冬爲髮逆所燬
靈官廟在城西虎耳山同治元年燬於賊
案靈官之神世所稱王元帥者天將二十六第一位

也倪岳青溪漫録劉侗帝京景物畧孫國敉燕都游覽志俱載之明成祖禱輒應乃命祀於宮城西又勅建天將廟張獻忠少時嘗夜盜武當山佛頂金冠遇靈官厲聲叱之其靈異如此宜其血食不絕也
雷神祠在城東翔鳳山頂道光年建
財神祠在南門外清泰街祀俗所謂黑虎元壇趙公明同治二年建
張王廟在仁育里明卯峒土司建相傳昭烈入蜀時命桓侯招撫諸峒蠻故歷來土司祀之甚謹

川主廟在元阜里舊屋基
案川主廟祀秦蜀郡太守李冰李公治水淘灘作堰功德在民其子二郎復以神力佐公治孽龍永無水患元至順元年封李公冰爲聖德廣裕英惠王封二郎神爲英烈昭惠靈顯仁祐王見元史本紀 國朝雍正五年從川撫憲德之請封冰敷澤興濟通祐王封二郎承績廣惠顯英王
天王廟一在舊司塲一在縣南三十里瑪瑙河教匪髮匪作亂俱顯靈異

案白帝天王之祀始於湖南嘉慶間湖督某請入祀典部議從之廣虞初新志載白帝姓楊氏湖南乾州鴉溪人母感龍而孕一產三男各有勇力武藝絕倫遇苗人不靖集村人數十討平之時宋南渡後事也朝廷召至杭見其狀貌英異恐爲邊患頒以鴆酒令歸共妻孥飲之未至家苦熱開瓶取飲三人皆中毒死而靈不昧屢著神異官民立廟祀之故稱白帝天王第三郎尤顯應云
飛山廟在客寨河祀唐誠州刺史楊再思

案唐誠州卽今之靖州也考方輿紀要飛山在湖南靖州西北十五里俗呼勝山蠻人保障於此號飛山蠻揚再思爲刺史時史稱其嘗駐兵於飛山寨葢奪其險使蠻失所恃也宋紹興間封威遠侯立廟祀之

魯班廟在城內關帝廟側工師匠人公建

三撫宮一在大河壩一在舊司場

案三撫神相傳爲三姓土司生有惠政民不能忘故沒而祭於鄉祉頗著靈異水旱禱之輙應

文昌宮在縣南五十里青鳳山咸豐間里人田有糧捐

建並捐田產作里中子弟膏火之資

南離宮在舊司場

水府廟在上寨場

關帝廟一在土堡一在卯峒一在舊司場一在上寨場一在觀音橋一在忠崇里小鶯嶺一在蒲西欄馬山一在貞肅里明散毛土司建一在紅沙田

黑神廟在元阜里後坪祀唐睢陽殉難南將軍霽雲

寺觀附

乾元寺在縣東五里

九觀寺在縣東南二里翔鳳山頂

仙佛寺在元阜里佛潭巖

興隆寺在亭康里

興隆菴在貞肅里前明散毛土司建

祖師殿在縣西南六十里

朝元寺在縣西南七十里

觀音閣在卯峒司下臨大河

廻龍觀一在縣西二十里一在縣南五十里

飛來閣在縣西三里茅坪知縣方策建築石臺咸豐間

里人建閣其上辛酉燬於賊同治四年復建

雲臺寺在縣南五十里廻龍橋之上

定雲菴在縣西貞肅里

玉皇閣在忠崇里小鶯嶺

觀音菴在忠崇里望月山

鳳凰菴在猴栗堡

龍鳳觀在縣東南水寨明時建

泰古寺在仁育里

來鳳縣志卷十

建置志

坊表

忠勇絕倫勤勞獨著坊二座在仁育里洪武六年明太祖詔卯峝司軍民宣撫使向貴什建今圮

宣撫坊在臘壁司萬歷三十年明神宗詔臘壁司土官田秉龍建今圮

忠勇勤勞坊在仁育里隆慶四年明穆宗詔卯峝土官向明輔建今圮

龍民貴之妻趙氏貞烈坊在東門外半里大道旁乾隆三十五年奉旨旌表建立後圮道光年間里人即故址立石柱表之

何顯模之妻吳氏節孝坊在城東五里嘉慶十七年奉旨旌表建立

儒童張鴻謨之妻陳氏節孝坊在城內白鳥巷道光三年奏請旌表七年奉旨建立

津梁義塚附

龍峝橋縣北五里雍正二年建

太平橋縣東五里乾隆十年覃善基捐建

東流橋縣西三十五里乾隆十九年建

高洞橋縣西南三十里乾隆二十年建

天人橋縣西南三十里在高洞渡下春夏渡船秋冬橋行乾隆二十一年建

三元橋縣西南六十里在大旺洗腳溪乾隆十六年縣丞蔣灝捐建未竣十八年縣丞蒲又洪捐廉重建

安遠橋縣西南七十里在大旺董達河朝元寺前乾隆二十一年縣丞蒲又洪捐建

石梁橋縣南一百一十五里在卯峝乾隆二十一年巡檢董天祥捐建

迎鳳橋縣南九十五里在卯峝乾隆二十一年巡檢董天祥捐建

雙鳳橋在縣東門外先建木橋嘉慶九年里人以石易之旋爲急漲衝塌

高橋在縣南一里即四斗種橋也

霽虹橋在縣南一里俗名接龍橋向用渡船大雨時山谿泛漲水自滴水關來流經伏虎洞一落千丈勢如犇馬往往覆舟嘉慶十三年邑紳士庶始建青石橋二拱於上廣二丈五尺袤二十有三丈高十有五丈繚以石欄又砌石道廣三丈五尺袤三十丈名曰霽虹今五十餘年遂得免胥溺之患

雙楓橋縣西十五里旁有雙楓故名

五里橋縣南五里

利鳳橋縣西里許

觀瀾橋縣東五里乾元寺左道光二十九年張培桂捐建

峽口橋縣東十里小河坪道光十九年里人公建

越津橋縣南三十里紅巖堡衆水所趨波濤洶湧雖有官渡行人苦之道光元年邑人楊文龍費萬金建大石橋於上遂如康衢邑茂才田啟芳名之曰越津爲文記之

明暗雙橋在卯峝比都湖乾隆間里人劉正國倡建一在下田溝水流處一在上溪澗飛流處茂才田啟芳有記

廻龍橋縣南五十里上寨嘉慶二十四年建

文筆二橋在忠崇里古竹溪

興隆石橋在忠崇里芭蕉溪

雙江橋在忠崇里板斗科

紡車三亭橋在忠崇里紡車溪

觀音二橋在忠崇里一石一木名永鎮橋

客寨河渡船一夫一後建橋船裁

紅巖堡渡縣南三十里船一夫一後建橋船裁

上寨河渡縣南四十餘里大車滿船一夫一

按乾隆壬寅管金聲捐簡家塘水田一坵後經首事何在田查國榮以其餘積添置體河水田十七坵土一幅房屋六間永作義渡之資

堰寨河渡船一夫一

官堰塘渡船一夫一

按向係官渡道光癸巳里人鄧玉堂等募貲五百餘金買置田地以作渡夫工食及歲修之費公帑遂停

花屋灘渡船一夫一

按係官渡嘉慶丙辰白匪作亂鄉人誅匪目於此因
惡其地更其渡於官塘河
近鳳寨渡船一夫一
斗坎子渡船一夫一
倘家潭渡船一夫一
小壩渡船一夫一
按以上三渡來龍兩縣人公置
陳家灘義渡縣東十里
倒開門義渡縣東十二里

鯉魚潭義渡縣東十五里
老虎灘義渡在忠崇里
乾石洞義渡在忠崇里

義塚附

麥地塢義塚一處在縣東五里長五十五弓寬五十三
弓乾隆元年縣民公置知縣林公翼池記之曰出東門
不數武為河沿河行里許故置一隙地竪碑作義塚塚
山從兌轉坎乾亥垂頭朝巽巳方廣約有七畝餘塋各
厝半坡作腰落分前屏後幛水抱山環蓋不特地之寬
綽無礙稼穡而形勢團結是可為阡斯塚者造福云
絲栗坪義塚一處在縣南五里長五十四弓乾隆元年
置
寺坪義塚一處在縣西三里道光十年本城士民公置
惻茶里義塚一處乾隆二十年置
忠崇里義塚一處乾隆二十年置
信義里義塚一處乾隆二十年置
利正里義塚二處一在九龍盤縣南二十里潘廷翰鄧
玉振等捐置一在縣南五十里木油灣查國榮捐置

來鳳縣志卷十一

典禮志

慶賀　迎春附

大清會典順治間定凡元旦冬至
萬壽節在外直省文武大小各官但設龍亭香案朝服望
闕行三跪九叩首禮康熙二十二年題准直省行慶賀禮
是後定制每歲恭遇
慶典及元旦冬至三大節文武官五鼓齊集
萬壽宮分班行禮恭遇

恩詔所至地方官員具龍亭彩輿儀仗鼓樂出郭迎接卽安
奉
萬壽宮內行禮宣讀朔日宣講
上諭亦卽於此各州縣未建
萬壽宮者皆於明倫堂行禮

迎春附

通禮先立春日府縣於東郊造芒神土牛立春在十二月望後芒神執策當牛肩在正月朔後當牛腹在正月望後當牛膝示民農事早晚

儀注届立春日吏設案於芒神春牛前陳香燭菓酒之屬案前布拜席通贊執事者於席左右立府縣正官率在城文武官丞史以下朝服畢詣東郊立春時至通贊贊行禮正官一人在前餘以序列行就拜位贊跪叩興衆行一跪三叩禮執事者舉壺爵跪於正官之左正官受爵酌酒酹酒三授爵於執事者復行三叩禮衆隨行禮與舁芒神土牛鼓樂前導各官後從迎入城置於公所各官執采杖環立樂工擊鼓擊土牛三匝各退

按迎春禁例康熙十二年覆准嗣後直省府州縣各

官拜迎芒神土牛止用鼓吹綵亭其勒令鹽商當鋪行戶粧扮故事臺閣排列金珠張鼓樂樹旗幟併科派里長捉取馬匹車輛伶人娼婦等項嚴行禁止如有前項糜費並各官借端派累該督撫科道題參交與該部議處

鄉飲

通禮歲孟春望日孟冬朔日舉行鄉飲酒之禮於學宮府以守縣以令爲主人以鄉之年高六十以上有德行者一人爲賓其次一人爲介又其次爲衆賓以教官一

人爲司正學弟子習禮者二人司爵二人贊禮二人引禮一人讀律令僚佐皆與前期戒賓賓禮辭許戒介亦如之（右戒賓介）先一日司正率執事者詣講堂肄儀設監禮席次於庭東北面布賓席於堂西北南向主人席於堂東南西向介席於堂西南東向衆賓之長三人席於賓西南向東上皆專席不屬衆賓席於西序東向僚佐席於東序西向皆北上司正席於主人之東北向（如有鄉大夫來觀禮者坐於東北三品以上席南向四五品席西向無則闕之）設律令案一於主介間正中東西肆設尊案一於東序端南北肆設樂於西階

下如儀（右陳設布席）

儀注屆日質明執事者入具饌設尊於案實酒於尊加冪勺觶爵在尊北讀律令者奉律令陳於中案監禮者朝服詣學宮主人率司正及僚屬咸朝服入乃使人速賓介屆時賓介盛服至序立於庠門外之右介居賓南衆賓居介南皆東面北上執事以賓至告於主人主人出迎賓西面揖賓介以下東面答揖主人入門左賓揖介介揖衆賓以次入門右當階主人揖及階揖賓皆答揖主人與賓讓升三讓賓三辭主人升賓廻升主人東階上賓西階上贊者贊拜主人西面再拜賓東面答拜與卽席主人降延介一讓升介升拜如賓禮就位主人廻延衆賓衆賓以次皆升主人揖賓長皆答揖衆賓卽席主人率僚佐以下皆卽席（右迎賓介）贊者贊揚觶執事者引司正由東階升詣堂中賓介皆起立贊揖司正揖賓介以下答揖司爵詣酒尊所舉冪酌酒於觶進授司正司正揚觶而語曰恭惟

朝廷率由舊章敦崇禮教舉行鄉飲非爲飲食凡我長幼各相勸勉爲臣盡忠爲子盡孝長幼有序兄友弟恭內

睦宗族外和鄉黨無或廢墜以忝厥生讀畢贊者贊司正飲酒司正立飲畢以觶授執事者反於案贊揖司正揖賓介以下皆揖司正復位賓介以下皆坐（右揚觶）贊讀律令執事者舉律令案於中堂引禮引讀律令者就案前北面立賓介主人以下聽贊咸起立旅揖如司正揚觶禮廻讀律令曰律令凡鄉飲酒序長幼論賢良高年有德者居上其次序齒列坐有過犯者不得干與違者罪以違制失儀則揚觶者以禮責之讀畢復位賓介以下皆坐（右讀律令）贊者贊供饌執事者舉饌案於賓前次介

次主人衆賓以下徧舉訖贊賓主人起離席北面立司
爵詣酒尊所酌酒實爵授主人主人受爵詣賓席奠於
案稍退賓避席立於主人之左贊拜主人再拜賓答拜
皆復位立贊賓酢主人賓離席司爵酌酒授賓賓受爵
介從詣主人席前拜送爵主人答拜如前儀復位主人
起獻介介酢主人如前儀皆坐執事者徧獻三賓衆賓
爵訖右獻賓賓酢主人酒數行工升歌周詩鹿鳴三章卒歌笙
奏
御製補南陔白華華黍詩間歌周詩魚麗南有嘉魚南山有

臺三章笙奏
御製補由庚崇邱由儀詩廼合樂歌周南關雎三章召南鵲
巢三章卒歌工告備出執事者行酒主賓以下飲無算
爵右樂賓贊者贊徹饌衆起離席主人率僚屬在東西上
賓介在西東上皆北面贊拜主人再拜賓介以下皆再
拜賓降西階出介及衆賓從立庠門外之右東面北上
主人降東階出僚屬從送賓於庠門外之左西面旅揖
賓介退禮卒無愆監禮者出主人率僚屬送於庠門外
皆退賓出右徹饌

御製補南陔詩
我逝南陔言陟其岵昔我行役瞻望有父欲養無由風
木何補
我逝南陔言陟其屺今我行役瞻望有母母也倚閭歸
則寧止
南陔有筍雜實兮之孱孱孫提孰嚶咏之愼爾溫凊潔
爾旨餚今爾不養日月其慆
御製補白華詩
有白者華不汚纖塵咨爾士兮宜修其身不修其身乃

貽羞於二人
有白者華婉茲靜好咨爾女兮宜修婦道不修婦道乃
貽羞於二老
白華匪玉涅而不淄白華匪蘭芬乃勝之我擷白華載
詠載思
白華匪玉質玉之令白華匪蘭臭蘭之淨我擷白華載
思載詠
御製補華黍詩
瞻彼阪田厥黍始華胝足胼手嗟我農夫

瞻彼阪田黍華以秀胼手胝足惟勤斯茂
華有不秀矣秀有不實矣其雨其雨矣杲杲日出矣愁
予愁之恤矣

御製補由庚詩

王庚便便東西朔南六符調爕八風節宣
王庚容容朔南西東維敬維勤百王道同
王庚廓廓東西南朔先憂而憂後樂而樂
王庚恢恢南朔東西皇極孰建惟德之依

御製補崇邱詩

澗松童童蛙黽鄰兮邱草萋萋蕩青雲兮凡百君子慎
廼託身兮
澗松童童澗則卑兮邱草萋萋邱則崎兮凡百君子慎
廼所依兮
有崇者邱物無不遂有卓者道愚無不智資生育德永
植勿替

御製補由儀詩

在上曰天在下曰地君君臣臣父父子子
在下曰地在上曰天父父子子君君臣臣
由其儀矣物則熙矣儀則由矣物則休矣

救護

通禮府縣遇日月食各按欽天監推定時刻分秒隨時救護各於公署均以正官一人領班行禮正貳教職二人糾儀學弟子員二人通贊二人引班陰陽官一人報時至日設香案於露臺上爐檠具早晚隨日月爲向糾儀通贊引班分列於香案左右布各官拜席於香案陳金鼓於儀門外樂舞生二人奉小鼓於露臺下各官素服陰陽官報日月初虧通贊贊齊班引班引各官至拜

位前立重行異等少進贊跪叩興衆行三跪九叩禮興贊上香班首官進至香案前三上香畢復位贊跪皆跪贊伐鼓樂舞生奉鼓進跪於左正官伐鼓三聲儀門外金鼓振作乃按班更番上香祇跪糾儀二人更番祇立並如前儀陰陽官報日月復圓金鼓聲止通贊贊齊班衆官至拜位前立聽贊行禮如初畢各退

來鳳縣志

卷十二
典禮志 祀典

卷十三至十五
食貨志 戸口 田賦 徭役 蠲卹 水利

來鳳縣志卷十二

典禮志

祀典

聖廟

御製聖廟碑文

朕惟道原於天宏之者聖庖犧氏觀圖畫象闡乾坤之秘堯舜析理危微厥中允執禹親受其傳湯與文武周公遞承其統靡不奉若天道建極綏猷夏乎尚矣孔子生周之季韋布終老非若伏羲堯舜之聖焉而帝禹湯

文武之聖焉而王周公之聖焉而相也歸然以師道作則與及門賢哲紹明絕業教思所及陶成萬世是伏羲堯舜禹湯文武周公之統惟孔子繼續而光大之矣閒嘗誦習詩書之所刪述大易之所演繫春秋之所筆削禮樂之所修明本末一貫根柢萬有殆與覆載合其德日月並其明四時寒暑協其序焉故曰仲尼之道一天道也朕敬法至聖景仰宮牆嚮往之誠匆釋寤寐歲甲子十有一月時巡東魯躬詣曲阜展修祀事復謁聖墓循撫松栢儀型在望僾乎至德之親入朕忝作君敬牖下民深惟夫子師道所建百王治理備焉舍是而圖郅隆曷所依據哉因勒文於石彰朕尊崇聖教以承天治民之意系以辭曰遐哉三五維辟之式於皇尼山師道允植天畀木鐸覺彼羣生百行以正六籍以明賢邁唐虞聖則河洛綏和動來文博禮約性天峻極倫教孔彰學昌洙泗統歸素王炎漢崇儒少牢用饗厥後賢君高山是仰予懷至聖莅彼東方音徽云邈道德彌光鬱鬱塋林峩峩祠殿企慕安窮羹牆如見泰岱匪高東海匪深敬揚懿鑠終古式欽旹康熙二十五年春二月上丁

日

欽頒匾額

御書萬世師表康熙二十三年頒

御書生民未有雍正三年頒

御書與天地參乾隆三年頒

御書聖集大成嘉慶四年頒

御書聖協時中道光元年頒

御書德齊幬載咸豐元年頒

御書聖神天縱同治二年頒

位次

大成殿奉祀

至聖先師孔子正中南面主式高二尺三寸七分濶四寸厚七分座高四寸長七寸厚三寸四分朱地金書

御製

至聖先師孔子贊并序康熙三十三年勒碑

蓋自三才建而天地不居其功一中傳而聖人代宣其蘊有行道之聖得位以綏猷有明道之聖立言以垂憲此正學所以常明人心所以不泯也粤稽往緒仰遡前緒堯舜禹湯文武達而在上兼君師之寄行道之聖人也孔子不得位窮而在下秉删述之權明道之聖人也行道者勳業爛於一朝明道者教思周於百世堯舜禹湯文武之後不有孔子則學術紛淆仁義湮塞斯道之失傳也久矣後之人而欲探二帝三王之心法以爲治國平天下之準其奚所取衷焉然則孔子萬古一人也審矣朕巡省東國謁祀闕里景企滋深敬擒筆而爲之贊曰

清濁有氣剛柔有質聖人參之人極以立行著習察舍道莫由惟皇建極惟后綏猷作君作師垂統萬古曰惟堯舜禹湯文武五百餘歲至聖挺生聲金振玉集厥大成序書删詩定禮正樂既窮象繫亦嚴筆削上紹往緒下示來型道不終晦秩然大經百家紛紜殊途異趣日月無踰羹牆可悟孔子之道惟中與庸此心此理千聖所同孔子之德仁義中正秉彝之好根本天性庶幾夙夜勗哉令圖溯源洙泗景躅唐虞載歷庭除式觀禮器摛毫仰贊心焉遐企百世而上以聖爲歸百世而下以聖爲師非師夫子惟師於道統天御世惟道爲依泰山巖巖東海泱泱牆高萬仞夫子之堂孰窺其藩孰窺其徑道不遠人克念作聖康熙二十五年七月初四日戶部尚書文華殿大學士臣張玉書奉

勅敬書

東配二位北上西向四配主式高一尺五寸濶三寸二分赤地黑書

復聖顏子名回字子淵山東兖州府曲阜縣人

御製贊

聖道早聞天姿獨粹約禮博文不遷不貳一善服膺萬德來萃能化而齊其樂一致禮樂四代治法兼備用行

舍藏王佐之器

述聖子思子 名伋字子思山東兗州府曲阜縣人

御製贊

於穆天命道之大原靜養動察庸德庸言以育萬物以贊乾坤九經三重大法是存篤恭慎獨成德之門卷之藏密擴之無垠

西配二位北上東向

宗聖曾子 名參字子輿山東兗州府嘉祥縣人

御製贊

洙泗之傳魯以得之一貫曰唯聖學在茲明德新民止善爲期格致誠正均平以推至德要道百行所基纂承統緒修明訓辭

亞聖孟子 名軻字子輿山東兗州府鄒縣人

御製贊

哲人既萎楊墨昌熾子輿闢之曰仁曰義性善獨闡知言養氣道稱堯舜學屏功利煌煌七篇並垂六藝孔子攸傳禹功作配

東哲

先賢六位北上西向 東西哲主式高一尺四寸闊二寸六分厚五分座高二寸六分長四寸厚二寸赤地墨書

閔子 名損字子騫山東兗州人

冉子 名雍字仲弓山東兗州人

端木子 名賜字子貢河南衛輝人

仲子 名由字子路山東泗水人

卜子 名商字子夏河南懷慶人

有子 名若字子有山東曲阜人

西哲

先賢六位北上東向

冉子 名耕字伯牛山東兗州人

宰子 名予字子我山東曲阜人

冉子 名求字子有山東兗州人

言子 名偃字子游江南常熟人

顓孫子 名師字子張河南陳州人

朱子 名熹字元晦徽州婺源人

東廡

先賢四十位北上西向 東西廡主式同東西哲

公孫僑 字子產鄭人

林放 字子邱山東兗州人

原憲 字子思河南商邱人

南宮适 字子容山東兗州人

商瞿 字子木山東曲阜人

漆雕開 字子若河南汝寧人

司馬耕 字子牛河南商邱人

梁鱣 字叔魚齊人

冉孺 字子魯山東兗州人

伯虔 字子析山東兗州人

冉季 字子產山東兗州人

漆雕徒父 字子期兗州人家語名從

漆雕哆 字子斂兗州人
任不齊 字子選湖北荊州人
公肩定 字子忠兗州人
罕父黑 字子素山東兗州人
左人郢 字子行兗州人
原亢 字子籍兗州人
叔仲會 字子期兗州人
邽巽 字子斂兗州人
琴張 字子開河南衛輝人

公西赤 字子華山東曲阜人
公良駟 字子正河南陳州人
鄡單 字子家山東聊城人
榮旂 字子祺山東兗州人
鄭國 字子徒聖里志作薛邦兗州人
廉潔 字子庸河南衛輝人
公西輿如 字子上齊人
陳亢 字子禽河南陳州人
步叔乘 字子車青州人

秦非 字子之兗州人
顏何 字子冉魯人
牧皮
萬章
程顥 字伯淳河南洛陽縣人

先儒三十一位 位次先賢

公羊高 字子夏弟子山東臨淄人
毛亨 受詩荀卿魯國人
后蒼 字近君山東兗州人

顏噲 字子聲曲阜人
縣亶 字子象
樂正克 魯人
周敦頤 字茂叔湖南道州人
邵雍 字堯夫直隸涿州人
伏勝 字子賤山東濟南人
孔安國 字子國曲阜縣人
鄭康成 北海人

范甯 字武子南陽人
范仲淹 字希文江蘇吳縣人
司馬光 字君實平陽人一作陝州人
羅從彥 字仲素南劍人
張栻 字敬夫四川綿竹人
陳淳 字安卿龍谿人
何基 字子恭浙江金華人
趙復 字仁甫德安人
陳澔 字可大都昌人

陸贄 字敬輿浙江嘉興人
歐陽修 字永叔江西廬陵人
謝良佐 字顯道河南上蔡人
李綱 字伯起福建邵武人
陸九淵 字子敬江西金谿人
眞德秀 字景元福建蒲城人
文天祥 字文山江西廬陵人
金履祥 字吉文蘭谿人
方孝孺 字希直台州海甯人

薛瑄 字德溫山西河津人
羅欽順 字允升泰和人
劉宗周 字起東山陰人
陸隴其 字稼書浙江平湖人

西廡

先賢三十九位 北上東向

蘧瑗 字伯玉衛人
宓不齊 字子賤山東曲阜人
公皙哀 字季次山東濟南人

胡居仁 字叔心餘干人
呂柟 字仲木西安人
孫奇逢 字鍾元直隸容城人
澹臺滅明 字子羽山東兗州人
公冶長 字子長山東諸城人
高柴 字子羔河南輝縣人

樊須 字子遲兗州人
巫馬施 字子期陳州人
曹卹 字子循河南汝寧人
秦商 字子丕楚人
壤駟赤 字子徒陝西西安人
公夏首 字子乘魯人
奚容蒧 字子晳魯人
句井疆 字子疆河南衛輝人
縣成 字子祺魯人

商澤 字季山兗州人
顏辛 字子柳山東曲阜人
公孫龍 字子石湖北荊州人
顏高 字子驕曲阜人
石作蜀 字子明陝西鞏昌人
后處 字子里山東青州人
顏祖 字子襄兗州人
秦祖 字子商秦人
公祖句茲 字子之魯人

燕伋 字子思秦人
狄黑 字子晳河南衛輝人
公西蒧 字子尚魯人
施之常 字子恒魯人
左邱明 山東汶上人
公明儀 魯武城人
公孫丑 齊人

樂欬 字子聲兗州人
孔忠 字子蔑魯人孔子兄孟皮子
顏之僕 字子叔魯人
申棖 字子周魯人
秦冉 字子開
公都子
張載 字子厚陝西郿縣人

先儒三十位 位次先賢

程頤 字正叔河南洛陽人

穀梁赤 子夏弟子兗州人
董仲舒 河間景州人一作廣川人
杜子春 河南偃師人
王通 字子淹山西平陽人
胡瑗 字翼之江南如皋人
楊時 字中立福建將樂人
胡安國 字康侯福建崇安人
呂祖謙 字伯恭浙江金華人
蔡沈 字仲默福建建陽縣人

高堂生 秦漢間兗州人
毛萇 字長公河間人
諸葛亮 字孔明琅琊人
韓愈 字退之河南懷慶人
韓琦 字稚圭河南安陽人
尹焞 字彥明洛陽人
李侗 字愿中劍浦人
黃榦 字直卿閩縣人
魏了翁 字華父浦江人

王柏 字會之金華人
許衡 字仲平河南河內人
許謙 字益之金華人
陳獻章 字公甫廣東新會人
王守仁 字伯安浙江餘姚人
黃道周 號石齋福建漳浦人

陸秀夫 字君實江南鹽城人
吳澄 字幼清崇仁人
曹端 澠池人
蔡清 字介夫晉江人
呂坤 字叔簡河南甯陵人
湯斌 號潛菴河南睢州人

雍正二年部頒

聖廟禮樂圖籍

禮器

簠 盛黍稷圓器也廣韻內方外圓曰簠儀禮簠有蓋蓋四隅微稜起如雲狀通蓋重十三觔高七寸深二寸潤八寸一分腹徑長一尺一分古用陶後世範金爲之

簋 簋外方內圓有虞氏敦夏璉商瑚周簋考工記旊人爲簋瓦簋即土簋也先儒云宗廟之簋用木天子飾以玉諸侯飾以象近制用銅儀禮敔簋會會蓋也象龜形通蓋重九觔高六寸七分深二寸八分潤五寸腹徑長七寸九分

籩 竹豆也口有藤緣形製如豆口徑四寸九分通足高五寸九分足徑潤五寸一分上深寸有四分

豆 豆制不同夏楬豆殷玉豆周獻豆魯玉豆雕篹爾雅及鄭氏說以木周禮旊人說以瓦呂氏考古圖說及政和近制以銅郊特牲曰鼎俎奇而籩豆耦陰陽之義也籩豆之實水土之品也高廣如籩式

登 似豆高大用薦羹詩曰于豆于登爾雅疏木曰豆瓦曰登字从月卽肉从又卽手盍以手持祭肉于

豆之意與登降之登从癶者不同高尺有四寸

鉶 小鼎也用薦和羹周禮亨人祭祀共太羹鉶羹儀禮疏據羹在器謂鉶羹據器言謂鉶鼎範銅爲之三足覆以蓋施三紐

雲雷尊 銅製紐以蝸首腹繪雲雷回旋狀用貽初獻酒重六觔四兩高九寸八分五釐口徑六寸七分五釐深七寸五分

象尊 取形于象以明夏德夏假也萬物之所由化也範金爲之穴其背覆以蓋受酒于腹瀉于鼻貽亞獻酒重十觔通高六寸八分口徑寸有八分耳潤寸二分長寸有九分深四寸九分

犧尊 卽獻尊周制也尊作牛形詩犧尊將將禮器犧尊疏布犧音莎取犧牲享食之義貽終獻酒範金爲之受酒同象尊重九觔二十兩通足高六寸一分徑二寸四分頭去足高八寸二分耳高二寸一分五釐潤八分五釐深二寸七分

壺尊 尊作壺形胆飾饕餮腹著雲雷示有節止而又施澤及時也夏商曰尊彝周制用壺重四觔一兩二錢高八寸四分口徑四寸五分腹徑六寸深七寸一分

大尊 大从泰有虞氏之制貴本尚質瓦尊也通足高八寸一分口徑五寸七分腹徑六寸一分足徑三寸八分深六寸五分

著尊 無足而底著地明堂位商尊也範銅爲之周身雷紋重四觔十兩高八寸四分五釐口徑四寸三分腹徑六寸三分深八寸二分

釋奠備六尊見闕里志

巾冪 用以冪尊絲帛方幅爲之中畫雲龍旁畫文綵四角綴金錢上皆兩廉元表纁裏不繪雲龍其幅方

尺有五寸

龍勺 所以酌酒而注之爵者範金爲之柄作龍首夏制也重一觔口潤二寸一分柄長尺二寸九分

爵 以獻酒夏曰琖殷曰斝周曰爵說文象爵之形取其鳴節節足足也製用銅重一觔八兩兩柱三足有鋈通柱高八寸三分深三寸三分口徑長六寸二分潤二寸九分正殿爵以磁色純白制如之

祝版 祝版木質粉塗高九寸潤尺有二寸架長尺三寸高二寸祝文用白紙楷書粘於木版之上使捧讀也祭畢揭而焚之

俎 以盛牲斷木爲之上有蓋下有跗明堂位周以房俎鄭注足下加跗也字从仌不从爻仌卽肉也臨祭敔蓋以致潔誠朱其外中以黑長二尺八寸潤尺有八寸五分兩端施鐵環蓋高四寸牲盤漆以黑方一尺高二寸

篚
實帛器通作匪象形也禹貢厥匪織文詩鹿鳴序實帛篚篚織竹爲之漆以朱方長有蓋通足高五寸長二尺有八分濶五寸二分深四寸蓋深二寸八分

匜
盥器周禮凡祼事沃盥蓋臨祭之時罍以盛水匜而洗致肅恭也匜猶罍銅質畫饕餮雷紋重八觔八兩通足高五寸七分口徑一尺六寸六分深二寸九分

洗
洗盛棄水以銅爲之高深皆如匜制以兩旁有環中飾龜魚祭祀禮肅三獻三盥棄舊換新以洗盛之不欲其體汙于地也

鼎
爐也用以焚香

坫
以置爵亦承尊陸氏曰古者爵有承盤坫與豐是也施於爇射曰曲賈氏曰諸經承爵器皆異本曲字從豆爲豐年之豐謂時和年豐粢盛豐備神歆其祀人受其福也鄭氏注豐似豆而卑木製漆赤中畫雲氣

籩巾
以絲爲之圓幅繡被纁裏

尊冪
用布爲之縱橫二尺二寸

樂器

康熙二十六年修飾樂器令天下樂官擇鄉里俊秀習佾舞乾隆五年定樂舞用六佾九年頒行祭祀樂章

麾
旌旂之屬周禮巾車建大麾以田歷代命協律郎執之以令樂工制以絳帛爲之兩面繪蟠前升後降輔以雲氣上下綴板上繪雲下繪山懸以龍頭朱竿幅長十尺竿十有二尺朱架卓之起樂則舉舉則升麾見而樂作樂闋則偃偃則降麾見而樂止樂之起止視乎麾也

金
鐘下簨起右首黃鍾次太呂次太簇次夾鍾次姑洗十六枚謂之堵其懸橫曰簨縱曰簴八簴凡二層次仲呂次蕤賓次林鍾上簨起左首夷則次南呂次無射次應鍾次清黃鍾清太呂清太簇清夾鍾鑄以精銅形如筩長九寸圍尺八寸週身雷紋組作夔龍輕重不齊以製之厚薄辨律之高下架上兩端施流蘇橫板刻崇牙直柱足作卧蚬形

玉
磬亦十六枚爲堵鐘一堵磬一堵謂之肆取泗濱之石琢製勾長六寸股長尺有二寸隅方象矩以磬之厚薄辨律之清濁架如鐘架足作浮鵝形擊以堅木椎竹柄音律與鐘同凡擊先鐘樂音闋擊磬以收之

琴
材取桐梓漆以朱長三尺六寸六分濶五寸施七弦第一弦黃鍾律合字應左中指按右中指勾二弦太簇四字應左食指按右中指勾三弦林鍾尺字應左大指按右食指剔四弦七徽半仲呂上字應左無名指按右中指勾五弦南呂工字應左大指按右食指剔六弦黃鍾清律六字應左大指按右食指剔

瑟
亦桐梓木斲繪雲雷龍鳳紋長八尺一寸廣尺有八寸施二十五弦染以朱中黃外第一弦黃鍾律合字應右食指順勾凡鼓此字必與內第一弦六字並鼓清濁相應二三弦太簇四字應右食指連勾六弦仲呂上字應右食指順勾七八弦林鍾尺字應右食指連勾九十弦南呂工字應右食指連勾內一弦黃鍾清律六字應左食指順勾外餘十一弦與內弦音律法同凡鼓四上尺工字外內弦並鼓取其清濁相應

排簫
即鳳簫也長短排次故名排簫其形參差象鳳翼音和鳴象鳳聲故亦名鳳簫片木爲架卷曲如龍頭下垂當其背鏊槽排管十六修短合度每管一聲六律六呂兼四清聲移唇吹之架用朱漆飾以銷金

笛
鸞鳳截紫竹爲之長尺四寸七孔上一大孔徑二分吹竅也下六孔各徑分五蘿頭安龍首飾以金下垂絲絲第一孔黃鍾清律六字應凡吹六字下五孔皆閉第二孔南呂工字應凡吹工字此孔與下四孔皆開餘閉第三孔林鍾尺字應凡吹尺字此孔與下第二孔皆開餘閉第四孔仲呂上字應凡吹上字此孔與下

二孔皆開餘閉第五孔太簇四字應凡吹四字下一孔開餘閉第六孔黃鍾合字應凡吹六孔皆閉末一孔相應

篪　截竹爲篪長尺四寸圍五寸三分上一大孔徑三分下五孔徑二分橫面左吹音律與笛同

簫　截竹爲之長尺九寸五分前五孔後一孔各徑一分五釐簫頭開半竅下垂綵絨綵結直吹綴取音

笙　以匏爲之巢覆以角鑽十九孔植紫竹管於孔施一銅簧參差如鳥翼吹匏之端鼓舞其簧而發聲第一三七十一管皆南呂工字應凡工字以此四管用右大指及食指按餘孔皆開十二十五管林鍾尺字應凡尺字左食指按第二第十管仲呂上字應四八十一管太簇四字應十二十四管黃鍾清律合字六字應凡吹合字必吹六字吹六字必吹合字而後清濁有以相應也

塤　賦土爲之圍五寸半長三寸四分上尖下圓頂開吹口徑三分前三孔後二孔各徑二分飾以雲氣上孔

平吹太簇四字應向上稍仰黃鍾合字應下五孔俱閉左中指與食指二孔仲呂上字應凡上字止開此孔餘閉左食指引並左手二孔俱開林鍾尺字應後二孔左大指孔南呂工字應凡工字此孔與前三孔俱開右大指孔黃鍾清律六字應凡六字前後各孔俱開吹者以兩手無名指小指託其底輕取其聲

楹鼓　朱漆綵繪長三尺五寸面闊二尺二寸柱穿其腰通高八尺頂張黃鍾蓋銷金雲花層簷四角探出龍角垂流蘇柱頂立鳳鳥柱下趺足刻四狻猊首爪向外凡樂作先鼓以聲之連擊三通每通十二擊凡三十六擊三通畢又從容三擊衆樂作每奏樂一句三擊以爲節所謂樂聲非鼓不和也

搏拊　韌革爲之兩端張以薄皮長尺四寸五分八釐徑七寸二分九釐中實以糠周身繪花旁有二環繫紅絨綵施以托朱漆綵繪其用每奏樂一句聽楹鼓一擊拍以尾之三擊三拍初拍左手再拍右手三拍則兩手齊作以爲之節

柷　製以桑木狀如斗上方二尺一寸八分七釐下一尺六寸九分零三毫深尺有八寸中虛有底以止擊之止即椎也柄高與心齊凡奏樂先以止撞底後擊左右共三聲以起樂

敔　刻木爲之狀如伏虎長二尺一寸八分七釐高一尺背刻二十七鉏鋙用竹長二尺四寸折十二莖名曰籈櫟其背以止樂也

舞器

節　用氂牛毛旒九蔟每蔟飾金爲頂以紅絨綵貫而聯之綴以結氂竿長八尺五寸朱髹上安鎏金龍首口啣寶蓋下垂紅纓朱架卓之俟舞生就列當舞時雙節前導行列綴兆執節立兩階以節舞蓋樂之聲鼓以節之舞之容節以節之楚詞曰展詩兮會舞一律兮合節舞用節者言綴急應節之義也

羽　修雉尾古並三羽束於柄今制止一羽柄長二尺漆以朱龍頭金飾周禮籥師掌教國子舞羽吹籥祭祀

則鼓羽籥之舞五經通義文舞持羽毛武舞持干戚通典樂在日曰容容藏於心難以貌觀故假干戚羽籥以表其容會典文廟用文舞武廟用武舞

籥　長二尺穿三孔朱飾洞其中便貫羽也古葦籥今以竹爾雅大籥謂之産中曰仲小曰箹廣雅七孔毛氏六孔鄭康成云籥如笛三孔蓋舞具之有聲律者左手執籥右手秉翟籥以配羽用爲文舞蓋文德聲教之象云

樂章

聖廟樂章前明舊制其樂以和爲名康熙五十五年
聖祖仁皇帝欽定樂章頒發府州縣學雍正八年重定今樂章皆以平爲名乾隆五十一年定今樂譜鍾呂嘉慶五

年正月遂並頒譜於各學今春秋歌舞者是也

聖祖仁皇帝欽定樂章

迎神樂奏咸平之章無舞

大上哉尺至工聖六峻五德上卲五功六敷五文六衍工化尺百六王尺是四崇上典上則五有六常工昭上兹五辟工廱六有六虔工簠上簋尺有工嚴六鼓尺鐘上

初獻樂奏寧平之章作寧平舞

覺上我尺生工民尺陶工鑄六前五聖六巍五巍六泰工山尺實上予尺景工行尺禮上備五樂六和工豆上籩六惟五靜六既五述六六工經尺爰五斟六三工正上

亞獻樂奏安平之章作安平舞

至上哉尺聖工師六天五授六明工德尺木六鐸工萬五年六式工是尺羣四辟上清上酒五維六醑上言上觀六秉六翟六太上和尺常六流尺英五材六斯工植上

終獻樂奏景平之章作景平舞

猗上歟六素工王上示工予六物五軌六瞻上之工在六前工神六其尺寧四止上酌尺彼上金五罍六惟上清五且工旨上登六獻工惟五終六弗工遐尺有四喜上

徹饌樂奏咸平之章與迎神同無舞

辟上水尺淵工淵尺崇六牙尺業四業上既五歆上宣五聖六亦工儀六十尺哲上聲尺金上振尺玉工告上兹六將五徹六醆工假上有六成尺羹工牆六靡尺愒上

送神樂奏咸平之章無舞

煌上煌五學六宮工四上方尺來工宗尺甄上陶五胄六子工暨六予上微尺躬上思工皇六多五士六膚工奏尺厥四功上佐上予五永六清上三五五六是上隆尺

嘉慶五年頒發

世宗憲皇帝欽定樂章

高宗純皇帝欽定樂譜

春夾鍾清商立宮　倍應鍾變宮主調

秋南呂徵清立宮　倍仲呂角清主調

迎神樂奏昭平之章

大秋春仕伬哉仜化孔伬仕子伏伬先仕伏覺仕伬先伏伬知伬仕與仜化天伬仕
地化伬參仕伬萬仕伏世化伬之伏伬師伏伬祥伏伬徵化伬麟仜化紱伬仕韻
仜化答化伬金仕伏縡化伬日仜化月伬仕旣仕伏揭伏伬乾仜化坤伬仕清仜化
夷仕伏

初獻樂奏宣平之章

予仕伏懷仜化明伬化德伏伬王化伬振仜化金仕伏聲化伬生伬仕民仜化未
化伬有伏伬展仜化也伬仕大伏伬成伬仕俎化伬豆化伬千仜伏古伏伬春伬仕

秋伬仕上伏伬丁伬仕清仕伬酒化伬旣仜化載仕伏其仜化香伬仕始仜化升
伏仕

亞獻樂奏秩平之章

式仕伏禮仜化莫伬仕徹伏伬升化伬堂伏伬再仜化獻仕伏響化伬協伏伬彛
仜化鏞仕伏誠伏伬孚化伬罍伏伬巵仕伏肅伏伬肅伏伬雍伬仕雍伬仕譽仜化
髦仕伏斯化伬彥仕伏禮化伬陶伏伬樂仕化淑伬仕相伏伬觀伬仕而仜化善
伏仕

終獻樂奏敘平之章

自仕伏古仜化在伏伬昔伬仕先化伬民伏伬有仜化作伬仕皮伏伬弁化伬祭

仜化萊仕伏於伏伬論伏伬思伬仕樂仕化惟伏伬天化伬牖仕伏民伏伬惟伏化
聖化伬時仜化若伬仕彛伏伬倫伏伬攸化伬敘仕伏至化伬今伏伬木仕化鐸
伏仕

徹饌樂奏懿平之章

先仕伏師仜化有伬仕言伏伬祭仕伏則化伬受仕伏福伏伏四仜化海仜伏黌
伏伬宮化伬疇仜化敢伬仜不仜化肅仜伏禮伏伬成化伬告仕伏徹伏伬毋仜化
踈伬仕毋仜化瀆仕伏樂伏伬所化伬自仜化生化伏中伏伬原伬仕有仜化薮
伏仕

送神樂奏德平之章

鳧仕伏繹仜化峩伬仕峩伏伬洙化伬泗仕伏洋仜化洋伬仕景化伬行伏伬行
伏伬止化伬流仜化澤伬仕無伏伬疆伬仕事伏伬昭化伬祀伏化事仕伏祀仕伏
事化伬孔仜化明伬仕化仕伏我伏伬蒸仕伏民化伬育仜化我伬仕膠仜化庠
伏仕

笛譜 笙同

清變宮伬　清商化　清角仕
清變徵伬　清羽伬　清徵仜

簫譜 壎箎 排簫 同

清變宮伬　清商伬　清角伏

清變徵仩　清羽仩　清徵仩

舞譜

初獻作寧平舞

覺一舞我二舞生一另別脚民一扯圈陶一召鑄二召前一揖

聖對面巍兩舞巍對面泰一擺脚山一灌耳實一別脚予二別脚

景一揖行一擺手禮一舞備二舞樂一擺脚和三擺脚豆對向一擺脚

邊對面二擺脚惟一揖靜朝上旣一別脚述二別脚六一提脚經一扯圈

爰一擺手斟二擺手三三擺手正一叩頭

亞獻作安平舞

至一舞哉二舞聖一別脚師一扯圈天一召援二召明一揖

德一對面木兩舞鐸對面萬一擺脚世一灌耳式一別脚是二別脚

羣一揖辟一拱手淸一舞酒二舞維一擺脚醑二擺脚言對面一擺脚

觀對面二擺脚秉一揖翟朝上太一別脚和一別脚常一提脚流一扯圈

英一擺手材二擺手斯三擺手植一叩頭

終獻作景平舞

猗一舞歟二舞素一別脚王一扯圈示一看予二看物三看

軌一蹲身瞻一召背之二召背在二別脚前一扯圈神一對舞面其二對舞面

寧一揖止一拱手酌一看彼二看金一揖罍一扯圈惟一召

清二召且一蹲身旨二蹲身登一擺手獻二擺手旣三擺手終朝上

弗一舒手遐二舒手有三舒手喜一叩頭

初獻作宣平舞

予稍前向外開籥舞懷蹈向裏開籥舞明合手蹲朝上德起辭身向外高舉籥朝上玉兩兩

相對蹲面相向振合手掌蹲朝上金正揖聲起平身出左右立生兩兩相對自下而上東西相向

民稍前舞舉籥垂翟未中班轉身東西相向立惟兩中班十二人轉身俱東西相向有舉翟三合

籥展稍前向外垂手舞也蹈身向裏垂手舞大向前合手謙進步雙手合籥成回身再謙

退步側身向外高手回面內向俎正蹲朝上豆稍舞躬身挽手側身向外呈籥耳邊面朝上千正揖

古起辭身挽手復舉籥正立春兩兩相對交籥兩班俱東西手執籥秋正揖上向外退挽手舉籥向

外面朝上丁回身正位清稍前舞酒正蹲朝上旣左右垂手兩班上下俱雙垂手東西相向載

起高手相向立其左右側身垂手向外開籥垂手舞香右側身垂手向裏垂手舞始正揖朝上升

躬而受之三躬身朝上拱籥而受之三鼓畢起

亞獻作秩平舞

式左右進步向外垂手舞禮向裏垂手舞莫向外落籥面朝上慾舉籥朝上正立升正蹲

堂起身向前轉向外舞再向手舞獻合手謙進步向前雙手合籥蹲謙響兩相對自下而上兩

籥相舉籥東西協上下俱垂手惟兩中班上下十二人俱垂手轉身東西相向蕤轉身東西相向立

鏞相向立兩班上下以翟相籥誠稍前舞蹈兩班上下俱垂手向外孚相裏垂手舞罍合手

謙進步向前垂合籥龢回身再謙兩班上下東西相向合籥立肅稍前舞向外開籥翟肅向裏舞

雍雙手平執籥翟開籥翟雝斂籥翟朝上正立譽側身垂左手兩班側垂手向外舞髦躬身正揖斯雙手舞籥翟躬手彥躬而受之躬身朝上拱籥受之一鼓而進禮一叩頭舉右手叩頭陶舉右手叩頭樂復舉右手叩頭淑拜一鼓畢即起躬身三鼓平身相三舞蹈舉籥向左躬身舞觀舉籥向右躬身舞而舉籥復向右躬身舞善拱籥躬身而受之

終獻作敘平舞

自向外開籥舞古向裏開籥舞在側身向外面朝上昔朝上正立先兩班上下兩兩相對交籥民合手朝上正蹲有側身向裏落籥作合籥朝上正立皮向外開籥舞弁向裏開籥舞祭開籥朝上正立菜合籥於向外開籥舞論向裏開籥舞思進步向前雙手合籥樂回身東西相向手謙惟向外開籥舞天向裏開籥舞牖開籥朝上正立民合籥朝上正立惟向外垂手舞聖向裏垂手舞時朝上正揖若躬身而受之彝躬身向左合籥舞倫躬身向右合籥舞攸躬身復向左右舞敘合籥朝上拜一鼓便起身至側身向外垂手舞今側身向裏垂手舞木朝上正揖鐸躬身朝南受之三鼓畢起身

佾生

康熙二十六年定用三十六人服紅色補服戴裹金銅頂乾隆五年定用樂舞生四十名免其府縣考試六年設一百零六名樂部四十八人舞部四十八人明禮生一人成樂生一人麾幡二人旌節二人干二人戚二人

樂舞定位

殿內首麾次歌部次鞉鼓次搏拊左右縱列次琴次瑟次編鐘編磬左右橫列楹鼓在編鐘之東殿外班第一笙班第二管篪班鳳簫班第三簫班第四笛柷東敔西左右橫列階下節左右列舞八行皆左右縱橫列樂舞轉班麾引歌部當香案前而南次鞉鼓搏拊次琴次瑟次鐘次磬由鐘磬南出兩楹門轉中門外而南直下次笙次鳳簫塤篪管次簫次笛次柷敔下階次節引舞部換轉當丹墀中分向東西轉南序立定禮生唱就位麾引諸部內轉當甬道而北登階分向東西各四轉而吹部柷敔適如本位麾引堂上之樂由兩楹門入殿亦四轉而鐘磬琴瑟鞉鼓搏拊歌麾亦適如本位節引舞生及階而止凡一曲以柷始以敔終凡一聲以鐘始以磬終而中間以楹鼓爲節連鼓爲止樂奏迎神曲終舞生分班縱橫各行舞四曲畢合班對立樂八章俱畢麾節各引所部仍前轉班下階分向左右各四轉四變而爲八參神四叩散班

祭期

每歲春秋二仲月上丁日行釋奠禮前三日正獻分獻

陪祭各官及執事人等均散齋三日致齋一日先一日
省牲眡割牲次日質明行事正獻以知縣分縣以教官
祭品
先師位前帛一（凡禮神制帛均白色長一丈八尺盛以篚正位四配異篚十二哲東西廡共篚）白磁
爵三牛一羊一豕一登一鉶二簠二簋二籩十豆十酒
罇一鑪一鐙二
四配位前各帛一白磁爵三羊一豕一鉶二簠二簋二
籩八豆八酒罇一鑪一鐙二
十二哲位前各帛一鉶一簠一簋一籩四豆四白磁爵

一東西各羊一豕一酒罇一鑪一鐙二
兩廡各帛一銅爵一酒尊各三簠一簋一籩四豆四先
賢位前羊二豕二鑪一鐙二先儒位前羊一豕一鑪一
鐙二
儀注
祭之日鷄初鳴各官豫集於明倫堂均朝服昧爽贊禮
生二人引承祭官由大成左側門入又禮生八人分引
兩序兩廡分獻官隨入至階下之東盥手畢引至階下
拜位前立引班引陪祭官由左右側門入各就拜位序

立典儀唱樂舞生登歌執事者各司其事文舞六佾進
贊禮生贊就位承祭官分獻官陪祭官各就位立典儀
贊迎
神司樂贊舉迎
神樂奏昭平之章樂作贊禮生贊就上香位引承祭官升
東階入殿左門贊詣
先師香案前跪承祭官跪行一叩禮興贊上香司香跪奉香
承祭官上炷香三上瓣香跪行一叩禮興（不贊）以次詣
四配位前跪上香儀同贊復位引承祭官退降階復位

初迎
神時贊禮生分引東西序分獻官各一人升東西階入殿
左右門詣
十二哲位前跪上香退降階復位引兩廡分獻官東西
各二人分詣
先賢
先儒位前跪上香退復位均如前儀贊禮生贊跪叩興
承祭官分獻官暨陪祭官均行三跪九叩禮興樂止典
儀贊奠帛爵行初獻禮贊奏宣平之章舞羽籥之舞樂

作贊禮生引承祭官升階贊詣
先師位前贊跪承祭官跪行一叩禮興司帛跪奉篚承祭官
受篚拱舉奠於案司爵跪奉爵承祭官受爵拱舉奠於
墊中跪行一叩禮興不贊贊禮生贊就讀祝位引承祭官
至殿中拜位立贊跪承祭官分獻官暨陪祭官皆跪贊
讀祝司祝跪讀祝辭讀畢奉祝版跪安
先師位前篚內三叩興退樂作贊跪叩興承祭官分獻官暨
陪祭官均行三叩禮贊禮生引承祭官以次詣
四配位前跪奠帛獻爵儀同退降階復位退及殿左門出降階復位

見舊通禮贊禮生分引兩序分獻官詣
十二哲位前跪奠帛獻爵降階復位均如儀引兩廡分
獻官詣
先賢
先儒位前奠帛獻爵復位儀同樂止亞獻奏秩平之章
舞同初獻樂作贊禮生引承祭官升階贊詣
先師位前暨
四配位前奠爵於左如初兩序兩廡隨分獻畢均復位
樂止終獻奏敘平之章舞同亞獻樂作引承祭官升階奠爵

於右如亞獻儀兩序兩廡隨分獻畢均復位樂止文德
之舞退典儀贊飲福受胙贊禮生贊詣受福胙位引承
祭官至殿中拜位立奉福胙二人自東案捧福胙至
先師位前拱舉退立於承祭官之右接福胙二人自西案進
立於左贊禮生贊跪承祭官跪贊飲福酒右一人跪遞
福酒承祭官受爵拱舉以授於左接以興次受胙如飲
福酒之儀贊叩興承祭官三叩興贊復位引承祭官退
降階復位贊跪叩興承祭官分獻官暨陪祭官均行三
跪九叩禮興典儀贊徹饌奏懿平之章樂作徹畢樂止

贊送
神奏德平之章樂作贊禮生贊跪叩興承祭官分獻官暨
陪祭官行三跪九叩禮興樂止典儀贊奉祝帛饌送燎
有司各奉祝帛香饌恭送燎所如儀承祭官避立拜位
西旁俟過復位樂作贊禮生引承祭官詣燎所視燎畢
仍引由左側門出樂止陪祀各官皆退
祝文
維某年月日某官某致祭於
至聖先師孔子曰惟

先師德隆千聖道冠百王揭日月以常行自生民所未有屬
文教昌明之會正禮和樂節之時辟雍鐘鼓咸恪薦於馨
香泮水膠庠益致嚴於籩豆茲當仲（春秋）祇率彝章肅展
微忱聿將祀典以
復聖顏子
宗聖曾子
述聖子思子
亞聖孟子配尚
饗

崇聖祠

雍正元年追封
先師五代為王爵更啟聖祠為崇聖祠
位次皆南面（王式同四配）
肇聖王木金父（位正中）
裕聖王祈父（位左）
詒聖王防叔（位右）
昌聖王伯夏（位次左）
啟聖王叔梁紇（位次右）

東配
先賢三位北上西向
孔氏孟皮（聖兄）　顏氏無繇（字路　顏子父）
孔氏鯉（字伯魚　子思父）
西配
先賢二位北上東向
曾氏點（字皙　曾子父）　孟孫氏激（字公宜　孟子父）
東廡
先儒二位北上西向
周氏輔成（周子父）　張氏廸（張子父）

蔡氏元定（字季通　沈之父）
西廡
先儒二位北上東向
程氏珦（字伯溫　程子父）　朱氏松（字喬年　朱子父）
祭品
正位每位帛一白磁爵三羊一豕一鉶二簠簋各二籩
豆各八酒罇一鑪一鐙二
配位帛二（東西各一）銅爵（東西各三）豕一豕首二（東西各一）豕肉二（東西）

各一簠簋各一籩豆各四鑪一鐙二
兩廡帛二東西各一每位銅爵一每案簠簋各一籩豆各四
豕首二東西各一豕肉二東西各一

儀注

上丁同時致祭正獻以教官兩廡分獻以食餼弟子員
各一人贊禮生引承祭官入祠垣左門引分獻官隨入
承祭官詣階下盥手與儀贊執事者各司其事贊禮生
贊就位承祭官分獻官就位立典儀贊迎
神司香奉香盤就各案前立贊禮生贊就上香位引承祭

官升東階入殿左門贊詣
肇聖王位前跪承祭官跪行一叩禮興贊上香司香跪奉香
承祭官上炷香三上瓣香跪行一叩禮興贊不次詣左右
正位前跪上香儀同降階復位贊禮生引分獻官升東
西階入殿左右門分詣配位兩廡位前跪上香如儀降
階復位贊禮生贊跪叩興承祭官分獻官行三跪九叩
禮興典儀贊奠帛爵行初獻禮贊禮生引承祭官升階
贊詣
中案前跪承祭官行一叩禮興司帛跪奉篚承祭官受
篚拱舉奠於案司爵跪奉爵承祭官受爵拱舉奠於墊
中跪行一叩禮贊不以次詣左右正位案前跪奠帛獻爵
儀同贊禮生贊就讀祝位引承祭官詣殿中拜位立司
祝至祝案前跪三叩奉祝版跪案左贊跪承祭官分獻
官皆跪贊讀祝司祝讀祝辭讀畢興奉祝版跪安
肇聖王位前篚內三叩興退贊禮生贊跪叩興承祭官分獻
官行三叩禮興贊復位引承祭官出降階復位贊禮生
引正殿分獻官升東西階入殿左右門詣配位前引兩
廡分獻官分詣兩廡位前跪奠帛獻爵興復位均如正

獻儀亞獻各獻爵於左終獻各獻爵於右均如初儀典
儀贊徹饌有司徹饌畢贊送
神贊禮生贊跪叩興承祭官分獻官行三跪九叩禮興典
儀贊奉祝帛饌送燎司祝司帛司香司爵各奉祝帛香
饌以次恭送燎所如儀承祭官避立西旁俟過復位贊
禮生引詣燎所視燎贊禮畢仍引由祠垣左門出各退

祝文

維某年月日某官某致祭於
肇聖王

裕聖王
詒聖王
昌聖王
啟聖王曰惟
王奕葉鍾祥光開聖緒盛德之後積久彌昌凡聲教所覃敷
率循源而溯本宜肅明禋之典用申守土之忱茲屆仲春秋聿修祀事以
先賢顏氏
先賢曾氏

先賢孔氏
先賢孟孫氏配尚
饗
名宦鄉賢忠義孝弟節孝諸祠主式赤地黑書與兩廡同
祭品各帛一豕一羊一籩豆四尊一爵二
儀注每春秋釋奠禮畢教職一人公服致祭行三叩禮
名宦祝文
卓哉 羣公懋修厥職澤被生民功垂社稷茲惟仲春秋
謹以牲醴用申常祭尚 饗

鄉賢祝文
於維 羣公孕秀茲邦懿德卓行奕世流芳茲惟仲春秋
謹以牲醴用申常祭尚 饗
忠義孝弟祝文
惟 靈稟賦貞純躬行篤實忠誠奮發貫金石而不渝
義問宣昭表鄉閭而共式祗事懋彝倫之大性摯莪蒿
克恭念天顯之親情殷棣蕚模楷咸推夫懿德
綸恩特闡其幽光祠宇維隆歲時式祀用陳尊簋來格几筵
尚 饗

節孝祝文
惟 靈純心皎潔令德柔嘉矢志完貞全閨中之亮節
竭誠致敬彰閫內之芳型茹冰蘖而彌堅清操自勵奉
盤匜而匪懈篤孝傳徽
綸特沛乎殊恩祠宇昭垂於令典茲循歲祀式薦尊醪尚
饗
武廟
嘉慶十九年加封忠義神武靈佑仁勇關聖大帝道光
八年加封威顯二字

仁宗睿皇帝加封仁勇告祭文

煌煌彰癉靈承揚九宇之麻肅肅明威崇報食千秋之

德惟

關帝仁本性成勇偕智錫特昭顯應旋滌妖氛風馬雲車儼

闕庭而陟降山雷澤火若日月之昭臨爰感神功用光

義問謹加封爲

忠義神武靈佑仁勇關聖大帝維春秋以治亂賊有血氣莫

不尊親

神貺疊邀朕躬孚佑嗚呼允文允武生生體天地之心至

大至剛浩浩作山河之氣敬祈肸蠁尚隔精誠謹告

祭期

通禮歲以春秋仲月上辛及五月旬有三日致祭案今

各省春秋致祭均奉部頒日期

祭品

帛一白磁爵三牛一羊一豕一登一鉶二簠簋各二籩

豆各十鑪一鐙二酒尊一

夏祭不設籩豆用果品五盤（核桃 荔支 龍眼 棗 栗）餘品同

儀注

祭日承祭官朝服行禮迎神送神均三跪九叩咸豐四

年升入中祀設樂一切禮制與 聖廟同

文宗顯皇帝欽定樂章 咸豐四年春月製譜

春夾鐘清均　倍應鍾起調

秋南呂清均　仲呂起調

迎神樂奏格平之章

懿（春秋）（伬伏）鑠（伬化）兮（伏仕）焜（伍伬）煌（伏仩）神（伍仕）威（仕伬）靈（伬伏）兮（伍伬）赫（仕伬）

八（伬伏）方（仕伬）偉（伏仕）烈（伬化）昭（伍伬）兮（伏仕）累（伬化）禩（伏仕）祀（伬伏）事（仕伬）明

（伍伬）兮（伬伏）永（伍伬）光（仕伬）達（仕伬）精（伍伬）誠（伬化）兮（伏仕）黍（伬化）稷（伏仕）馨（伬伏）

香（仕伬）儼（伬化）如（伏仕）在（仕伬）兮（伏仕）洋（伬化）洋（伬伏）

初獻樂奏翊平之章

英（伬伏）風（伬化）颯（伏仕）兮（伍伬）神（伍伬）格（伍伬）思（仕伬）紛（伬化）葆（伬伏）蓋（仕伬）兮

（伍伬）龍（伬化）旂（伏仕）軿（伬化）桂（伬伏）醑（仕伬）兮（伍伬）盈（伍伬）巵（仕伬）香（伏仕）始（伬化）

升（伍伬）兮（伏仕）明（伬化）粢（伏仕）惟（伍伬）降（仕伬）鑒（伬伏）兮（伍伬）在（伬伏）茲（仕伬）流

（伬化）景（伬伏）祚（仕伬）兮（伍伬）翊（伏仕）昌（伬化）時（伬伏）

亞獻樂奏恢平之章

觴（伬伏）再（伬化）酌（伏仕）兮（伍伬）告（伬伏）虔（伍伬）舞（伬化）干（伏仕）戚（伍伬）兮（仕伬）合

（伬化）宮（伍伬）懸（伏仕）歆（仕伬）苾（伍伬）芬（伬伏）兮（仕伬）潔（伍伬）蠲（仕伬）扇（伬化）巍（伬伏）

顯仩仉翼伍伬兮仩仉神伕仩功仉亿宣伬伕

終獻樂奏靖平之章

鬱伬伕鬯仉亿兮伕仩三伍伬申伍伬羅伬伕籩伬伕簋仩仉兮伍伬畢仉亿陳伕仩儀伬伕卒伍伬度伍伬兮伕仩肅仉亿明伕仩禋伍伬神伍伬降伬伕福仩仉兮伍伬宜仉亿民伕仩宜仉亿人伬伕

徹饌樂奏彝平之章

物伬伕惟仉亿備伍伬兮伕仩咸仉亿有伕仩明伍伬德仩仉惟伍伬馨伬伕兮仩仉神仉亿其伍伬受伕仩告伬伕徹仩仉兮伍伬禮伍伬終仩仉罔伬伕愆仉亿佑伬伕我仩仉家伍伬邦伍伬兮伕仩孔仉亿厚伬伕

送神樂奏康平之一章

幢伬伕葆仉亿葳伕仩蕤伍伬兮仩仉神伍伬聿伍伬歸仩仉馭伬伕鳳伍伬軫仉亿兮伕仩驂伍伬虬仉亿騑伕仩降伬伕烟仩仉熅伍伬兮仩仉餘伍伬馚伬伕馡仩仉願仉亿回伬伕靈仩仉盼伍伬兮仩仉德仉亿洽伕仩明仉亿威伬伕

望燎樂奏康平之二章

焄伬伕蒿仉亿烈伕仩兮伍伬燎仉亿有伕仩煇伍伬神伍伬光仩仉遙伍伬爓伬伕兮仩仉祥仉亿雲伍伬霏伕仩祭伬伕受伍伬福仉亿兮伕仩茂仉亿典伕仩無伍伬違仩仉庶仉亿揚伬伕駿仩仉烈伬伕兮伍伬永仉亿奠伕仩畺仉亿畿伬伕

祝文

惟

帝浩氣凌霄丹心貫日扶正統而彰信義威震九州完大節以篤忠貞名高三國神明如在徧祠宇於寰區靈應丕昭薦馨香於歷代屢徵異蹟顯佑羣生恭值仲春秋嘉辰遵行祀典筵陳籩豆几奠牲醪尚

饗春秋祀

惟

神純心取義亮節成仁允文允武迺聖迺神功高當世德被生民兩儀正氣歷代明禋英靈丕著封號聿新敬修

歲事顯佑千春尚

饗五月十三日祀

新頒三祭祝文咸豐六年

惟

神星日英靈乾坤正氣允文允武紹聖學於千秋至大至剛顯神威於六合仰聲靈之赫濯崇典禮於馨香茲當仲春秋用昭時饗惟祈昭格克鑒精虔尚

饗春秋祀

惟

神九宇承庥兩儀合撰崧生嶽降溯誕聖之靈辰日午天中屆恢台之令序聰明正直一者也千秋徵肸蠁之隆

盛德大業至矣哉六幕肅馨香之薦爰循懋典式展明
禋苾芬時陳精誠鑒格尚　饗五月十三日祀

後殿

雍正三年四月部議追封
關帝三代公爵照孟子之父稱孟孫氏之例止書追封爵號
不著名字
曾祖光昭公
祖裕昌公
父成忠公

祭品
三案各帛一羊一豕一鉶二簠簋各二籩豆各四尊一
爵三鑪一鐙二
儀注同聖廟崇聖祠夏祭同
祝文
惟
公世澤貽庥靈源積慶德能昌後篤生神武之英善則歸親
宜享尊崇之報列上公之封爵
錫命攸隆合三世之肇禋典章明備恭逢仲春秋諏吉祇事馨
香尚　饗春秋祀
禮隆報祀誼重推恩當嵩生嶽降之期溯木本水源之
始輝煌棟宇憑依已妥於上公修潔豆籩將饗告虔於
仲夏惟
神昭鑒尚其格歆尚　饗五月十三日祀
新頒三祭祝文咸豐六年
惟
公世澤覃庥令儀裕後靈鍾河嶽篤生神武之英誠溯淵源
宜切尊崇之報班爵超躬桓而上升香肅俎豆之陳茲

際仲春秋爰修祀事尚祈昭鑒式此苾芬尚　饗春秋祀
惟
公廸德承家累仁昌後崧生嶽降識毓聖之有基木本水源
宜推恩之及遠封爵特超於五等馨香永薦於千秋際
仲夏之届時命禮官而將事惟祈昭格鑒此精虔尚
饗五月十三日祀

文廟

咸豐七年升入中祀是年五月禮部祠祭司准軍機處
交片面奉

諭旨關帝文昌帝君神牌紅飾金書滿漢合璧

祭期

定制春秋仲月致祭二月以三日秋諏吉日咸豐七年升入中祀春祭仍另諏吉其二月三日則爲生日之祭與五月十三日 關帝生日同

祭品與 武廟同

禮儀禮器均視 武廟新升中祀之制

欽頒樂章咸豐七年

春夾鍾清均　倍應鍾起調

秋南呂清均　仲呂起調

迎神奏丕平之章

秉佽氣佻兮佽靈伍躔仩翊佻文佽運伍兮仩赫伍中佽天仩蜺佽旌佻兮佽戻佻止佽雕伬俎仩兮伍告伍虔仩迓佻神佽庥仩兮伍於佻萬佽斯佻年伬

初獻奏儆平之章

神伬之佻來伍兮佽籩伍豆伍式佻陳佽神伍之仩格伬兮伍几佻筵佽是仩覙伍極佻昭伬彰仩兮伍靈佻覎佽致佻蠲佽潔伍兮仩明佻禋佽升伬香仩兮伍伊伬始佽居伬歆仩兮伍佑伍我佻人佻民伬

亞獻奏煥平之章

再伬酌佻兮佽瑤伍觴仩燦仩爛佻兮佽庭佻燎佽之伍光仩申伬虔佽禱仩兮伍神佻座佽儼伍陟仩降伬兮伍帝佻鄉佽粢佽醴佻潔佽兮伍翱仩遨佻將佽綏伬景仩運伍兮佽靈佻長伬

終獻奏煜平之章

禮伬成佻三佽獻伍兮仩樂佻奏佽三伍終仩亹佻斁佽元伬化仩兮伍繄佻神佽功伍聲伬香佻達伍兮仩

伬肸佻蠁佽通伍歆仩明伍德伬兮仩昭佻察佽寅佻衷

徹饌奏懿平之章

備伬物佻兮佽惟伍時仩告伬徹仩兮伍終佽禮佻儀佽神佻悅佽懌伍兮仩鑒佻在伬玆伍垂仩鴻伍佑佻兮佽累佻洽佽重佻熙伬

送神奏蔚平之一章

雲伬軒佻駕佽兮伍風仩旗佻招佽神伍之仩歸佻兮伍天佽路佻遙佽瞻仩翠伬葆伍兮仩企伍丹伬霄仩

願伬廻伬靈仩眷伍兮仩福伬我伬朝伬

望燎奏蔚平之二章

烟伬熅伬降伍兮伬元伍氣伬和伬神伬光仩燭伍兮仩梓伬潼伬之伍阿伬化伬成伬者伬定仩兮伍褰伬弓伬戢伍戈仩文仩治伍光伬兮仩受伬福伬則伬那伬

祝文嘉慶六年頒

惟

神蹟著西潼樞環北極六匡麗曜協昌運之光華累代垂

靈爲人文之主宰扶正久彰夫感應薦馨宜致其尊崇兹屆仲春秋用昭時祀尚其歆格鑒此精虔尚　饗

新頒春秋祭祝文咸豐七年

惟

神道闡苞符性敦孝友並行並育德侔天地以同流乃聖乃神教炳日星而大顯仰鑒觀之有赫示明德之維馨兹當仲春秋用昭時享惟祈歆格克鑒精虔尚　饗春秋祀

惟

神功參橐籥撰合乾坤溯誕降之靈辰三台紀瑞慶中和之令節九宇承暉若日月之有光明闡大文於孝友如天地之無不覆載感至治於馨香爰舉上儀敬陳芳薦精禋罔斁神鑒式昭尚　饗二月初三日祀

後殿

嘉慶六年太常寺奏　文昌三代姓名杳無確據爰號無憑擬木主題

文昌帝君先代神位致祭均如　武廟祭祀之儀

祝文原頒

祭引先河之義禮崇返本之思矧夫世德彌光延賞斯

及祥鍾累代烱列宿之精靈化被千秋緯人文之主宰是尊後殿用答前庥兹當仲春秋肅將時祀用申告潔神其格歆尚　饗

祝文新頒

帝君道備中和神超亭毒禀詒謀而允紹欽毓聖之有基雲漢昭回際嶽降崧生之會馨香感格與水源木本之思式肇明禋用光彝典尚祈神鑒享此清芬尚　饗

文昌帝君升入中祀告祭文

教嚴彰癉敷經天緯地之文典重揄揚顯福國佑民之

化俎豆聿隆於往昔聲靈並著於寰區爰命秩宗時崇
祀典惟
神天資孝友浩氣仁慈統四德而稱元贊三才而立極闡
化啟天文之輿正教宏開黜邪昭日月之暉人文蔚起
溯尊崇之告備禮以明虔惟　神鑒之垂庥道皆同揆
敬稽茂典載陟明禋彰文治於重光肅升馨於中祀練
日奏六成之樂聲協鏘鸞調風陳萬舞之儀誠通肸蠁
潔苾芬而式薦中觶往以維虔於戲功蕩蕩乎無名聲
教久乎於六幕神洋洋其如在馨香應報以千秋敬舉

上儀用祈昭格

後殿告祭文

教貽式穀垂抑邪扶正之規禮重升馨著崇德報功之
典載稽譜牒祇肅苾芬惟
文昌帝君學裕本源道參位育緬馨香之至治久極尊崇申
報享之隆文宜昭誠敬聿升中祀式舉上儀於戲德迪
前光十七世仁恩普洽慶餘積善億萬年文運斯長敬
布明禋尚祈昭鑒

社稷壇

壇制

雍正十年定制壇方二丈高三尺四出陛各二級壇前十二丈或九丈五尺東西南各五丈繞以周墻四門紅油人從北左門入右門出

石主

長二尺五寸方一尺埋於壇上正中近南二尺五寸露圓尖於外

祭期

每歲仲春秋上戊日清晨向南致祭

牌位

以木爲之高二尺二寸濶四寸五分座高四寸五分濶八寸五分朱漆青字社神位置東稷神位置西祭畢藏之

祭品

帛一（黃色長一丈八尺）簠二簋二羊一豕一鉶一籩四豆四白磁爵三酒尊一

儀注

通志前期三日齋戒前期二日發祝版前期一日補服

上香監宰牲瘞毛血設獻官幕次至日黎明各官朝
服行禮前後各三跪九叩中間三獻均與
聖廟前殿同惟無樂舞及受福胙謝福胙二節唱改望燎爲
望瘞執事者以祝焚於坎中將畢以土實坎

祝文

惟
神奠安九土粒食萬邦分五色以表郊圻育三農而播稼
穡恭承守土肅展明禋時屆仲春秋敬修祀典庶九九松
柏鞏磐石於無疆芃芃黍苗佑神倉於不匱尚　饗

神祇壇 舊名山川壇嘉慶十六年奉部文更正

壇制
同社稷壇惟社稷坐南向北此坐北向南人從南左門
入右門出

神主
通志製木主三中曰風雲雷雨之神左曰本境山川之
神右曰本境城隍之神

祭期
舊以巳日致祭後又與社稷壇同日此壇在後行禮不
入部劄於乾隆二十三年始入部劄同用上戊之日清
晨向北致祭

祭品
與社稷壇同惟中帛四左帛二右帛一 俱白色長一丈八尺 案用
高桌

儀注
與社稷壇同惟獻禮分中左右引詣望瘞改爲望燎執
事者不以土實坎

祝文

惟
神贊襄天澤福佑蒼黎佐靈化以流行生成永賴乘氣機
而鼓盪溫肅攸宜磅礴高深長保安貞之吉憑依鞏固
實資扞禦之功幸民俗之殷繁仰神明之庇護恭修歲
祀正値良辰敬潔豆籩祗陳牲帛尚　饗

先農壇
雍正四年奉
上諭國以民爲本民以食爲天朕即位以來念切民依舉行
耕耤之禮殫竭精誠爲民祈穀於

上帝乃雍正三年耤田疊產嘉禾有至一莖八穗九穗皆碩大
堅好異於常穀朕見之心甚慰悅特令宣示廷臣朕非
以此爲祥瑞誇耀於衆也蓋實有見於天人感召之理
捷於影響無纖毫之或爽朕以至誠諳懇之心每歲躬
耕耤田以重農事卽蒙
上帝降鑒疊產嘉穀以昭體應似此八穗九穗之穀豈人力之
所能強爲亦豈人君所能強之使有乎天人感應之理
朕見之最真最切但恐此心不誠耳誠則未有不動者
蓋天生民而立之君監觀在上人君一念敬謹政事無

闕失天必嘉之祐之一念放逸政事有乖天必儆之戒
之此一定之理也況人君撫馭臣庶位處極尊所以賞
罰之者獨有
上天耳是以朕每於水旱等事皆實心內省必係朕有過失
上天儆示我譴也朕每歲躬耕耤田並非崇尚虛文以爲觀美
實是敬天勤民之至意禮曰天子爲耤千畝諸侯爲耤
百畝據此則耕耤之禮亦可通於臣下矣朕意欲令地
方守土之官俱行耕耤之禮使之知稼穡之艱難悉農
民之作苦量天時之晴雨察地方之肥磽如此則凡爲
官者皆時存重農課稼之心則凡爲農者亦斷無苟安
怠惰之習於養民務本之道大有裨益著九卿詳議具
奏欽此遵
旨議定令奉天府尹直隸各省督撫轉行各府州縣衛所於
各該地方擇潔淨之地照九卿所耕耤田畝數爲田四
畝九分設立
先農壇於雍正五年爲始每歲仲春亥日奉天府尹各省督
撫及府州縣衛所等官率屬員耆老農夫恭祭
先農之神照九卿耕耤例行九推之禮其設立

先農壇並恭祭
先農俱動支正項錢糧用過數目各該地方官報明戶部查
核其耤內所收米粟敬謹收貯爲各該處祭祀之粢盛
將各處設立耤田畝數令該撫報明戶部存案

壇制

高二尺一寸廣二丈五尺 案春秋文義天子之社廣五丈諸侯半之今 京師先農壇高四尺二寸寬五丈故各省壇制如此

神牌

高二尺四寸寬六寸座高五寸廣九寸五分紅牌金字

填號

祭期

每年遵部頒日期致祭祭畢行耕耤禮（案向例以仲春亥日）

祭品

帛一（青色長一丈八尺）羊一豕一鉶四籩豆各四簠簋各二尊

一爵三

儀注

通志前二日齋戒前一日省牲掃壇設幕檢視耕器農具（赤色牛黑色粒種箱青色）至期各官朝服行禮前後三跪九叩不飲

福受胙俱與社稷壇同惟獻帛爵不升壇祭畢遵部頒

時辰更換蟒袍補服行耕耤禮

耕耤禮

會典耕耤之禮九卿俱穿蟒袍補服用耆老一人牽牛農夫二人扶犂順天府廳及大宛兩縣奉箱播種各省府州縣仿之正印官秉耒佐貳奉箱播種耆老牽牛農夫扶犂如無屬員奉箱播種者老農夫代之九推九返農夫終畝耕畢各官換朝服率農夫望

闕行三跪九叩禮

樂章

迎神奏永豐之章

勾芒秉令土牛是驅天下一人著龍駕車念彼田疇民命所需生民有德尚式臨諸

初獻奏時豐之章

先農神哉耒耜教民田祖靈哉稼穡是親功德深厚天地同仁肅將幣帛肇舉明禋厥初生民萬彙莫辨神錫之麻嘉種乃誕執茲醴齊農功益見玉瓚椒醑肅雍舉奠

亞獻奏咸豐之章

上原下隰百穀盈止粒我烝民秀良興起樂舞俱備吹豳稱兕再躋以獻肴馨酒旨

終獻奏大豐之章

穈芑秬秠維神所貽以神饗神曰予將之秉耒三推東作允宜五風十雨率土何私

徹饌奏屢豐之章

於皇農事自古爲烈莫敢不承今茲忻悅籩豆既豐簠簋云潔神現井疆執事告徹

送神奏報豐之章
麻麥芃芃秔稻連阡縱橫萬里皆神所瞻人歌鼓腹史載有年歲有常典弗祿綿延
望瘞奏慶豐之章
玉版蒼幣來監來歆敬之重之藏於原深典禮曰古于行至今樂之利之　國以永寧
祝文
惟
神羣輿稼穡粒我蒸民頌思文之德克配彼天奏率育之

功常陳時夏茲當東作咸服先疇洪惟　九五之尊歲舉三推之典恭膺守土敢忘勞民謹奉彝章肅修祀事惟願五風十雨嘉祥恒沐於　神庥庶幾九穗雙歧上瑞頻書於大有尚　饗

雩禜　大旱雩祭而祈雨　霪潦禜祭而祈晴

乾隆七年禮部議覆御史徐以升條陳晴雨事宜一摺奉准　勅下各省督撫轉飭各府州縣孟夏擇日行常雩禮或有亢旱每七日先祭界內山川次祭社稷致齋虔禱雨澤不得用大雩禮亦不必另設雩壇即於社稷耤田等處恪恭將事或霪潦爲災則伐鼓用牲禜祭城門以祈晴霽仍雨不止則伐鼓用牲祭於社毋庸於各壇祈禱若僧道建壇諷經乃宋時相沿實非古制

雩祭祝文乾隆九年頒
某官恭膺
詔命撫育羣黎仰體
彤廷保赤之誠勤農勸稼俯維蔀屋資生之本力穡服田令甲妥頒肅舉祈年之典惟寅將事用伸守土之忱黍稷

惟馨尚冀明昭之受賜來牟率育庶俾豐稔於蓋藏尚
饗

禜祭祝文乾隆九年頒
某官恭承
詔命臨民職司守土惟兆人之攸賴並藉神功奠四序之調和羣蒙福廕必使雨暘應候爰占物阜而民安庶幾寒燠攸宜共慶時和而歲稔仰靈樞之默運聿集嘉祥勷元化以流行使無災害尚　饗

火神

祭期
會典每歲以季夏吉日致祭司火之神
祭品
帛一羊一豕一果實五盤尊一爵三
儀注
祭日主祭官補服蟒袍行二跪六叩禮迎神上香讀祝
三獻爵送神望燎告禮成退
祝文
惟
神德配離宮光昭午位廣陽亨之運象啟文明彰燮理之
能功參化育土以生而水以濟丙丁之大用常昭府既
修而事既和虞夏之九功惟叙麗茲萬物實賴化成父
我生民咸資利用仰邀神貺虔荅鴻庥爰遵祀事之儀
式協春秋禮曹之典肅陳牲幣歆布几筵尚　饗
龍神
祭期
會典每歲春秋仲月諏吉致祭
祭品儀注與祭火神同

祝文
惟
神德洋寰海澤潤羣生分襄水土之平經流順軌廣濟泉
源之用膏雨及時績奏安瀾占大川之利涉功資化育
欣庶彙之蕃昌仰藉神庥宜隆報享謹遵祀典式協良
辰敬布几筵肅陳牲幣尚　饗
厲壇
祭期
會典每歲清明日七月望十月朔祭無祀鬼神
祭品
棉帛羊三豕三米飯三石尊酒
儀注
先期一日主祭官備香燭詣城隍廟焚牒至期壇上設
城隍位壇下設無祀鬼神位坊里各一承祭官陪祭官
齊集補服於城隍位前行二跪六叩禮
告文
遵依禮部劄為祭祀本境無祀鬼神等眾事欽奉
皇帝聖旨普天之下后土之上無不有人無不有鬼人鬼之

道幽明雖殊其理則一故天下之廣兆民之衆必立君以主之君總其大又設官分職爲府州縣以各長之又於每百戶設一里長以統領之上下之職綱紀不紊此治人之法如此天子祭天地神祇及天下山川王國各府州縣祭境內山川及祀典神祇庶民祭其祖先及里社土穀之神上下之禮有等第此治神之道如此尚念冥冥之中無祀鬼神昔爲生民未知何故而沒其間有遭兵刃而損傷者有死於水火盜賊者有被人取財而逼死者有被人强奪妻妾而死者有遭刑禍而負屈死

者有天災流行而疫死者有爲猛獸毒蟲所害死者有爲饑凍而死者有爲戰鬬而隕身者有因危急而自縊者有因墻屋傾頹而壓死者有遠行征旅死未歸籍者有死後無子孫者此等鬼魂或終於前代或殁於近世或兵戈擾攘流移他鄉或人烟斷絶久缺其祭姓氏泯沒於一時祀典無聞而不載此等孤魂死無所依精魄未散結爲陰靈或依草附木作爲妖怪悲號於星月之下呻吟於風雨之時凡遇人間令節心思陽世魂杳杳以無歸身墮沉淪意懸懸而望祭興言及此憐其慘凄故敕天下有司依時享祭在京都有泰厲之祭在王國有國厲之祭在府州有郡厲之祭在各縣有邑厲之祭在一里又各有鄉厲之祭期於神依人而血食人敬神而知禮仍命本處城隍以主此祭欽奉如此今某等不敢有違設壇於城北以某月某日設備牲醴羹飯專祭闔境內無祀鬼神等衆靈其不昧來享此祭尚　饗

告牒

某州縣遵承禮部劄付爲祭祀本境無祀鬼神等衆事欽奉照上告文寫至故敕天下有司依時享祭命此處城隍以

主此祭鎭控壇場鑒察諸鬼等類其中果有生爲良善沒遭刑禍死於無辜者神當達於所司使之還生中國來享太平之福如有素爲凶頑身犯刑憲雖或善終出於僥倖者神當達於所司屏之四夷善惡之報神必無私欽奉如此今某等不敢有違謹於某年月日於城北設壇置備牲酒羹飯享祀本境無祀鬼神等衆然幽明異境人力難爲必資神力庶得感通今特移文於神先期分遣諸將召集本州縣闔境鬼靈等衆至日悉赴壇所普享一祭神當欽奉

敕命鎮控壇場鑒察善惡無私昭報爲此合行移文牒請照
驗施行

來鳳縣志卷十三

食貨志

户口

雍正十三年改土歸流土民二千三百一十二户客民八千四百四十六户共烟户一萬七百五十八户共烟民四萬七千四百四十五丁口

乾隆三年勘出人丁九百二十三丁於欽奉
上諭事案內題准部覆照康熙五十二年滋生人丁之例免派丁銀

乾隆六年編審增益滋生人丁二百八丁十一年編審增益滋生人丁一百二丁十六年編審增益滋生人丁一百二十一丁二十一年編審增益滋生人丁一百一十七丁二十六年編審增益滋生人丁三十七丁三十一年編審增益滋生人丁二十四丁以上六届遵奉部議五年編審一次共增益滋生人丁六百九丁欽奉
恩詔永不加賦

乾隆三十七年七月內奉准通政司咨乾隆三十七年六月內內閣抄出

上諭五年編審不過沿襲虛文無裨實政嗣後編審之例永
行停止又乾隆三十六年屆當五年編審適奉文停止
造報新墾糧銀應攤丁銀奉准戶部咨覆隨年攤徵嗣
奉
上諭丁糧一事仍悉其舊復經詳請咨准部覆湖北民賦新
墾地畝應泒丁銀係按照糧科則泒算歸於五年編審
具題其題報五年編審人丁之例既已停止似可毋庸
專案具題至攤泒丁銀欽奉
諭旨仍悉其舊亦應仍以五年一次彙造攤徵丁册隨同奏

銷送部以備查核
道光十二年造報共烟戶一萬二千四百五十二戶共
烟民七萬六千五百七十二口現在編查共計一萬四
千三百六十五戶男女小大九萬八千三百九十一丁
口

田賦

乾隆三年改土案內勘出成熟水旱田地共五百七十
一頃六十三畝七分六釐五毫欽奉
上諭卽照原額秋糧銀七十三兩六錢四分之數按田分泒
作爲定額毋庸另擬科則欽遵按畝分泒內係水田二
百八十一頃七十八畝四分五釐六毫每畝泒徵銀五
毫六絲六忽三微三塵三纖一漠一茫二灰四漂八錙
五銖八溟七爐五漢該徵銀一十五兩九錢五分八釐
三毫九絲一纖五渺八漠二茫二沙三灰三漂旱田一
百三十四頃六十一畝二分九毫每畝泒徵銀二毫八
絲三忽一微六塵二纖五渺八漠五沙一灰二漂四錙
二銖九溟三爐八漢該徵銀三兩八錢一分一釐七毫
六絲五微五塵二纖八渺八漠六茫九灰一漂旱地一
百五十五頃二十四畝一分每畝照前旱田則例該徵

銀四兩三錢九分五釐九毫五忽一微九塵四纖七渺
九漠七茫八沙五漂
乾隆八年開墾額外田地四頃八十五畝九分內係水
田一頃九十九畝五分旱田一頃五十一畝九分旱地
一頃三十四畝五分該徵銀一錢九分四釐八絲二忽
三微二塵四纖九渺三漠四茫四沙一灰八漂
乾隆十六年開墾額外田地二十六頃七十九畝五分
內係水田十頃七十八畝一分旱田十二頃三十三畝

九分旱地三頃六十七畝五分該徵銀一兩六分四釐二絲六忽四微七塵二纖三渺八漠七茫

乾隆四十三年里民開墾額外水田七頃六十七畝六分八釐七毫五絲照依民糧之例每畝徵銀六釐該徵銀四兩六錢六釐一毫二絲五忽旱田二十九頃二十八畝五分一釐二毫五絲該徵銀二十七兩五錢七分一釐七絲五忽旱地二頃三十三畝七分該徵銀一兩四錢一釐二毫

以上田地共實徵起運銀四十九兩三釐四毫六絲七

忽五微四塵六纖五渺八漠九茫二沙七灰七漂例不徵收耗羨內分誠一里五兩一錢二分元阜里四兩三錢七分亨康里三兩一錢九分利正里四兩六錢七分五釐貞肅里四兩三錢五分八釐孝原里四兩九錢七分悌恭里三兩一錢九分忠崇里四兩七錢八分信茂里三兩二錢一分智樂里四兩一錢五分仁育里三兩一錢一分勇敬里三兩八錢八分

雜稅

牙帖稅銀道光十年卯峝司請設花行一名晏永順承充納稅銀五錢咸豐六年誠一里請設花行一名張恒裕承充納稅銀七錢五分七年誠一里請設花行一名何萬利承充納稅銀七錢五分誠一里請設布行一名何萬泰承充納稅銀四錢五分卯峝司請設油行一名張復興承充納稅銀一兩八年誠一里請設米行一名張恒豐承充納稅銀四錢五分九年誠一里請設米行一名覃豫美承充納稅銀四錢五分請設紗行一名覃元厚承充納稅銀四錢五分請設牛行一名熊廣和承充納稅銀四錢五分請設牛行一名熊萬和承充納稅

銀四錢五分請設豬行一名熊復興承充納稅銀四錢五分請設牛行一名劉九大承充納稅銀四錢五分卯峝司請設油行一名張德裕承充納稅銀四錢五分十年誠一里請設布行一名向良發承充納稅銀四錢五分請設雜糧行一名全盛美承充納稅銀四錢五分請設牛行一名熊震泰承充納稅銀四錢五分同治三年卯峝司請設山貨行一名王彥光承充納稅銀四錢五分以上共稅銀八兩八錢五分

田房稅無額儘徵儘解

鹽引

府屬六縣例食川鹽自乾隆三年詳定章程招商增引等事俱由縣招募殷實載糧民籍取造戶鄰保年貫清册加結送本府驗轉詳楚川督鹽各並給文移送四川夔州鹽捕通判酉陽直隸州衙門驗明詳送川鹽憲核驗認充由夔州鹽捕府通判酉陽州領赴廠配鹽運關換領引根引紙隨鹽運赴食鹽州縣地方官衙門驗截申繳造報其稅銀殘引俱係四川夔通判酉陽州衙門代楚徵解截繳如有欠繳遲延飭取食鹽地方官職名咨參仍由地方官衙門將經徵鹽稅

數目於年底造册賫請本府核明報銷內恩施宣恩利川建始四縣額行四川雲陽大寧二縣廠竈花鹽來鳳咸豐二縣額行四川彭水秀山二縣廠竈白鹽其鹽均由川河運回本縣接濟民食恩施宣恩二縣鹽經建始縣境及恩施縣境內轉運來鳳咸豐利川建始四縣鹽經川屬地方入境運銷在於本縣城鄉設店分銷濟食恩施宣恩利川建始四縣由騾馬運來鳳咸豐二縣由僱夫背運按府志來鳳縣額行四川彭水縣陸引三百五十九張後經改增額配四川富廠巴鹽陸引二千五百二十二張

來鳳縣志卷十四

食貨志

領支

知縣一員俸銀四十五兩養廉銀一千兩

按施南府屬各官養廉原照苗疆例從厚五年卽陞乾隆二十年改内地五年停陞知縣養廉銀一千二百兩減二百兩實一千兩餘員原照内地之數加給一半今各減加給之半

門子二名工食銀一十二兩

捕役八名工食銀四十八兩

按來鳳原設快手八名嗣於乾隆十六年内奉文將快手名色改爲捕役卽食本班工食

皂隸一十四名工食銀八十四兩

民壯十八名工食銀一百八兩每名每年加增修理器械銀五錢共九兩

按來鳳原設民壯二十名乾隆元年奉文每名每年加增修理器械銀一兩共加增二十兩係司庫各屬完解裁汰民壯工食銀内動支不在請動地丁之内乾隆十三年奉裁二名工食加增銀兩並欵解司充餉計存銀一百八兩加增銀一十八兩乾隆四十二年裁減加增一半以爲整修器械軍裝塘房銀九兩實給民壯銀九兩

庫子四名工食銀二十四兩

斗級四名工食銀二十四兩

仵作二名工食銀一十二兩

禁卒八名工食銀四十八兩

轎傘扇夫七名工食銀四十二兩

縣丞一員俸銀四十兩養廉一百兩

門子一名工食銀六兩

皂隸四名工食銀二十四兩

馬夫一名工食銀六兩

民壯八名工食銀四十八兩

按此民壯工食加增同前乾隆五十二年欽裁

典史一員俸銀三十一兩五錢二分養廉銀七十五兩

門子一名工食銀六兩

皂隸四名工食銀二十四兩

馬夫一名工食銀六兩

巡檢一員俸銀三十一兩五錢二分養廉銀七十五兩
弓兵八名工食銀四十八兩
皂隸四名工食銀二十四兩
民壯八名工食銀四十八兩照依加增同前
訓導一員俸銀一十五兩七錢六分又加品俸銀二十
四兩二錢四分共銀四十兩
廩生二名共銀五兩四錢四分六釐
門斗工食銀十兩八錢
齋夫三名工食銀一十八兩

按此項銀兩係乾隆三十七年奉文將東湖縣訓導
改撥仍支舊額銀兩不在該縣原設支欵之內今由
本縣赴司請領
舖司四名工食銀四十三兩二錢
按來鳳原設舖司二十二名縣前本城峽口散毛革
勒車石崖門大旺紅岩堡上寨漫水卯峒十一舖每
舖各二名每名銀六兩共銀一百三十二兩咸豐八
年奉文裁汰十八名酌留工食十分之四實支銀四
十三兩二錢

渡夫九名工食銀五十四兩
近鳳寨客寨河各二名官堰塘花屋灘紅岩堡上寨
堰壩溪等河各一名
鄉飲銀六兩
孤貧八名每名額載口糧花布銀二兩五錢二分共
銀二十兩一錢六分
聖廟二祭銀四十兩
崇聖祠二祭銀七兩
名宦鄉賢二祭銀七兩

關帝三祭銀三十五兩七錢四分六釐
文廟三祭銀與　關帝廟同嘉慶六年奉
旨一切祭品與　關帝廟同
社稷壇二祭銀十兩香燭米折銀一兩五分
神祇壇二祭銀十兩
先農壇祭銀五兩
乾隆五年奉文將耤田存穀變價動用如有不敷仍於
司庫存公銀內湊給後於乾隆十三年奉文於耗羨酌
定章程案內每年赴省請領銀二兩八錢二分五釐其

不敷銀二兩一錢七分五釐在於耤田收穫舊存穀石
變價湊辦如無舊存穀石該縣自行捐湊備辦祭品乾
隆二十四年奉文禁用捐墊字樣又經咨准部覆將收
存穀石儘數易備如有不敷按數找給不必以二兩八
錢二分五釐之數為定

邑厲壇三祭銀十兩米折銀一兩二錢二分

常雩祭銀五兩

乾隆七年奉文設立係司庫存公銀內動支

以上銀兩內除　先農常雩祭祀孤貧糧布銀三十兩

一錢六分係存公銀內動支毋庸計入原請地丁項下
外銀按年在於司庫地丁民賦奏銷冊內登明設立緣
由報　部聽候核銷

蠲䘏

乾隆三年正月定施南賦額奉

上諭乾隆二年未完秋糧一併豁免欽此

乾隆六十年奉

恩詔豁免地丁錢糧

嘉慶元年正月奉

恩詔豁免乾隆六十年施南府六縣地丁錢糧

是年七月奉

旨豁免施南府屬六縣應徵各款正項及耗羨雜稞錢糧又
蠲緩恩施來鳳咸豐利川建始宣恩等縣應彙同被水
等州縣共四十三州縣應以嘉慶丙辰至戊午年共蠲
免三次

三年來鳳當陽二縣賑濟本色米共八千一百六十九
石二斗給修房屋銀共三千三十七兩一錢（二縣被賊滋擾故賑給）

嘉慶四年奉

恩詔豁免地丁錢糧

嘉慶八年正月奉

恩詔蠲免恩施宣恩來鳳咸豐建始等縣被賊滋擾地丁錢
糧

戶部謹

奏為遵

旨議奏事咸豐十一年十二月二十四日議政王軍機大臣
奉

上諭御史朱夢元奏請蠲免各省歷年積欠錢糧一摺著戶部議奏欽此欽遵於是月二十九日由內閣抄出到部據原奏內稱竊爲軍興以來民生日困爲今之計總以培養元氣固結民心爲第一要務謹就管窺所及竊見有惠而不費可使天下均受其賜者莫如蠲免民欠地丁錢糧一事近年以來逆燄鴟張流毒各省小民之殉難被害者不知凡幾飢餓溝壑者不知凡幾逃避遷徙苟延旦夕而無以自存者又不知凡幾其未經被擾省分亦各急公好義竭力捐輸屢次報効地方官因軍餉

緊要又多方設法按戶按畝搜括靡遺聞各省變產報捐者固多毀家紓難者亦復不少由此觀之天下之民力盡矣當是時也田園大半荒蕪不能及時耕種每年額徵錢糧尚恐不能全完何能顧及歷年積欠卽遇有力能兼完者非經州縣之隱飾卽歸吏胥之中飽求其實在入公之數甚屬寥寥是帶徵一欵必不能大有裨益餉項也且上中之戶必無積欠其歷年未完者皆係無力貧民與其徒事追呼致滋閭閻之擾莫若全行豁免共沐

高厚之施況明歲爲
皇上建元之始朔日爲
首祚錫慶之辰爲此籲懇
天恩順時布惠
逾格施仁請於同治元年正月初一日
特頒恩旨自咸豐十一年十二月三十日以前所有各省地丁錢糧實欠在民者概行蠲免并請
飭下各直省督撫將奉到
恩綸立卽恭刻謄黃迅飭所屬徧行曉諭如或遲延嚴行叅

處等語臣等伏查臣部例載地方積欠錢糧恭奉
恩旨指蠲自某年至某年者扣捐截數仍以入奏銷之數爲準若未奏銷者不得統入積欠蠲免等語今該御史以近來逆燄鴟張被擾之區民生日困無以自存未經被擾省分亦復竭力捐輸搜括靡遺民力以盡請將咸豐十一年十二月三十日以前所有各省地丁錢糧實欠在民者概行蠲免係欲我
皇上數逾格之恩俾小民免追呼之苦所奏不爲無見惟各省地丁錢糧向例本年徵收次年造册報部各該年已

完若干未完若干其中有無緩征并如何分限帶徵是否如數按年帶完均應於奏銷册內詳細查核此歴來臣部查辦豁免必以奏銷到部爲憑之原委也特近年以來被兵省分較多有因軍務未平請展限奏銷者亦有奏銷已屆遲久未報者若槪以奏銷到部始准豁免則被擾之區小民不得速霑

實惠未免向隅自應分別辦理以仰副

聖主痌瘝在抱之至意臣等公同商酌擬遵照道光十五年

恩詔豁免十年以前民欠道光二十五年

恩詔豁免二十年以前民欠成案所有各該省民欠咸豐九年以前錢糧凡有題報奏銷到部者由臣等一面督飭司員將各年實在民欠按册查明仍一面行文各該督撫將各該年應徵錢糧除已完外實在未完若干并緩徵若干據實具奏并造具細册送部以憑將實在民欠槪行豁免其現在有軍務省分九年以前民欠地丁錢糧奏銷到部未齊者應請

皇上特沛恩綸一槪准予豁免仍於該撫先將完善各州縣歴年應徵錢糧某年已完過若干實在未完民欠若干查明具奏并造册報部其餘未收復地方一俟克復後亦卽詳查造報以憑奏請豁免如此分別核辦庶幾事有實濟

恩不虛施謹將臣等核議原由恭摺具

奏

來鳳縣志卷十五

食貨志

水利

來鳳土田均在山坡長川之水下就溪壑近水平衍之處間用水車筒車汲引以資灌溉稍高則不能引之使上也惟巖谷之間隨地生泉築壩挑渠上承下接亦可灌田數畝及數十畝不等若遇有溝壑不能接筧處則任其淢放無術引遠矣縣西南及東隅沙坨坪桐梓園牛車坪等處地平無泉舊皆荒廢故有茅草灘之名前

令張公董工開鑿爲渠三道一引紅巖溪水灌沙坨坪一引龍崗橋水灌桐梓園其西南則自伏虎崗導流牛車坪得溉焉穿巖渡峽頗費心力自此城鄉俱有水畦惜山多土曠揭涯爲難仰承雨露爲生活者尚多耳

水車形如車箱長丈餘或八九尺高尺許廣如之以短木片聯貫其中頭横圓木兩端作車輪狀别置一架人坐架上以足轉輪取水甚速東坡詩云翻翻聯聯脱骨蛇呀呀啞啞接翅鴉形容酷似

筒車就溪河低窪處塞壩以竹爲廣輪準溪爲度鉗空兩重如車制外轂匝置竹筒兩木夾持側汲水中水衝輪轉筒水倒流週廻不息日計一車可灌十畝

水碓於山腰空隙飛泉倒流處置之水激而碓自舂頃刻米成昔人所謂山碓水能舂是也

水磨於山腰泉落處爲磨磨因水動自相摩𩋚邑之磨香餅以作條香者多用此器

水碾凡兩層下一層就流水高處作一空穴以木爲盤盤上用木數十道中立一木柱直上上一層排列大木上蓋木上鋪作地形以石作碾槽以杈枒木安兩輪空

其柄中置柱上水從高落則衝動水盤盤并柱走碾亦應之日可碾熟米一二十石爲利無窮

來鳳縣志

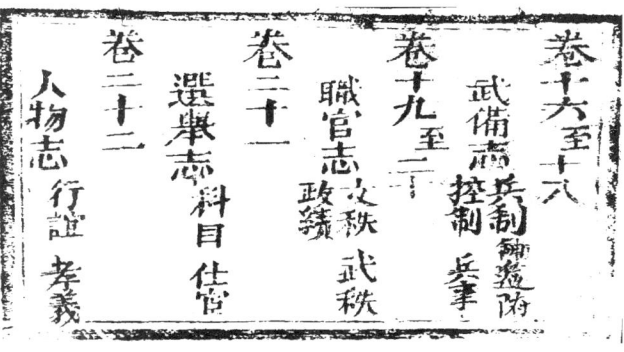

來鳳縣志卷十六

武備志

兵制 塘汛附

施南協左營右哨千總一員駐防來鳳縣城汛防禦兵八十六名營房五十間

施南協左營右哨把總一員駐防大旺司汛防禦兵六十四名營房三十間

施南協左營外委把總一員協防百戶司涼水井汛防禦兵二十二名營房十三間

總共防禦兵一百七十二名營房九十三間

塘汛附

駐劄來鳳縣施南協左營右哨千總分防一汛九塘每塘兵五名

涼水井汛距縣一百二十里

峽口寨塘距縣十五里與宣恩縣崖腳舖濫泥壩交界兵丁五名

寶靖寨塘距縣五十里與宣恩縣冉大河交界兵丁五名

老司城塘距縣一十五里兵丁五名

革勒車塘距縣八十里與咸豐縣土老坪交界兵丁五名

東流司塘距縣四十五里兵丁五名

上寨塘距縣五十五里兵丁五名

紅崖堡塘距縣二十五里兵丁五名

漫水司塘距縣八十五里兵丁五名

界址溝塘距縣一百六十里與湖南龍山縣七寨交界兵丁五名

總共千總所屬七塘共兵三十五名外委把總所屬二塘共兵十名

駐劄來鳳縣大旺司左營右哨二司把總分防七塘每塘兵五名

石崖門塘距縣六十里兵丁五名

臘壁司塘距縣一百里兵丁五名

水田壩塘距縣一百二十里兵丁五名

紡車溪塘距縣一百四十五里兵丁五名

卯峝塘距縣一百六十五里兵丁五名

梯子嶺塘距縣二百一十里與四川酉陽州螞蝗溝交界兵丁五名

梯子崖塘距縣一百四十五里兵丁五名

總共把總所屬七塘共兵三十五名

總共十六塘每塘兵五名共塘兵八十名

按邑在唐宋地屬羈縻兵制損益渺難稽已自有土司以來惟武力是務其時散毛則有四十八旗卯峒則有五營七寨各以舍把土目領之無事則荷耒而耕有事則修矛以戰蓋卽農卽兵也朝廷失馭則互

相侵陵及其歸服又復徵調頻仍疲於奔命疾苦之情遞經數代我

朝額定兵制以相保衛斯土之民熙熙穰穰各安耕鑿之天亦久忘

帝力於何有矣

舖遞

縣屬共十一舖舖司兵二十二名俱係徭編

縣前舖舖司兵二名

本城舖舖司兵二名

峽口寨舖舖司兵二名自在城舖東行至此十五里達宣恩縣崖脚舖

散毛舖舖司兵二名自在城舖西北行至此十五里

革勒車舖舖司兵二名自散毛舖至此四十里自此二十五里達咸豐縣土老坪舖

石門崖舖舖司兵二名自散毛舖西行至此四十里

大旺舖舖司兵二名自石門崖舖至此四十里

卯峒舖舖司兵二名自漫水舖至此四十里卽涼水井舖

漫水舖舖司兵二名自上寨舖至此三十里

上寨舖舖司兵二名自紅岩堡舖至此二十里

紅岩堡舖舖司兵二名自在城舖南行至此二十五里

按舖司兵於咸豐八年奉文裁汰十八名現存四名

添設健足章程

乾隆三十九年五月因接到省中各件公文破爛遲悞請仿照荆宜二府於郡城召募健足數名將府縣文禀按五日一次遞送省城甚屬便捷施郡距省更遠情形

照設立健足六名在郡輪流差送六邑公文飭交恩邑總鋪同府發申每逢一六日差健足一名送省交江夏總鋪折封分投其省中逐日行府及六邑一切公文亦交回施健足收投往還以二十六日爲限其健足六名每名工食銀六兩每次脚價銀二兩六錢每月六次間月六邑輪泒一次無須另差專役較之從前轉覺省便當經詳奉批准在案四十年據恩邑詳請各縣按月輪次泒撥其工食銀兩自行發給嘉慶二十年因各健足盤費不敷多有遲悮府飭各屬加添銀一兩四錢共銀四兩四錢現在遵照辦理以上府志

來鳳縣志卷十七

武備志

控制

天聖四年八月己丑詔施州嵩酋領三年一至京師宋史仁宗本紀

大中祥符真宗五年詔施州溪蠻年朔望犒以酒餚閏十月五溪蠻向貴升及磨嵯洛浦蠻來貢宋史蠻夷傳

施州蠻者夔州徼外熟夷南接牂牁諸蠻又與富順高溪四州蠻相錯蓋唐彭水蠻也咸平中施蠻嘗入寇詔以鹽與之且許其以粟轉易蠻大悅自是不爲邊患後因饑又以金銀估實直質於官易粟官不能禁熙寧六年詔施州蠻以金銀質米者估實直如七年不贖則變易之著爲令熊本經制淯井事蠻酋田現等內附夔路轉運判官董越副使孫珪知施州寇平皆以招納功被賞施黔比近蠻子弟精悍用木弓藥箭戰鬭趫捷朝廷賞團結爲忠義勝軍其後瀘川淯井石泉蠻皆獲其用宋史蠻夷列傳

按宋史蠻夷列傳荆湖南北路徼外有南北江蠻北

江有上中下三溪州又有龍賜天賜忠順保靜感化永順州六懿安遠新給富來寧南順高州十一南江蠻自辰州達于長沙邵陽各有溪峒曰敘峽中勝元曰奬懿錦曰富鶴保順天賜古等處後章惇平諸蠻改爲沅州施州蠻與富順高溪四州蠻相錯其距南江沅州幾二千里乃考施舊志竟以敘奬錦等州爲施州地失之遠矣府志

至元十二年昝順言施州諸蠻等有向化之心乞降詔使之自新並許世紹封爵從之十六年春正月詔諭乂

巴散毛等四峝番蠻酋長使降十七年七月賜招收散毛等峝官吏衣緞十九年九月亦奚不薛之北蠻峝向世雄兄弟及散毛諸峝叛命四川行省就遣亦奚不薛軍前往招撫之使與其主偕來元史世祖本紀

至元十有二年四月傳檄鄖歸峽常德澧隨辰沅靖復均房施荆門及諸峝無不降者盡奏官其所降官以兵守峽籍其戸口田賦來上帝喜大宴三日元史阿里海牙傳

正統三年命散毛宣撫覃友諒之子瑄試職初友諒以□賊赴京中路逃匿後爲官軍所獲繫獄至是本司以天子爲蠻民信服乞襲職帝以友諒罪重宜革第以蠻故紬法信恩命瑄試職以圖後效明史土司傳

景泰三年禮部奏散毛宣撫司副使黃縉瑄謀殺親兄律應斬其妻譚氏遣子忠等貢馬贖罪瑄罪重法不可宥宜給鈔以酬馬值從之明史土司傳

正德四年散毛宣撫入貢後期部議半賞從之明史土司傳

嘉靖十六年臘壁峝等長官司入貢禮部驗印詐僞詔革其賞并下按臣勘問明史土司傳

三十三年詔湖廣川貴總督并節制容美十四司明史土司傳

隆慶五年巡撫劉慤以覃璧平條議五事一施州十四司應襲官舍必先白道院始許理事其擅立名號者請嚴治並令兵巡道每歲經歷施州豫行調集各官奬諭令赴學觀化俱從之明史土司傳

萬歷十一年湖廣撫按奏施州衛施南等宣撫司各官仍聽鎮簟參將節制載入勅書以一事權從之明史土司傳

擬奏制夷四款施州衛指揮僉事童昶

蠻獠多詐而少實負爭而好鬭事無大小與詞其奏委

官行勘兩造俱避督責少急則據寨固守以後土官各
奏無印者照腹內人民遞解不與給引有印者非其該
管部屬立案不行提問不出亦立案註銷計必擇廉明
謹勤有司一員專撫夷情久於其任務使情形允當即
不得已委之武弁亦必擇清廉者始可
施州所屬田覃二姓當宋元未分之前其勢甚盛故屢
爲邊患自國朝永樂以來二氏子弟分爲十四司傳之
後世親者漸疎遂爲仇敵勢分則患少蓋彼弗靖則環
視他司有內顧之憂此與主父偃令諸侯王得以戶邑
分子弟同意眞制夷長策
國朝設立關隘把截甚嚴至今尚傳蠻不出境漢不入
峝之語永樂二年令守臣招撫不意漸徙內地如施南
金峝等司則入施州地矣宏治間忠路忠孝又從施州
都亭等里施南唐崖又侵黔江之峽口夫軼侵其地其
貪未厭而守土不之問勢可畏也宜先事制之
國初土官襲職屬吏部三年改兵部七年子絕許弟姪
襲永樂十五年例出十年者亦准襲天順二年許會奏
就彼處冠帶宏治二年許年未十五者亦管事五年令

土官襲於本衛習禮三月回司理事今皆蕩然鄭端簡
公之論尤宜整頓矣
按從古蠻夷叛服不常論控制者亦他無長策要視
王朝之德威爲何如耳苟得其道彼雖桀驁時能率
跣足椎髻之倫修貢賦而捍牧圉故歷宋迄明常詘
法伸恩使之希藉寵靈俯從約束叛則討之服則舍
之已爾迨我
國初
天威所及陸讋水慄諸司稽首歸誠爭先恐後散毛復拒
吳逆之誘卒從大兵平定滇南共亦識順逆之分矣
洎改土設縣向之沉淪於蠻雲瘴雨中者忽易爲聲
明文物諸司之裔咸予世職受田祿胥其人民而綏
諸保抱以視前代之僅事羈縻不度越萬萬哉

來鳳縣志卷十八

武備志

兵事

史方字正臣開封人天禧中知夔州時富順州蠻田彥晏寇施州焚暗利砦方領兵直抵富陽蕩其巢穴窮追至七女柵降之宋史列傳

至元二十一年七月勅荆湖四川兩省合兵討乂巴散毛峝蠻元史世祖本紀

至順三年正月夔路忠信寨峝主阿其什用合峝蠻八

百餘寇施州四月師壁散毛大盤追出三峝蠻野王等二十三人來貢方物元史文宗本紀

楊文安字泰叔天水人授驃騎衛上將軍兼宣撫使至元十三年略施州擒宋統制薛忠會大雪遣蔡邦光夜攻殺守將向良奪其城十七年遣辯士王介諭降散毛諸峝蠻以散毛兩子入覲因進言曰元帥蔡邦光昔征散毛而死可念也帝曰散毛既降而殺之何以懷遠乃擢邦光之子陞爲管軍總管佩虎符賜散毛兩子金銀符各一並賜其酋長以金虎符元史楊大淵傳

孛忽蘭吉一名庭玉隴西人四川南道宣慰使至元二十一年五溪峝蠻思播以南施黔鼎澧辰沅之界蠻獠叛服不常乃詔四川行省討之曲里吉思汪惟正一軍出黔中巴六一軍出思播都元帥脫察一軍出澧州忽蘭吉一軍自夔門會合鑿山開道諸蠻酋長率衆來降獨散毛峝譚順走避嵓谷力屈始降元史李忽蘭吉傳

塔海帖木兒答答里帶人宣武將軍管軍總管五溪蠻散毛大盤蠻向木的什用等叛從行省曲里吉帥師往討皆擒之殺其酋長頭狗等元史塔海帖木兒傳

洪武五年五月衞國公鄧愈爲征南將軍江夏侯周德興江陰侯吳良副之分道討峝蠻夏四月愈平散毛諸峝蠻明史太祖本紀

洪武五年征南將軍鄧愈平散毛柿溪赤溪安福等三十九峝明史土司列傳

洪武十四年江夏侯周德興移師討水盡源通塔平散毛諸峝置施州衞軍民指揮使司仝上

楠思祖夏邑人洪武十四年四川水盡源通塔平散毛諸蠻長官作亂命思祖爲副將軍與江夏侯周德興節

師討平之明史列傳

張銓定遠人副江夏侯周德興征五溪蠻已而水盡源通塔平散毛諸峒酋作亂復副德興討平之封永定伯仝上

洪武十七年景川侯曹震言散毛等峒蠻時寇掠爲民患已命施州衛及施南宣撫覃大勝招之如負固請發兵討明史土司傳

洪武二十三年涼國公藍玉克散毛峒禽剌惹長官覃大旺等萬餘人明史太祖本紀

夏閏四月藍玉平施南忠建叛蠻六月玉還鳳翔侯張龍平都勻散毛諸蠻明史太祖本紀

涼國公藍玉克散毛峒置大田軍民千戶所隸施州衛以藍玉奏散毛鎮南大旺施南等峒蠻叛服不常黔江施州衛兵相去遠難應援今散毛與大水田連宜置千戶所守禦乃改散毛爲大田命千戶石山等領土兵一千五百人置所鎮之明史土司傳

徐凱字子安合肥人都指揮使洪武二十三年從藍玉征散毛鎮南等峒二月克散毛禽散毛土酋剌惹覃大旺等萬餘人五月施南司土官覃大勝等亂玉命移兵討之擒大勝及其黨男婦八百二十口并磔大勝於市師還凱獨先諸將賞賚甚厚玉賜鈔增祿凱陞副羌將軍都督舊衛志

張玉字世美祥符人仕元爲樞密院知院元亡從走漠北洪武十八年來歸從大軍出塞至捕魚兒海以功授濟南衛千戶遷安慶衛指揮僉事又從征遠順散毛諸峒明史列傳

嘉靖中支羅土寇黃中叛剽掠川民施南散毛二司流

劫施建忠鄖楚撫谷盧中奉命征討檄參政曹三暘浙江人督鄖副使吳邦彥吳江人紀功副使王紹元金谿人監軍參政洪遠寧遠人督哨指揮湯世傑襄陽人坐營沔陽指揮王楹辰州衛指揮揚某等領永順五寨及本衛官軍攻剿黃中聽撫解院磔於市餘黨悉平施南散毛土司次第就擒隆慶五年討金峒叛蠻覃壁參政馮成龍浙江人監軍副使張大業紀功舊衛志

正統十三年師壁七十餘處各相攻殺施地大震御史蔣誠副使邢端按部至施率指揮童輔督兵討之追其

僞印舊編志

嘉靖元年散毛覃斌殺忠建田本奪其地楚撫席書檄指揮孫廉督征遁入永順 仝上

嘉慶元年白匪之亂

嘉慶元年丙辰二月白蓮賊起

初乾隆乙卯有韓龍楊龍者曾在陝西傳習邪教入境煽惑鄉愚經郡伯法克晉邑侯蔣遇春夏之連先後緝獲械赴襄陽正法餘孽自襄陽釋回怙惡如故嘉慶元年二月聞巴東長陽匪變遂相聚作亂

十五日智樂里賊向文進等起於夾牛尚

邑故無城是夜居民遷匿殆盡

十七日知縣莊紉蘭典史張甯擊亨康里賊王長青等於紅巖坨不勝死之

紅巖坨賊起知縣莊紉蘭典史張甯千總王清率官兵四十名鄉勇三百名擊之賊裹白巾旗幟盡白口念經咒妖異駭人兵甫交而敗莊侯張尉皆遇害王弁傷而逸

十八日賊陷縣治訓導甘杜不屈死

賊陷據縣治脅訓導甘杜使降乃自縊於明倫堂

里人各募鄉兵分道禦賊

候選訓導張鴻範覃玳生員覃協中拔貢王廷弼太學生何文龍武生張仕炳生員陳瞻蔚蕭大鍾文童向玉衡武童劉宗文龔起元田榮葵民人姚彥榮等十人段曙光等七人及董國榮勝愛臣等各捐貲募勇分據要隘日有斬獲賊鋒稍挫

二十九日前署縣事利川縣丞王三錫率諸鄉兵攻復縣治賊犇土堡復破之賊走據旗鼓寨

生員向興校如郡乞師先以火藥鉛彈至分濟鄉兵縣丞王三錫以勇四十八來援二十九日及諸紳率鄉勇二千五百八軍於城外賊出戰大敗之火燔牛車坪賊巢遂復縣治賊犇土堡爲木城以拒三月初三日攻破土堡賊遁紅巖坨十五日復破之賊走據旗鼓寨

三月賊連攻龍山縣不克

龍山縣地高城小官軍早集四川總兵諸神保軍於東門外永順副將慶溥軍於城中賊屢攻之城上炮

石如雨我師每乘其後是以屢敗賊遂絶意龍山而圖宣恩

三月十八日四川總督孫士毅破賊於小坰餘賊併歸旗鼓寨

小坰賊攻卯峝副將樊繼祖卯峝廵檢沈懷楓禦之屢有勝負會孫節相士毅自苗溶移軍老寨合兵破其巢穴賊衆遂歸旗鼓寨

四月十二日賊攻峽口寨關口宜昌守備周言昇同鄉勇擊敗之斬其妖婦

賊欲由東路擾宣恩適宜昌守備周言昇奉調來援駐兵峽口寨關口賊以萬人薄之正接戰關後賊忽自四方砦石老虎抄其後周腹背受敵不稍却候選訓導張鴻範率鄉勇自小河坪助之自辰至午殺賊數百炮斃賊旗手七名賊中有手執白旗口念妖咒者謂之老母擒斬之賊遂潰由是不敢犯東路

四月羣賊併歸旗鼓寨分爲九營

宣恩咸豐龍山桑植四縣教匪約數萬先後俱歸旗鼓寨分爲九寨以謝家營爲後寨勢復振

湖廣總督福寧以大兵至駐龍山縣城

福帥至調各營官兵及鄉勇防守與隘賊亦潛伏不出突於五月初一日撲游擊董靈川卡守備周言昇撥兵勇救之時天雨淋漓火藥潮濕不能施放賊兵中道邀擊把總劉榮陣亡

五月十一日節相孫士毅移軍紅巖堡

節相營距賊巢不十里賊堅壁不出二十八日諸軍環而攻之均失利

六月十一日節相孫士毅薨於紅巖堡四川將軍觀成代領其軍

將軍初至營時賊已乏食思遁而諸營防守甚嚴於二十一日潛由南河小徑偷出賊二三千人遂擾三堡嶺韮菜園黄柏園犯宣恩之紅魚泉七埡紗等處乾壩廵檢浦寶光被害賊取其頭而去

七月十六日川楚大兵合攻旗鼓寨破之賊平

大兵合攻旗鼓寨游擊楊治甯陣亡湖廣總督福寧四川將軍觀成四川總兵諸神保指揮軍上親冒矢石諸軍繼進以火攻之邪匪遂平

咸豐十一年髮逆之亂

咸豐十一年辛酉八月十五日四川羊角磧賊警至

是日知縣王頌三爲母祝壽席間聞羊角磧賊警訛爲土匪滋事未介意

二十日夜半黔江失守信至居民驚避城爲之空

賊陷黔江信至人心驚慌紛紛逃避至二十一日午刻街市虛無人矣是日囚諜於獄縣令誅其尤者四人餘乃定

二十五日募勇協同營兵守諸隘口

分置千總祿興前典史高懋勳生員張麟等守龍家丫口鼎貫寨等處及四鄉紳士團練防堵又調誠一元阜亭康利正四里練勇輪流入城早集暮歸以壯聲勢越數日復添募勇丁調前典史高懋勳生員張麟移防黔江之縣壩龔家壩等處居民稍稍歸里各捐貲米接濟軍食

九月十三日賊渡縣壩河諸軍皆潰

是日黎明賊渡黔江縣壩河沿河防守皆潰施南協愚春敗績於長干嶺賊遂如入無人之境矣

十五日賊陷縣城知縣王頌三死之

是日日晡轟傳賊至胡家溝紅花嶺等處知縣王公知事不可爲乃舉火焚其軍需局入夜城陷遂遇害家人彭姓者從之死焉明年正月賊平得其屍於北門濠失一足面如生

十六日賊攻龍山縣不克

是日辰刻賊以數百人攻龍山時永順副將巳到合兵勇禦之賊不能克遂轉掠城外及亂山溝謝家壩等處擄其婦女財物以去

十九日南軍果健營與賊戰於象鼻嶺敗績

候補知縣易佩紳統帶果健全軍自湖南來與賊戰於象鼻嶺敗績賊追至陽雀坡而還自是以來龍鳳兩邑縱横百里外淫擄燒殺日肆其毒往來自如矣

十月智仁勇利四里鄉勇會同酉陽州兵禦賊於塘房坡

塘房坡距縣治三十餘里下通卯峒智樂仁吉勇敬利正四里紳耆集勇數千人會同酉陽州牧王麟飛禦賊於此分營於上寨舊司塲攻賊於回龍橋毛壩

壋進營於大車浦移營於謝家營賊屢撲之不得志
四里賴之以安
十二月十五日觀察劉嶽昭以兵來援軍於新寨坡賊
至却之
果後營統領劉嶽昭自隨州來援駐軍新寨坡方營賊薄之觀察指揮諸軍且營且戰總兵李復盛親援桴鼓賊屢撲不勝營成而賊退賊開市於小河坪已兩月餘自是始歛之入城
十八日施南副將惠春宜昌參將興祿軍於三堡嶺

兩軍各千餘人來援屯於三堡嶺貞肅孝原二里鄉勇從之
二十五日觀察劉嶽昭擊賊於東門外失利
觀察分三路攻城一由龍山正南壩一由小河溪一由乾元寺大路沿路逐殺游賊會軍東門外賊大懼皆城守諸將請以火攻城不許會土堡悍賊數百由近鳳山橫衝之軍稍却城中賊復由北門譟而出遂敗賊追至峽口橋死傷甚衆總兵李復盛以大炮擊之乃退

是日施南宜昌兩軍攻賊於麂子峽敗績副將惠春參將興祿游擊雙慶守備周忠福皆死之
施宜兩軍由三堡嶺進駐紅花嶺聞果後營薄城東而不知其敗將乘勢攻其西軍至麂子峽賊以一隊當其前別以驍賊由觀城坡攻其後大敗之惠興雙皆陣亡死傷塡谿谷生擒者無數守備周忠福力戰被擒不屈而死
同治元年壬戌正月初二日觀察劉嶽昭全軍退保高羅

時逆首石達開由永順里耶濟河繞龍山而來衆至十餘萬沿途焚刼與城中賊會數日而去嶽昭恐其犯施南連夜退軍高羅分兵守諸隘口初五日城中賊始知之乃舉火焚其營並燒兩岸民房殆盡
初九日楚軍攻復縣城賊退走咸豐
楚軍集龍山期復來鳳初九日黎明分道渡河賊禦之不勝繞城走諸軍火攻縣城賊開西北門由麂子峽紅花嶺遁入咸豐我軍自東門入奪獲婦女器物甚多追至麂子峽經危賊衆自相踐踏墜巖而死者

不計其數川軍隨至火復起城肆遂爲邱墟

同治二年備匪記畧

同治二年癸亥七月髮逆李輔猷犯縣境知縣任廷槐率官紳集民兵禦却之

李輔猷者石逆達開之餘匪也二年六月陷黔江縣七月初由咸豐丁寨犯縣境邑時承殘破之後加以饑饉民無固志知縣任廷槐會官紳籌畫募勇練團內守城池外扼險要人心稍定又獲賊探斬之賊知有備乃回擾咸豐之蝦蟆池沙子塲下竄酉陽之龍潭及秀山縣境邑遂解嚴

來鳳縣志卷十九

職官志

文秩

知縣

于執中字君敬山東萊州府昌邑縣貢生初授順天懷遠縣知縣左遷湖廣永順宣慰司經歷奉裁協理恩施縣事彈壓散毛各司尋奉改設各縣題署縣事乾隆元年蒞任七年調任漢川縣詳政績

鹿驄豫安徽阜陽縣貢生府志官師表作直隸唐縣乾

隆三年署詳政績

張　沖字卑牧河南陳州府太康縣人雍正癸丑進士初授荆州府公安縣知縣乾隆七年調任縣事九年以公安縣濫應驛務量移去詳政績

李　越山西蒲州府臨晉縣人康熙辛卯舉人授宜昌府東湖縣知縣乾隆十年調任縣事十一年以母憂去

范汝軾河南開封府蘭陽縣人雍正癸丑進士授建始縣知縣乾隆十一年調知縣事十二年蒞任十六年休致詳政績

李　縉順天宛平縣舉人授高陽縣教諭中乾隆壬戌科進士乾隆十七年授知縣事十九年調京山縣

林翼池字警齋福建泉州府同安縣人乾隆乙丑進士乾隆二十年授知縣事詳政績

黃汝梅福建仙遊縣舉人乾隆二十四年涖任

李　檄雲南鶴慶州舉人乾隆二十五年涖任

葉　能浙江仁和縣舉人乾隆二十九年涖任

楊澤清貴州貴筑縣舉人乾隆三十年涖任

濮起元浙江桐鄉縣進士乾隆三十八年涖任

黃　升湖南巴陵縣舉人乾隆三十九年涖任詳政績

劉若椿甘肅鎮原縣人乾隆甲子舉人官扶風教諭陞榆林教授乾隆四十三年選知縣事詳政績

葛椿芳安徽曹縣舉人乾隆五十二年涖任

徐逢甲湖南人失考　又有潘邑侯逸其名乾隆間任見禁賞帽山碑

夏之連江蘇江都縣舉人乾隆五十七年署

張曾勅安徽桐城舉人乾隆五十七年涖任詳政績

莊紉蘭福建侯官縣舉人乾隆六十年選嘉慶元年署連教匪作亂殉節詳政績

王三錫河南南陽府泌陽縣人乾隆丁酉拔貢官利川縣丞乾隆五十九年代理縣事嘉慶元年復署諭戍伊犁詳政績

康乂民江西吉安府龍泉縣人乾隆丁酉拔貢由恩施縣丞陞知縣事嘉慶二年涖任五年陞興國州知州詳政績

駱　寬浙江舉人嘉慶五年署

盧家元字畏壘福建舉人嘉慶五年署詳政績

朱鳴鳳字桐雨浙江海鹽人乾隆戊申舉人大挑一等嘉慶五年涖任十六年調恩施復任十九年致仕詳政績

紐鈞鼇江蘇武進縣供事嘉慶十五年由利川縣丞署縣事有能名

楊承懋江蘇廕生知州嘉慶十六年署

劉赤江履歷失考嘉慶十九年署縣事補荊門州州同

劉坤琳四川宜賓縣人嘉慶甲戌進士二十年涖任二十五年差赴雲南尋調潛江縣後改黃安縣

范炳盬山西人嘉慶癸酉拔貢嘉慶二十五年署
張廷彬江蘇江都縣人監生恩施縣丞道光五年署六
年復署
力　策字竹農福建閩縣舉人道光三年補授五年蒞
任聽訟如神留心學校六年卒於官
屠向青字蘇門浙江錢塘舉人道光七年署
祥　福字介堂滿洲正黃旗舉人道光七年蒞任十五
年充乙未科湖北鄉試同考試官十七年調任孝感縣
詳政績

繆庭灃字丹翊江蘇江陰縣監生利川縣丞道光十五
年署十八年復署建昭忠祠勸置賓興
李錫吉河南人恩施縣丞道光十七年署
丁　周字星舫湖南醴陵縣舉人道光十七年署著舒
濟新編勸民區田蠶桑尋卒於官
馬德昭字明軒廣西義烏縣人道光乙未進士十七年
署十八年補授應城
宋其浚字東帆山西汾陽縣舉人道光十八年補授二
十一年撤任

馬安時字拙村山東拔貢道光二十一年由施南府同
知兼攝
王慶元陝西附監生道光二十二年補授二十三年撤
任
李景頤字載川山東濟南府舉人道光二十三年署二
十四年補授南漳縣
陳炳常字星橋浙江歸安縣舉人道光二十四年補授
二十六年以憂去
韓印海字子佛浙江人候補通判署施南府同知道光

二十六年署縣事
趙秉熾字緼齋江西南豐縣監生道光二十六年補授
二十八年以憂去
彭鳳池字槐閣失考履歷道光二十八年署
勞宗煥字宜生浙江石門縣拔貢道光二十八年署
林士端字次呂安徽鳳陽府懷遠縣廩貢生道光二十
九年由相州知州降補咸豐二年卒於官十年知縣王
頌三率紳民葬於城東洲上詳政績
梁光釗廣東舉人咸豐元年署

倪明達字尊三廣東附生施南府經歷咸豐二年署
吳慶元字春舫安徽涇縣監生漢陽縣丞咸豐三年由
署咸豐知縣兼署
張軒鵬字海雲四川榮縣舉人咸豐五年署
馮端禮字子由河南祥符縣監生建始縣丞咸豐六年
署八年復署
程　明字正齋正白旗生員蘄州州判咸豐六年署
王恩綸字甸洲雲南彌勒縣舉人咸豐七年署八年謝
病卒於卯峝司

廷　元字秋圃滿洲舉人咸豐八年署九年補石首縣
王頌三字筱華江西興國縣人道光己酉拔貢咸豐九
年補授十一年九月髮逆陷城殉難詳政績
周　瑞字芝房湖南巴陵縣附生同治元年由宣恩縣
知縣兼署
陳恩霈字小泉江西弋陽監生同治元年二月署八月
撤任降縣丞
任廷槐字午亭江西玉山縣人咸豐癸丑進士由翰林
院庶吉士改知縣事同治元年七月蒞任二年冬月調
任蘄水縣
林　煊字煦齋浙江蕭山縣人同治壬戌進士二年十
一月署四年補授保康縣知縣四月卸任
李　鼎字南渠山東諸城縣人咸豐壬子進士授河南
輝縣知縣丁憂後歸湖北同治四年四月署縣事

縣丞駐大旺乾隆五十二年鈌裁

程錦樞江蘇吳縣附貢生初授儀徵訓導遵例改主簿
乾隆元年調補邑丞五年以老病去
黃　卓江西南城縣拔貢乾隆五年署八年調公安縣
丞

李　集漢軍正藍旗官學生考補欽天監九品筆帖式
補邑丞乾隆八年蒞任七月卒於官
蔣　灝江蘇元和縣監生考職一統書館議敘授邑丞
乾隆九年蒞任十六年被劾去詳政績
蒲又洪甘肅秦州增生乾隆十七年蒞任詳政績
高國綱江南江寧縣貢生乾隆二十五年補授
錢玉榮浙江建德監生乾隆二十九年蒞任
嚴成傳大興縣監生

楷　楠河南湯陰縣監生乾隆四十二年涖任
邵朝縉浙江餘杭監生乾隆四十五年涖任
訓導
王文燦天門縣舉人乾隆三十七年以東湖縣訓導移
設來鳳縣未到任
張宗震黃岡縣舉人府志不載惟載乾隆三十八年宣
恩訓導張宗振亦黃岡舉人或者三十七年王文燦既
未到新移之任張宗振遂由宣恩兼署耳
江增默麻城縣舉人乾隆三十八年由建始訓導兼署

王定璜武昌縣舉人乾隆三十九年涖任以父憂去
蕭中祺天門縣舉人乾隆三十九年由宣恩訓導兼署
隗文炳黃岡縣舉人乾隆三十九年由咸豐訓導兼署
汪　瑤漢陽縣舉人乾隆四十一年涖任
周　京保康縣歲貢乾隆四十五年涖任
胡　咸咸豐訓導兼署府志不載惟載乾隆四十九年
咸豐訓導胡煊孝感縣舉人
吳永聯天門縣歲貢乾隆五十六年涖任
童文燦失考

吉　杜竹谿縣歲貢乾隆五十七年涖任嘉慶元年二
月白匪亂作殉難詳政績
吳　煊失考
楊秀名天門縣舉人府志作京山縣舉人嘉慶二年涖
任
蕭　琴漢陽縣優貢嘉慶六年涖任十年陞宮陽縣丞
署蕭縣知縣降補鶴峯州訓導卒於官詳政績
鄒世茂松滋縣歲貢嘉慶十二年涖任十五年致仕
毛有光公安縣歲貢嘉慶十五年涖任卒於官

余夢専字耐圃武昌縣舉人嘉慶十六年涖任道光六
年歸計典去詳政績
孫　蕡鍾祥縣歲貢道光七年補授九年休致
李大訓字香圃潛江縣歲貢道光十年涖任十三年休
致
卓逢源鍾祥縣歲貢道光十四年涖任未幾謝病去
賀青蓮字蕖塘蒲圻縣舉人道光十四年由咸豐訓導
兼署陞漢陽府教授保陞內閣中書
鮑　陳字星堂麻城縣廪貢道光十五年涖任十九年

鄉試卒於家
哈廷珍字湘儂漢陽縣舉人道光二十年由施南府訓導兼署後陞黃州府教授未赴卒於施南
吳　涵字紫海鍾祥縣歲貢道光二十年蒞任二十一年卒於官
黃博前字如山江陵縣廩貢道光二十一年署
劉鎮岐字桐村崇陽縣廩貢道光二十二年蒞任二十八年致仕
程錫金字魚卿雲夢縣附貢廩道光二十八年蒞任

熊啟愚字柳溪松滋縣貢生咸豐元年由咸豐訓導兼署
曹貽誠字心一江夏縣副榜咸豐元年選未赴任聯捷入詞林
閔　洪字曉航江夏縣廩貢咸豐三年蒞任四年以父憂去
廖　昇字星占黃州舉人咸豐五年由利川訓導兼署
蕭鉅運黃陂縣舉人由宣恩訓導兼署
李泰齊字魯瞻鍾祥縣廩貢咸豐六年署

周振本咸甯縣歲貢咸豐九年蒞任未幾致仕
高維嶽字曉松江夏縣附貢咸豐八年由施南府訓導兼署
張源浚字萱珊鍾祥縣附貢咸豐十年蒞任同治一年以咸豐十一年賊陷縣城罷職
項　琪字煦齋麻城縣附貢同治四年二月蒞任

巡檢　駐卯峒

馮德榕順天宛平縣吏員乾隆元年由麻城鵞籠司巡檢調任卯峒四年撤任

王　燧順天順義縣吏員水利議叙由廣西梧州府藤縣典史調西林縣典史乾隆五年陞卯峒巡檢十二年病卒
潘大宗浙江紹興上虞縣人由奉天府吏員授福建邵武府光澤縣大市寨巡檢丁母憂服闋補廣西榆林府博白縣周羅寨巡檢丁父憂服闋補卯峒巡檢乾隆十二年蒞任十七年以悞公撤任
董天祥貴州平越府黃平州人授江西吉安府龍泉縣北鄉巡檢丁父憂服闋補卯峒巡檢乾隆十七年蒞任

馮　潘浙江會稽供事乾隆二十五年蒞任
何振鋐陝西長安監生乾隆二十九年蒞任
曾廷美江西豐城吏員乾隆四十一年蒞任
徐立三順天宛平貢生乾隆四十五年蒞任
沈懷楓浙江烏程縣監生四庫館供事議叙乾隆五十
年蒞任詳政績
沈仁瀾江蘇吳縣監生嘉慶四年蒞任
王如珪浙江嘉善縣監生嘉慶十四年蒞任
張務莊安徽桐城監生由利川典史署

鄧士杰江西宜黃縣監生嘉慶十九年蒞任
邵　瑛順天大興縣監生嘉慶二十三年蒞任
楊　澧順天大興縣監生道光六年蒞任
顧萸梅江蘇長洲監生由大岩縣丞署
柯養德甘肅西甯縣供事道光十年蒞任
姚射斗安徽休甯縣監生道光十二年蒞任
陳文炳四川監生道光十九年署後陞建始縣知縣
李正華四川人道光年任
高懋勳由縣典史署

劉礪鋒湖南沅陵縣附生咸豐二年署
毛學詩江西新昌縣人由供事議叙咸豐九年八月蒞
任
又有李國華者江西金谿人不知何時任卯峒巡檢
見金谿縣志
典史
葉鳴秀順天大興縣供事授江南安慶府懷甯縣練潭
驛驛丞陞黃梅縣典史乾隆元年調任九年陞蘇州昭
文縣白茅港巡檢

金國瑛順天宛平縣吏員乾隆九年蒞任十三年以憂
去
張成燦山西平陽府浮山縣監生乾隆十四年蒞任
林宗發順天大興縣供事乾隆三十九年蒞任
張　甯浙江山陰縣供事乾隆四十五年蒞任嘉慶元
年匪變殉難詳政績
蒲寶光嘉慶元年三月由宣恩乾壩巡檢兼署遇匪變
殉難
周文新浙江山陰縣監生嘉慶二年蒞任七月去

稽文絢江蘇無錫縣監生嘉慶八年蒞任
丁天鈞江蘇人嘉慶十二年蒞任卒於官
浣國雁浙江會稽縣供事嘉慶十三年署
李得鳳甘肅皋蘭縣供事嘉慶十四年蒞任道光七年卒於官
徐聖敬江蘇贛榆縣監生道光七年蒞任十三年以父憂去
盧興紱失考署
張文燕失考署

屈子寬陝西榆林吏員道光十四年蒞任十九年卒於官
姚尉斗由卯岡巡檢署
李如璠廣東香山縣附生道光二十一年署
高懋勲江蘇無錫縣供事道光二十四年蒞任咸豐六年撤任十年復任尋罷職
劉礪鋒咸豐六年由卯峝巡檢署
陳紫垣四川監生咸豐八年署
耿自端陝西監生咸豐九年署

李幹木河南唐縣監生咸豐十年十二月署
袁潤霖湖南長沙縣監生同治元年署
毛學詩同治元年由卯峝巡檢署
伍紹慶江蘇武進縣監生同治二年署
陳世渠河南信陽州監生同治二年署六月蒞任四年正月補

武秩

千總駐防縣城

汪朝元南志作王朝元東湖縣行伍乾隆十七年到汛二十二

年陞守備
潘國臣恩施縣行伍乾隆二十二年由大旺把總陞
羅士德陝西西安縣武舉乾隆四十一年到汛
趙元長陝西長安縣行伍乾隆四十七年到汛
柳懋德陝西潼關武舉乾隆五十六年由大旺汛把總陞
王清東湖縣人嘉慶元年以外委署千總事陞建始縣把總
杜連陞宜昌行伍嘉慶九年到汛

楊　陞東湖縣行伍嘉慶十年到汛
李光盛恩施縣行伍嘉慶十八年到汛二十一年調利川把總
馬　貴東湖縣行伍嘉慶二十三年到汛俸滿陞咸豐守備
趙凌霄武昌縣武舉道光七年由建始把總陞
李國雄江夏縣人道光十八年到汛
黄開甲恩施縣世襲雲騎尉
陳雲會黄陂縣武舉道光二十八年到汛

譚榮名恩施縣世襲雲騎尉咸豐元年到汛三年因事革職
袁正常鶴峯州人咸豐五年署
譚德芳利川縣人
祿　興荆州駐防咸豐七年到汛同治元年以咸豐十一年髮逆陷城革職
楊得志鄖陽府鄖陽縣行伍同治二年八月到汛

把總駐防大旺司汛

潘國臣恩施縣行伍乾隆十四年到汛二十二年陞本城千總
陳錫疇恩施縣行伍乾隆二十二年由凉水井外委把總陞
柳懋德陝西潼關武舉乾隆四十三年到汛五十六年陞本城千總
魏慎德恩施縣行伍乾隆四十八年到汛
杜連順江陵縣行伍乾隆五十一年到汛
鍾廷科鶴峯州人嘉慶五年到汛十年調存城把總十五年復任

楊敏賢建始縣行伍嘉慶十一年到汛
黄玉龍建始縣六品軍功嘉慶二十年到汛
李文陞恩施縣武生軍功道光六年到汛
謝洪凱東湖縣人道光七年到汛
孫大用宜都縣行伍道光八年到汛
鄧士枚恩施縣武生道光二十九年到汛
楊得志鄖陽縣行伍同治二年陞本城千總
陳衡高恩施縣行伍同治二年八月到汛

外委把總協防百戶凉水井汛

陳錫疇恩施縣行伍乾隆二十年到汛二十二年陞
楊應忠恩施縣行伍道光八年到汛
李得臣恩施縣行伍咸豐六年署
袁大綱恩施縣行伍道光二十五年二月到汛

來鳳縣志卷二十

職官志

政績

于執中字君敬山東昌邑貢生以知縣左遷湖南永順宣慰司經歷雍正七年永順歸流經歷裁制府以其才猷明敏而又熟悉苗情檄委協理恩施縣事彈壓散毛各司時散毛等猶未歸流也既改土設縣乾隆元年遂補邑令時草昧初開一切規建皆公手定又以學官未設捐廉建本城及大旺義學二所置田五十畝擇良師聚邑中俊秀者而教之治邑七載官民兩忘後調漢川去之日扳轅者盈郊坰馬首至不能前

鹿總豫阜陽貢生府志官師表作直隸唐縣貢生乾隆三年由恩施令來署詳請添設卯峒義學每年給師生膏火銀十六兩在司庫存公銀內請給公令恩施革陋規整士習扶弱鋤强幾於無訟民於官坡建祠祀之仕至貴州貴西道

張冲字卑牧河南太康縣人雍正癸丑進士知縣事多惠政嘗課農至鄉鄉民具雞黍以進公欣然受食每以

閭閻淺近語教以尊君親上之義蚩蚩者咸依依不忍去附郭西南一帶及元阜里沙坨坪多旱田皆公縋險鑿幽濬導水源以滋灌溉後以他事量移百姓留之不能乃肖公像建祠於中田歲時祀禱至今不衰

范汝軾河南蘭陽進士初知建始政簡刑清旋知邑事邑歸流未久民生雖裕而民性未純乃首事教化卽邑書院拓而大之規置周備時猶未設學官親與諸生講論孜孜不倦以一身兼父師之任由是文學彬彬士林比之文翁化蜀焉

林翼池字警齋福建同安進士知縣事以教化爲先重修岐陽書院定婚喪之禮與蒲二尹剏修邑志十二卷心存仁愛有古循吏風

黃升湖南巴陵舉人知縣事端方清介人不敢干以私簿書之暇卽操鉛槧常聚邑中子弟課以經術制藝文教爲之振興

蔣灝江蘇上元監生任邑丞重修大旺義學又捐建卯尚義學

蒲又洪字觀齋甘肅秦州增生任邑丞修安遠三元二橋又與邑令林公同修邑志邑之有志自兩公始也

劉若椿甘肅鎮原舉人由榆林教授知縣事甫下車一洗因循之弊培植學校勸課農桑嚴禁溺女平反冤獄薄用刑罰善政彰彰至今猶載口碑

張曾勅安徽桐城舉人知縣事重修書院培植人才

莊紉蘭福建侯官舉人官教諭二十年截取得知縣事沉靜寡欲莅任甫三月值教匪滋事公率鄉勇往禦傷股墜馬爲賊所得公絕而復蘇賊曰是好官殺之不祥一賊曰是好官殺之可惜遂勸公降公大罵賊衆爭以

婉言勸公罵愈力遂遇害　贈奉直大夫

賜祀昭忠祠世襲雲騎尉

甘杜竹溪歲貢選邑訓導聞邑令莊公禦賊遇害賊陷縣治公投水自盡賊援之送歸署脅公降公乘間自縊於明倫堂

賜祀昭忠祠世襲恩騎尉

張甯浙江山陰供事任邑典史隨縣令莊公禦賊戰不克死於捲斷山之橋下

賜祀昭忠祠世襲恩騎尉

沈懷楓浙江烏程人由供事選卯峝廵檢嘉慶丙辰教匪陷縣治公保全三里重修卯峝義學捐助膏火卯峝始有舉茂才者後官監利知縣

王三錫河南泌陽拔貢任利川縣丞教匪未發難曾權邑篆才識明敏勤於吏職及邑陷公赴援行次漫塘邑紳耆預集鄉勇以待公率之與賊戰於城下大敗之賊始舍城據土堡復破之賊犇紅巖坨及旗鼓寨復屢敗之賊閉壘自固迨大兵至一舉蕩平而公及鄉勇之助爲不少矣邑人德之爲建生祠於麂子峽

康乂民江西泰和拔貢選恩施丞陞知縣事嘉慶二年蒞任元年餘匪復糾川賊林之華由鶴峯入宜恩境近逼來鳳公率紳士集鄉勇駐防於老鴉關賊知有備乃他竄移建朝陽書院增修齋房築土城爲民保障以卓異陞興國州牧

盧家元字畏壘福建舉人署縣事治行卓卓不畏疆禦稱清官者於公首屈一指然清而不刻士民敬而愛之至今尚有能道其事者

朱鳴鳳字桐雨浙江海鹽舉人知縣事十餘年寬以撫民百姓安業重修學宮增建石城又勸諭士民建城南咨寨河石橋興情愛戴

蕭琴漢陽優貢選邑訓導兼攝朝陽書院勤學課藝士服其教邑之建石城也實公捐薪俸力贊成之

祥福字介堂滿州舉人知縣事不苛不擾爲政十年無赫赫之名去後民不能忘

余夢芳字耐園武昌舉人選邑訓導性嚴介不苟取與居官十六年縣公之庭歲不數數至勤於課士以經術爲文章啟迪有法從遊者學舍常滿

林士端字次呂安徽鳳陽貢生補邑令重修縣城建考棚及龍火二神祠團練鄉勇思患預防

王頌三字筱華江西興國拔貢屢權大邑有能名晉同知銜咸豐九年補邑令興復社倉法良意美又修軍需局於署左以備不虞十一年九月髮逆陷縣治公以身殉奉

旨贈知府銜建立專祠以彰忠節

來鳳縣志卷二十一

選舉志

薦舉

楊逢祥本城彩耀街人嘉慶辛酉科府學拔貢道光元年舉孝廉方正授穀城縣教諭

科目

舉人

何顯榜誠一里人寄龍山籍乾隆戊申科舉人大挑一等官直隸宣化西甯知縣蔚州知州

曾有光本城青桐巷人嘉慶庚申縣學恩貢嘉慶戊辰恩科第六名舉人大挑二等授安陸府學訓導

李鴻鈞本城青桐巷人附生道光甲午科第二十六名舉人候選知縣咸豐五年賊陷吉安府殉難　贈知府世襲雲騎尉

何誠立誠一里人道光丁酉科府學拔貢本科鄉試第十九名舉人候選知縣

何遠鑑誠一里人道光丁酉科府學拔貢本科鄉試第四十七名舉人大挑二等選嘉魚縣教諭乞養在籍

何盛矩遠鑑子咸豐丙辰縣學恩貢同治壬戌恩科並補行辛酉科第四十二名舉人

拔貢

王廷弼本城營房街人乾隆己酉科縣學拔貢軍功議敘七品候選直隸州州判

楊逢祥詳薦舉

張書紳本城彩耀街人嘉慶辛酉科縣學拔貢

王　煜本城營房街人嘉慶癸酉科縣學拔貢候選直隸州州判

饒建寅本城青桐巷人寄龍山籍嘉慶癸酉科拔貢

張有守誠一里人道光乙酉科府學拔貢

張　鎔本城彩耀街人道光乙酉科縣學拔貢

饒　祺本城青桐巷人寄龍山籍乙酉科拔貢選永綏廳訓導

何誠立詳舉人

何遠鑑詳舉人

張　鈞誠一里人道光丁酉科縣學拔貢

張　峻誠一里人道光己酉科府學拔貢

鄧道鎔仁育里人道光己酉科府學拔貢
何夢筆誠一里人道光己酉科縣學拔貢
彭明道仁育里人咸豐辛酉科府學拔貢

恩貢

楊逢景本城彩耀街人乾隆庚戌縣學貢生軍功議敘七品候選縣丞
何顯榮誠一里人寄龍山籍乾隆乙卯貢生
徐　綸本城白鳥巷人嘉慶丙辰府學貢生巴東縣教諭

陳天煦悌恭里人嘉慶丙辰縣學貢生
曾有光詳舉人
張廷松勇敬里人嘉慶戊辰縣學貢生鶴峯州訓導
覃祚桐仁育里人嘉慶辛未貢生
周宏藻勇敬里人嘉慶戊寅縣學貢生
楊如桂本城彩耀街人道光辛巳縣學貢生
戴用璠本城青桐巷人道光甲申縣學貢生
鄒元炳本城清泰街人道光辛丑府學貢生
何遠椿誠一里人道光丁未府學貢生
覃樂中亨康里人道光丁未縣學貢生州同銜
饒　瑞本城青桐巷人寄龍山籍咸豐辛亥貢生
鄧福澤孝原里人咸豐甲寅府學貢生
劉之均本城正途街人咸豐甲寅縣學貢生
向肇修仁育里人咸豐甲寅縣學貢生試用訓導
何盛矩詳舉人　向安懷貞肅里人咸豐丙辰府學貢生
張仲韓元阜里人同治壬戌縣學貢生
王汝梅本城豫章街人同治壬戌縣學貢生
李廷桂誠一里人同治丙寅府學貢生

蕭風儀勇敬里人同治丙寅縣學貢生

歲貢

覃　玳誠一里人乾隆年附學恩施貢生軍功議敘七品銜選遠安縣訓導
覃述綸元阜里人乾隆年附恩施學貢生
覃述書元阜里人乾隆年附恩施學貢生
張鴻範本城白鳥巷人乾隆辛亥府學貢生軍功議敘七品援孝感縣訓導
滕自達本城東門外人乾隆年縣學貢生

楊正誼信茂里人嘉慶癸亥縣學貢生軍功議敘八品
覃旭和元阜里人嘉慶丁卯縣學貢生選公安縣訓導
卒於官
饒建章本城青桐巷人寄龍山籍嘉慶辛酉貢生官華
容縣訓導
曾有典本城青桐巷人嘉慶己未府學貢生
鄒代芝本城清泰街人嘉慶辛未縣學貢生
覃協中元阜里人軍功議敘二等以主簿用嘉慶乙亥
縣學貢生

曾　祜本城青桐巷人嘉慶乙亥縣學貢生
饒建綸本城青桐巷人道光壬午貢生寄龍山籍
饒建侯本城青桐巷人道光甲申貢生寄龍山籍
張光烝本城白鳥巷人道光丙戌府學貢生歷官光化
黃梅縣訓導蘄州學正黃州府教授選授荆門直隸州
遠安縣訓導鹽課司提舉銜
向逑傳亭康里人道光丙戌府學貢生
王宗彝本城桂子灣人道光丙戌縣學貢生
張　舉本城青桐巷人道光丙戌縣學貢生

張　瀛誠一里人道光丁亥縣學貢生
張　瑛本城白鳥巷人道光己丑府學貢生官安陸應
城縣訓導
張思賢誠一里人道光乙未縣學貢生
向振鵬勇敬里人道光乙未縣學貢生
楊逢甲本城彩耀街人道光戊戌縣學貢生
黃　鑑本城碧秋巷人道光庚戌府學貢生
鄧福恒貞肅里人道光甲辰縣學貢生
張　治誠一里人道光庚戌縣學貢生

儲先彝勇敬里人道光庚戌縣學貢生
張　滙誠一里人道光庚戌府學貢生
張　鈞本城白鳥巷人咸豐甲寅縣學貢生軍功議敘
六品國子監學正銜選用訓導
饒　瓚本城青桐巷人寄龍山籍咸豐辛亥貢生
何盛治誠一里人咸豐己未縣學貢生
何遠譽元阜里人咸豐己未縣學貢生試用訓導
周肇基誠一里人同治丙寅縣學貢生
廩貢

張思雋誠一里人補咸寧縣穀城縣教諭
何映熹誠一里人寄龍山籍官安鄉縣訓導
何映焯誠一里人寄龍山籍官黔陽縣訓導
何映輝誠一里人寄龍山籍官安福縣訓導
張　鑑本城白鳥巷人儘先選用訓導陞用通判

附貢

張思緒誠一里人
張榮嶽本城白鳥巷人鹽運司知事銜
覃化南誠一里人

馮瀚遴亭康里人
田耕心利正里人

武舉

張明韜乾隆庚子科

仕宦

張思九誠一里人太學生官安徽休寧縣丞
何　梅誠一里人附生官山西太原司獄
何紹本誠一里人增生寄龍山籍官廣西大烏司巡檢
何顯樑誠一里人附生寄龍山籍官雲南江川猛緬司巡檢
饒建元本城青桐巷人附生寄龍山籍官湖北房縣九道梁巡檢
向肇麟仁育里人由江南候補州同歷官銅山寶應儀徵縣知縣
魯經芳本城白鳥巷人由吏部供事歷官貴州黃平州吏目思州府經歷天柱縣知縣普安廳同知大定府知府現留貴州以道員補用
徐　檠本城白鳥巷人寄山陰籍官保康縣知縣

覃紹鼎誠一里人供事六品銜授福建邵武府經歷光澤縣知縣
向鎮南仁育里人湖南候補縣丞
張世佑元阜里人山東冠縣典史
覃紹彝誠一里人陝西長安縣主簿
覃炳南誠一里人甘肅候補縣丞
張毓麟元阜里人官山西應州巡檢
魯培基經芳子現官陝西同知
田封疆臘壁長官司改土後陞廣東督標守備

向恩榮智樂里人官甘肅馬營都司
向正魁智樂里人陝西河州守備署秦州西固營都司
嘉慶三年以從勦川陝功陞馬營墩營都司
向正樂智樂里人從征大小金川由守備陞江南泗州
營都司
向伯熇智樂里人正樂子從勦川湖教匪授廣西永寧
營守備陞廣西潯州營都司擢用副將
向振綱勇敬里人棗陽縣千總
向振銓勇敬里人從征鎮筸苗及白蓮教匪功授行營

守備嘉慶四年從大兵至四川大寧勦賊以病回籍卒
覃庭中誠一里人散毛司裔以世職引　見發回督標
以守備隨營補用
楊洪明本城人起身行伍累功至副將同治元年同復
縣城四年征貴州天柱苗卒於軍　贈總兵

來鳳縣志卷二十二

人物志

行誼

楊逢祥字吉人本城彩耀街人嘉慶辛酉科拔貢家世
孝友至逢祥尤勵品行淡泊自甘不趨時尚居家法肅
詞嚴有顏氏柳氏遺風主講朝陽書院數十年守是邑
者咸加敬禮未嘗一言及私居恒衣冠古處焚香默坐
接引後進樂道先正格言娓娓不倦與人交坦白樂易
無賢愚皆敬愛之晚年養益粹睟盎之氣溢於眉宇道

光元年舉孝廉方正旋選穀城縣教諭以老病不赴幼
時有神童之稱縣府院試皆冠軍尤工楷書嘗因母病
書陰隲文五百軸送人士林寶之
劉崇實卯峒後山人庠生篤於實行言動不苟自幼讀
書必正襟危坐如對聖賢非歲與諸知名士相砥礪學
益進前令范欲薦舉孝廉方正力辭不就主講桂林書
院三十年諄諄以聖賢實學誨人至今卯峒人傳其遺
事云同里有向氏子採樵山中忽發狂奪廟中神所執
刀盤旋跳舞實稼坐對之伏地而醒又有嚴氏女忽歎

哭不休實爲書數字於衣卽愈語云邪不勝正諒哉予必芬增生毅孫心杰俱庠生

田啟芳卯峒司人庠生生有至性好讀書能文章幼師事劉崇實佩服終身元年教匪作亂父榮葵陣亡芳糾集家丁鄉勇誓圖雪仇未陣爲賊所薄僅以身免未得逞怒氣鬱結遂得心疾偶一觸念則兩眼發赤狂走叫殺一日至巡司署大叫殺人不休合署不知所爲識者曰此非後山劉某不能制也遂肩輿迎至劉厲聲曰啟芳不得無禮芳應曰唯不敢違俯首逡巡而退若大夢

初醒者實年八十餘芳亦七十猶與友人向伯龍每月登堂候起居殷殷夜話歲以爲常實歿後芳得遺硯至今猶俎豆奉之子成杰孫鴻儀俱庠生

來邑文教初興學額僅三名耳劉氏祖孫父子名列膠庠田氏祖孫父子亦各列膠庠何斯文一脉之延長也兩家子孫皆赤貧歲以筆耕爲業聞田氏子孫每以歲時至劉家於長者行修通家弟子禮則啟芳之教也夫感人之誠者其入人必深劉雖諸生可不朽矣

張士儒字成松誠一里土堡人性嚴正明大義治家有法謦欬所至內外肅然平生濟難扶危好施與每於六臘月宗族鄰里之貧者按口貸之不爲利凡邑中舍棺椁拾遺骸諸事無不與終身不倦嘉慶元年教匪之變居民紛逃有戚某避難無貲士儒聞之貸以三百金戚請書券蹙然曰大刼將至我等相見不可知何以券爲亂定後親友先後旋里復造門慰勞以倉中餘粟貸之里中乏食者多又以龍邑莊穀徧貸之無吝色亦無矜容鄉黨推爲善人視其後之必昌云以募勇剿賊功議

敘縣丞子恩雋廩貢生穀城教諭舉卓異以知縣用恩誠庠生孫有嚴歲貢生有守拔貢生滙恩貢生有祜庠生

先正有言以身率人者上也以言教人者次也以財濟人者又其次矣雖然簞食豆羹生死所係況時當大難而獨裒多益寡視鄉鄰皆眷屬旣不吝藏以自私復不乘急以爲利非豪傑能之乎

何文龍字在田國學生誠一里牛車坪人原籍湖南新化縣家世孝友兄弟四人有江氏大被之風文龍其季

也存心忠厚遠近稱善人識大體尤重師儒乾隆初來邑新設文教未興特出重聘延請名宿訓子姪恭敬逾恒禮平生樂善好施常約親友置義塚施棺槥數十年不倦前令劉題麥舟遺風扁額奬之嘉慶元年教匪之變同前令莊署令王前後堵禦勦捕屢有功大吏奏請議敘未及部覆而卒時年七十歲卒前一日造常所往來親友家而告別焉次日晨起沐浴更衣拜謁祖先如常儀呼家人環侍中堂端坐而逝若夙知者子顯榜乾隆戊申舉人直隸蔚州知州有循聲顯梁庠生雲南猛

緬司廵檢孫映斗庠生

張文言本城白鳥巷人性孝友多厚德原籍湖南長沙縣父正廷篤信好學乾隆丙辰徵博學鴻詞不赴隱居教授不計生產屢代人償債家中落文言遂就時於來歲奉所得歸佐父施濟貲父卒奉胞叔遷來鳳孝養不衰一日出街肆間鄰人被酒詈其後文言佯爲不知同行者曰某詈汝文言曰非詈予也曰呼汝名文言曰天下豈無同名者乎卒不校又自山徑歸泥淖在下爲惡少所擠衣履皆汚從者後至詢而問之曰適過其處路狹甚微斯人掖我陷溝中矣平生忍讓忠厚類如此子鴻範歲貢生選孝感縣訓導孫光燾貢生光杰歲貢生選遠安縣訓導議敘鹽課司提舉先烈庠生

覃隆基字佑啟散毛司覃勷麟之長子也性仁孝有幹濟才麟諸務悉委任之母田氏卒泣血哀毀廬墓三年諸鄰司咸欽重之麟愛其次子鴻基欲襲之諸司不平咸欲仗義正名隆基知之潛詣諸司泣陳父命宜遵並已不願襲職意鄰司感其誠外患遂息麟卒鴻基襲隆基復不憚勤勞代爲經理一如父在時境賴以安子三

璠瑛璋

覃璠字煥若隆基長子鴻基卒子瑄嗣襲改土後瑄卒無嗣大吏奏請以璠承襲世職璠力辭親治瑄喪歸里隱居訓子至今覃氏世守其家法云子述綸述書俱歲貢生

覃協中字允德歲貢生元阜里峽口寨人述綸子矜嚴好禮治家有法居常子姪侍側無敢跛倚閨門之內肅若朝廷與人交易直謙恭取與分明閭里奉爲表式子八人列庠序者六二子旭和字春藻品學尤優歲貢生

選公安縣訓導先是旭和出貢協中補其廪缺學校中傳爲美談孫蘭陔庠生

張廷松字幼卿卯峝司人秉心誠篤以禮自守其父紹倫素負氣每事幾諫卒不得罪於鄉黨教子有義方尤篤骨肉與季弟廷桂皓首同堂規戒中不失怡怡胞妹適本邑舉人曾吉堂之子承家無子家貧終身眷顧不衰人以爲難與人交雖寒賤必以禮貌故鄉人敬之選鶴峯州訓導子光斗光統俱庠生

曾有光字吉堂本城青桐巷人資性沈靜慮事詳審父

早逝母劉氏性嚴厲光奉命惟謹先是鄉先輩創修仰止書院奉祠朱子光因與及門講求文公家禮母年八十卒哀毀盡禮不用浮屠鄉人多則之兄思來析居久矣其子祜文采可觀殷殷教之卒貢於鄉弟思順思傑皆同堂友愛至老不衰好讀書手不釋卷尤能尊師取友故其爲文醕厚簡潔力追先輩中嘉慶戊辰　恩科亞魁選安陸府訓導未赴卒

何文莛字鵬飛誠一里土堡人性友愛兄弟四人獨任家事務農桑尚節儉分爨後時遇兄弟家躬詣庖室察

其旨儉見窮廚索然則喜子弟有事烹調者輒面呵之故杖履之所至有公孫肉廚外膳之殊鄉黨傳爲佳話有粤客攜六百金至其家封不啟聚各房子姪於堂諭之曰此前十年粤客某貸吾金久不相聞以此項爲烏有矣今也來係公物應分均之爾等當識此意其平生同體相關不欺心若此子楷桂國學生檽庠生孫映壽廪貢生任湖南益陽縣訓導映焯廪貢任安福縣訓導映輝廪貢生任安化縣訓導紹本庠生任廣西大塢司廵檢映焜誠孚俱庠生

何顯榮字漢亭恩貢生誠一里老寨坪人居心平恕持身樸實事繼母得其懽心人無間言兄顯模早逝敬事寡嫂撫二姪教讀婚配視同己子經理家事數十年無私積尤虛心好學所交遊皆賢士子誠一以子遠鑒貴封修職郎孫天照庠生遠鑒道光丁酉科舉人任嘉魚縣教諭遠椿恩貢生候選州判

何顯槐字古香誠一里牛車坪人性慷慨有遠識人有急難必多方拯之雖彊禦不畏也循例捐從九品籤發河南復改山西署豐鎮廳司獄親視囹圄滌械具禁獄

卒苛索獄中人德之初外洋不靖以爲承平日久必有
內患怡堂之憂形於詞色將卒遺言謂族中子侄必修
洞砦以爲遺種處咸豐辛酉粵匪入境族中賴以保全
先見之力也平生輕財仗義尤篤於宗族族中子弟貧
乏者必多方成就之晚年家漸落而好施如故鄉里咸
敬服焉子誠立道光丁酉科舉人謙國學生品行端方
資性明達於先儒語録實有見地與人以誠終始不變
兩赴京闈不得志於有司遂隱居教授學者稱爲益齋
先生

張鴻範字羽儀歲貢生本城白鳥巷人天資孝友內行
修潔讀書過目成誦博學能文有經濟才嘉慶元年匪
變練勇隨官軍征勦議敘七品官旋授孝感縣訓導著
有軍中紀事一卷靜齋文集四卷雜言四卷子光燾貢
生先烈庠生孫榮嶽附貢生議敘鹽運司知事

張思緒字纘齋附貢生亨康里人居心純厚篤念宗祧
承先人志經理宗祠數十年巨細備舉不憚勞悴又督
修紫陽書院凡親友有事付託必身任之未嘗以嫌怨
辭其用人恤其饑寒不盡其力故人皆樂爲之用兼通
青烏岐黃之術年八十餘猶能據鞍顧盼其精力有過
人者子有儀國學生濤庠生有福武生孫宗嶽庠生宗
齡武生

張文歧本城鳳儀街人存心長厚以禮自持人以非道
相干曲意含忍故終身無訟事卒年七十八子舉歲貢
生孫瑛歲貢生歷署安陸縣訓導應城縣教諭璠玖庠
生

鄧代英字玉振貞肅里人忠厚正直樂善好施兄弟四
人和而能敬凡遇喜慶喪葬事必集鄉黨戚友宣揚

聖諭廣訓聞而感化者甚衆每至歲除無論親疎遠近有不
能度歲者必稱量周濟之平生有日行録每日所作功
過皆書以自省卒年八十六歲眼觀五代

龍世清庠生本城東門外人存心正直有經濟才邑有
興作咸商度焉家貧蔬食布衣自甘寒素從不干謁公
庭與人交雖後生小子必加禮貌積學能文屢試超等
而老於諸生子驤字騰漢耿直有父風年二十四餼庠
事父色養不衰

楊逢甲字燮堂本城彩耀街人歲貢生性耿介幼從兄

逢祥遊講究心性之學事兄奉命惟謹終身不衰家初貧後小康移居遠鄉不輕入城市與朋友交不欺虛鄉黨排難解紛有魯仲連王彥方之風

向伯龍庠生仁育里人家赤貧介然自守取與必明尤尊敬師長與同里田啟芳師事劉崇實佩服終身鄉人賢之

張廷楨字藝圃元阜里小河坪人原籍浙江山陰隨胞侄張甯官來邑遂家焉直質誠慤有古人風年弱冠徒步走京師無所遇同鄉有勸其入部習吏事者遂入兵

部爲吏忠厚存心不忍置人於險當事關出入必力爭之堂司官未嘗不悚然動容曰是守正不阿吏而有儒行者也先是入都時同鄉某遇之厚所積數百金悉存其家某家中落不能償抑鬱以歿廷楨入臨哭之哀悉取券柩前焚之弔其遺孤慰勞備至座上客無賢不肖莫不歎爲長者客京師十九年歸宗族鄰里貧乏者量力周卹歲以爲常卒年七十有六以子毓麟貴封登仕郎毓麟字紱堂任山西安東司巡檢孫鳳翔業儒

陳性英字士誠號渭湄庠生元阜里人情性瀟洒吉吟咏存心忠厚持身端嚴和睦宗族憐恤孤貧率族人建修宗祠施郡請學設棚英與有力焉卒年八十有五生四子忠諫忠諍忠謇皆八十餘歲

段學成悌恭里人性耿直守正嫉邪爲一方望妻姜氏賢良有善行鄉里並推重之卒年八十有四子祖福監生有胆氣遇事敢爲好張公道年九十卒孫延澤庠生語言質直博聞強記兼通天官家言尤邃於韻學口辨三十六音能訂傳註反切傳寫之訛

向朝魁亨康里人形貌魁梧力能擒虎性豪俠能救人

之急濟人之難尤喜賓客座上常滿皆遠近豪傑待朋友不欺人亦生死不相負盜賊不入其境身雖布衣而信義著於鄉里子通柄武生通權庠生

向君慷慨有古俠客風然跡其生平以禮自守未嘗以睚眥加人其視朱家郭解之徒輕性命以尋私仇納亡命以撓國法爲義士爲亂民可同日而語哉

向通權字秉衡朝魁子庠生豪俠好義有父風人有急難多投焉事繼母得其歡心父目疾遂棄舉子業學醫有求醫者昏夜叩門無弗應不以遠近貧富計也家置

大櫃聚藥材遇貧苦者診視後卽撿藥付之數十年不倦里中賴全活者甚衆

尹思和字在祿卯峝司興隆村人天性篤厚好讀書兩兄早卒撫侄如子有女兒適周氏夫婦俱卒撫甥如侄卒能成立平生自奉儉約而喜行利人事有熊某歲荒鬻妻和厚贈而勸止之兼通岐黃有病無醫藥資者則延至家治之故感恩者常刻骨又有戴姓兄弟爭產侄諭之遂和睦如初卒年六十有子三人皆恂恂然忠厚有父風

孝義

張光遠本城白鳥巷人善事瞽母貧不能娶瑣褻之事皆身任之黎明起操生業日旰謹伺母醒扶持着衣菽水修潔呼之未嘗不在側數十年如一日母卒哀毀動行路後娶妻生子雲壽

向肇齡字仁德仁育里人事母孝嘉慶初匪變棄妻女不顧獨負七旬老母走避川中亂定歸里妻女無恙人以爲孝行所感少好學不得志於有司援例得江南州同歷知銅山寶應儀徵等縣皆有政聲

哀永達卯峝司星土也父老手足痿痺達躬親扶持無稍懈與妻子常並日而食親饍必備甘旨

楊祥鰲智樂里漫水人楊發科之養子家貧躬操作溫清不廢父歿盡哀盡禮事母尤虔業負戴常蓄甘旨每出傭工必積錢數百遺母以備不時需會值歲除窘甚私謂其妻曰人皆欣欣度歲我家獨嗷嗷無具母何以堪相與泣下母知之曰爾來前試啟吾櫃無憂貧也如母言得錢數萬蓋向之所以遺母者母藏之而未以告也竟以此致富焉

蕭必達誠一里四斗種人存心忠厚孝養父母兄弟五人四世同居卒年八十有二

楊通淵孝原里人庠生講求易理兼曉堪輿事母孝至老不衰卒年八十有五

余廷福勇敬里卯峝司人父嗜酒福傭工每日必先沽酒而後營食

胡振德仁育里人以挑煤營生奉養老母每日甘旨無缺

晉貴卯峝司人螟蛉子也以賣豆腐爲業遇新鮮蔬菜

必賣之不争直人問之曰吾不能常具甘旨賺此以冀老父一飽耳

張瑞歧智樂里人庠生善事繼母母性谿刻弟不能忍請析居母欲擇取田廬之美者弟不從歧以已業易之人以爲難

虞和毓元阜里陳家灣人兄弟七人父母俱歿家赤貧兄和稅出贅他族有弟五人皆幼稺毓撫之磨豆腐爲業日則左提右挈出賣鄉村夜則張燈補綴衣履如慈母歲以爲常諸弟次第成立家亦稍裕各爲授室兄老

無子迎而養焉飲食必偕門庭之內雍雍如也復創築書舍延師訓誨子姪子廷信辛酉秋被賊虜越二年逃回鄉人皆喜謂天之福佑善人也

楊二亨康里絲栗坪人鰥而貧織屨爲業兄目瞽無以爲生就養於二姓嗜飲食必索酒醉後詈罵百端二不之校敬愛終身

黃光華孝原里人性友愛長房次房各四子三房僅華一人分爨時謂諸兄弟曰我等九人當作九分均分鄉人嘉其能讓

楊文龍智樂里漫水人赤手起家捐萬金修紅巖堡石橋積而能散爲人所難子華選衛千總銜

鄧遠榜字有勝孝原里人性純樸好行善事嘗代人償債無德色倡置義塚三處總管官塘高洞河兩處渡月給口糧不辭勞瘁卒年九十一歲孫福澤歲貢生

饒尚芳本城青桐巷人秉性質實晚年樂善好施每於六臘月製衣儲米周卹貧困不使人知子建元庠生官房縣巡檢建康貢生建綸歲貢生候選訓導孫瑾瑜玫璪俱庠生瑞瓚俱歲貢生瓚拔貢生

鄒廷秀字朗齋元阜里人慷慨好義嘗遇歲饑有索米者其家糧不滿斗家人難之秀曰我等餓死猶待明日想若輩斷炊久矣竟分給之居鄉黨周貧濟乏至老不衰至今子孫蕃衍人以爲德行之報

謝一榜智樂里人堂弟一德早失怙恃榜爲之經營家事時家資不及三十千榜別置一簿每歲紀其出入弟稍長爲娶婦後家貲幾三千金復爲之制田産造房宅然後令其異居焉又與劉相友合契買業同耕三世無間言

李伯霖卯峝司人素敦信義與熊盛美相善夥同貿易數十年如兄弟熊卒子幼撫之如子熊氏子成立亦事之如父事無巨細諮焉後行而分財多取亦不之較卒年八十有二今子孫三代猶同賈焉

金道發卯峝司小貿爲業臨財不苟嘗於興隆坪橋上還人遺金又於逆旅傾囊完人夫婦鄉人高其義

張佑明卯峝司人路拾一囊有銀十餘兩挂傘端以俟少頃有夫婦倉皇至詢之得實還之其人贈以磁壁燈子孫至今寶之

王尚林卯峝司人家貧遇廣東難民陳某鬻子於武生向某家母子不能舍哭於路林見而心惻捐貲代贖遂爲母子如初

熊養杰南門外豫章街人妻胡氏生一子病故杰年二十八不再娶躬操井臼以事父母卒年八十有二孫夢祥庠生

余昌義元阜里人年二十八妻曾氏卒撫三子不再娶父母俱早卒事嬸母猶母嬸有女適滕姓家貧凡嬸母所欲與者無吝色辛酉九月遇賊脅之行不從被害子圖橋國學生

唐正順孝原里人妻劉氏伉儷甚篤生二子病故順年二十九矢不再娶出而耕作入而炊爨以子道兼婦道數十年如故閒遇鄰人婦與言卽赧然退避年近七旬終無敗行

黃鑾字朗山城內青桐巷人歲貢生性情和平舉止閒雅工書家貧館於郡拒奔女不納旋托故他往人以是重之

覃啟發卯峝司鐵工也同治四年夏五月街中火災延

燒數十家市中無賴子刼貨物寄其家發不許惻然曰同街火起我等不能救恐以爲利乎無賴取與均分堅執不可强留錢陸百文發取而投之江

人性皆善老生常談耳今觀萊傭知孝工匠能廉豈盡關乎學問哉來邑彈丸僻在山陬而賢豪輩出雖鄒魯之鄉燕趙之士何以過焉

行誼補遺

何誠一字省堂貢生誠一里老寨坪人積學隱居不履城市事親以孝聞篤愛骨肉無貧富一致喜周貧乏至老不倦生平不以非禮加人人尤愛而敬之教子孫爲善讀書垂爲家法視富貴澹如也以子遠鑒貴　封修職郎卒年八十有六子天照庠生遠鑒舉人嘉魚縣教諭遠椿恩貢生候選直隸州州判孫盛治歲貢生盛矩舉人盛唐庠生

孝義補遺

姚秀藻悌恭里人庠生姚澍之子也家貧力學事親盡禮居喪三年不飲酒茹葷人稱其孝處鄉黨遇事化導使同村百家無訟者四十餘年卒年七十子華苑華袞俱

業儒能以孝友世其家

覃述祥從九品銜誠一里半邊城人質直好義善事繼母每乘醉與人忿爭旁人百端勸喻終莫能解聞母謦欬聲即止與人交然諾不欺醉後所許醒必踐之其性然也卒年七十子勝中武生設中候選縣丞本中八品職銜

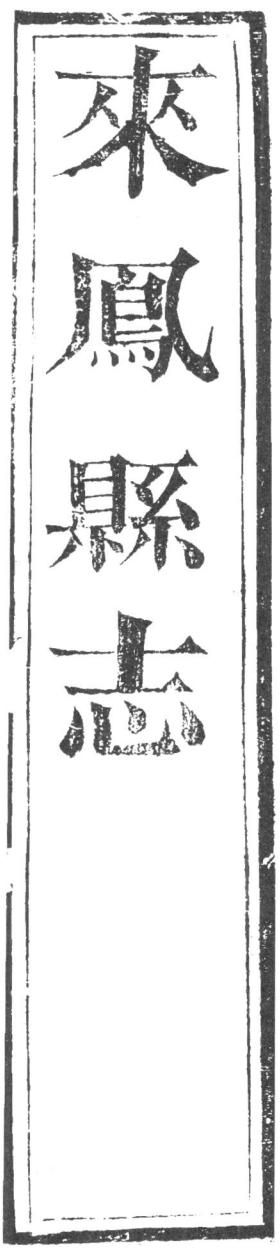

來鳳縣志

卷二十三至二十四

人物志 忠義 文學 武功 壽考 壽婦附

卷二十五至二十六

列女志 節孝 貞女附 節烈 烈女附

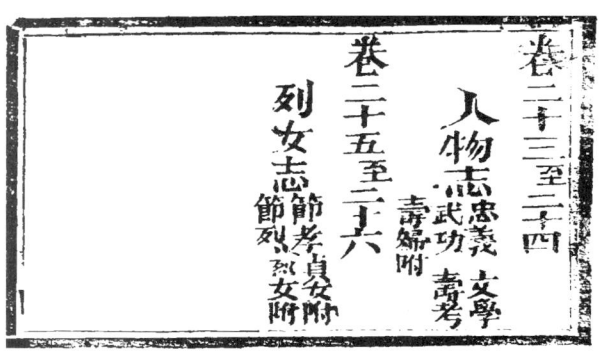

來鳳縣志卷二十三

人物志

忠義

蕭大鍾字秀川庠生忠崇里銅鑼溪人少穎悟慷慨有志節好讀書喜談古忠烈事家貧以舌耕養親雞豚之奉曲將其敬素與辰州劉宗文龔起元爲刎頸交嘉慶元年匪變孫節相駐兵卯峝鍾干以策節相喜待以殊禮鍾亦感激圖効前後頗著戰功節相卒於軍時
朝廷下受降詔鍾等卹總督福公命奮身赴賊壘諭降賊閭三人來喜甚延之上座治酒留宿歡若平生旋以百餘人從至督營福帥佯喜陽受而陰殺之而三人不知也未幾復往賊以爲賣已遂剉殺之樊副將收葬之表其墓邑人至今稱爲三烈士云妻徐氏子楚元難平後三人並從祀昭忠祠

田榮葵勇敢里人嘉慶初白匪亂作榮率族中子弟及里黨梟俊分道殺賊於福壁溝洗車等處斬首千餘級扼賊於絕地賊恨之入骨遂併力潰圍榮葵接戰於陡公坪手刄數賊力竭陣亡從祀昭忠祠子啟芳庠生

彭明俊與田榮葵同時禦賊陣亡

同興庠從前令莊公剿賊陣亡

何潭字巨源邑諸生慷慨以氣節自矜從學師甘公游嘉慶元年匪變甘公殉難潭乘間往哭之爲賊所追及於東門外之視履亭潭立亭下橋上大罵賊怒從亭上飛刺以矛潭仆至死罵不絕聲

周南邑庠生奉大母及母避賊至麂子峽洞中賊掩至誘之降不答脅以兵不懼度母及大母逸出乃大呼曰我秀才也豈降賊者賊因殺之署縣王公三錫後駐軍於此題曰孝子洞

嘉慶丙辰白匪之變從祀昭忠祠死事兵勇

張正敖譚璋張朝申葉加朋田德張林林從文向文錫向文盛李甲田玉葵楊世朝向大勝向正龍劉世全向學孝張思能沈大凱以上兵丁見府志

宋元章田正祿羅在廷段維文田金敖梅常文王應祥陶英才朱文才雷顯才胡德舉姚文高姚文智姚彥才姚彥陞姚彥貴乾正顯徐起乾譚寄保田三陽黃文學陸朝倖張有燦楊再和向勝隆錢正敖姚宗成楊宗勝

唐武萬姜應學張明新王貴田有宗王文新趙必義歐
丹桂張心奇楊德昌王光富蕭仁向大義向大禮張富
田科江陳之榮王起富朱克俊楊大學楊大仁甯正化
羅志文羅志奇向化楊有奇羅士楷黃明連向德易成
聲易成學易成揚向文廣向文啟向光才向光英田太
成向光宗向光祖田正乾田生德唐有義鄭全鄭祿馮
飛萬田光玉田應玉莫萬選王明富張宗德向文秀丁
世俊陳合仁張宗仁楊正書向光志易文高滕茂魁楊
國華向彰德劉允忠熊茂春蕭景雲向富德楊芳茂王

德元官伯才魏之洪謝伯順田榮忠田光顯常廷貴王
之禮朱克明趙文科陳魁洪余朝榜唐萬才金德勝田
正偉吳照一黃明吉黃連喬段玉才向老寶馬祖富李
文玉羅爵然曾德貴陳文典周德新吳立得安尚義楊
思誠以上義勇見府志
劉世舉方金典田大盛曾大剛易宏豹譚貴馬大成胡
啟龍王永貴張必升田大中向正德申云張士倫向文
孝夏雲周大德以上兵丁府志失載
向光才王德元甯正文羅志榮張貴以上義勇府志失載

李鴻鈞字春舫本城青桐巷人原籍江西吉安縣幼聰
穎終朝能誦西都賦不差一字館師以是異之其爲文
敏捷隨手成章不加點竄道光甲午科舉於鄉以貧故
奔遊公卿間陝西張小浦中丞出其門咸豐五年歸掃
祖墓值髮逆之亂時張公開府江右奏留練團爲保衛
桑梓計賊至帶團進剿遂遇害
賜卹祭葬銀兩贈知府世襲雲騎尉
萬全武庠生誠一里人咸豐辛酉髮逆陷城之翼日督
勇勦賊戰於東門之外力竭被害

全福郡增生本城人辛酉秋初聞警力勸縣公爲守禦
計及城陷福往各里募勇討賊至猴栗堡猝與賊遇賊
執之使降不屈遇害時年七十餘矣
張麟邑庠生誠一里人辛酉八月賊據黔江麟奉縣檄
督勇防堵縣屬河城陷遇賊不屈被害
何天衢邑庠生遇賊不屈被害
蔣天爵馬鬃嶺人聞警與二子鳴鑼齊團賊已蜂集爵
與二子徒手搏擊賊呼曰好猛漢環攻之爵渾身受刃
促呼二子曰男兒死耳勿爲不義父子俱死

滸世坤滸永祥滸遠朝聶廷貴皆滸家溝人於乾洞磡率衆堵卡賊風至衆皆奔四人挺戈突戰斃五賊勇莫能當賊將潰他賊自紅泥泉來暗抄其後四人腹背受敵衝突不得出俱戰死

劉世興貞肅里人與妻扶母攜子避賊將至下壩賊突至興恐母受傷挺身橫刀前與賊戰殺三賊妻乘間偕母逸去賊怖其勇圍刺之力盡罵賊而死

陳官品大坡人與父俱被賊獲品恐父死隱忍入城翼日賊使品引路抄掠品憤極曰賊不引路若我何賊以挺擊之罵愈怒目眥欲裂賊怒殺之剖腹取肝逼其父食父曰虎且不食子肉況人乎甘與俱死旁一賊曰皆義人也賊乃釋之

李文孝茅店子人與妻劉氏攜子避賊至田家溝突與賊遇孝持刀惡戰賊殺之並害其子妻見夫與子俱亡呼天怒罵賊甘語誘降不從罵愈毒賊又殺之

楊誠華亨康里絲栗坪人突爲賊獲縛至何姓宅中賊喜其壯欲怖降之華乃奮罵賊縛於柱以礮轟擊罵愈厲七礮乃死賊咋舌曰好男子

楊二逸其名排杉溝人老幼避賊遠去留二守家賊至招降之二挺矛直前突斃二賊賊環攻之力盡被獲大呼曰速殺我我良民不從賊也賊怒磔殺之

咸豐辛酉髮逆之變死事鄉勇

田慶富張仕榮王有志覃心義劉德心周必奎黃喜和王廷富楊再武蔣占元楊學林尹國壽李順祥黃志芳聶正仕王正喜胡定勝姚武賢田興順張啟友李尚香張紹魁蕭宗友鄧大成田孝榮陶學成米尚富潘學海范青雲馬兆龍陳占元馮得勝姚榮興蕭占鰲楊在佑

李大元張正清趙聯芳朱逢春石志芳王愉崑姚榮梅龍在田尤桂林曹士鎮田光明向大興冉遇春王秀林田光盛劉昌祥曹洪明羅壽喜彭硝客譚成華趙星明李昌明胡光麒鄭萬里張應登陳子和向光之許隆盛徐希訓呂可居呂世名徐希富呂聲林李士薦羅順明曹洪發田世遠譚成汪世寬楊勝芳張啟貴楊文明文秀匠孫光合楊正文粟宏仁郭如榜張華周成龍

附

高桐江蘇無錫縣人前典史高懋勳之弟也辛酉秋

避賊板栗坪謝宏英家賊至獲桐誘降之桐瞋目叱曰我兄爲官我豈從賊賊怒縛於倉柱桐罵愈厲賊斃殺之後英伺賊回潛至家欲收斂之但見血染柱上屍已無存柱下委白髮而已

常寬近鳳山寺僧也賊至不避語賊曰勿汚三寶須食素斷葷賊憐其老笑置之已而賊割豕烹鷄寬怒罵曰賊汝傷天理汚佛地官兵一至那時斬汝頭剮汝肉喂猪狗矣賊怒擁至寺後殺而分劈其屍投諸河

文學

王廷弼字亮寅號斌夫城內碧秋巷人博學能文章有幹濟才乾隆巳酉科拔貢嘉慶元年匪變赴郡請援同縣令王三錫勦賊參贊方畧議敘軍功一等得七品官因母老不仕著有寸丹吟一卷碧秋山館詩文稿五卷詳見郡伯譚公二王傳

張書紳字道存城內彩耀街人嘉慶辛酉拔貢天性眞摯篤於內行家故貧每歲藉館穀供甘旨而自奉淡泊博學能文喜成就後學其教人本末兼賅因材而施故遠近知名士多出其門王講樂育齋數年極一時人才之盛著有惺齋文稿五卷詩十卷廬遊小草一卷惺齋詩集雲夢陳春農方伯爲之梓行於世子鍊廩生鎭庠生皆積學能世其家

王煜字曉樓廷弼子狀頎而黑目炯炯精光外射賦性聰穎讀書目數行下於左騷漢魏以還之書無不成誦在心其爲文如天馬行空淩轢古今不可一世尤長於詩賦古體排奡縱橫動與古合書法二王而蒼秀生動自成一家嘉慶辛酉院試以問月亭賦受知學使鮑侍

郎覺生擊節歎賞登拔萃科復爲之游揚公卿間一時名噪江漢中年以後數奇不偶士林惜之著有冬青館詩草二十卷古律體賦各四卷古文五卷駢體文二卷來鳳縣志稿二十卷

張有守字介人誠一里土堡人性明敏邃於經學年十四補弟子員名大噪乙酉舉拔萃科淡於仕進家居授教以作育人才爲樂嘗謂學者不知敦族非所以爲子也不能濟世非所以爲人也其性情篤厚涵養純粹如此著有聽雲山房文集子宗鑄宗鈞俱庠生

歐陽祖瑛字敬亭元阜里毛坪人幼聰頴家貧好學兒時嘗牧牛山中騎牛背手執離騷吟哦不輟邑令盧公見而器之勸其專意讀書旋入邑庠生平天眞爛漫不修邊幅尤長於詩興之所至隨手成篇不假雕琢而風致翩翩有陶韋遺致著作如林不自收拾往往散佚不傳於世後邑令李公景頤爲修其墓

何誠立號禮門誠一里牛車坪人幼倜儻有識畧其父顯槐官山西年未弱冠徒步往省往返萬餘里不以爲勞好讀書能文章名噪士林道光丁酉舉於鄉春闈不

第即淡情仕宦以養親教授自娛地方有大疑難必諮度焉兼通青烏家言別有心得能正諸家之謬

張鎔字金在城内彩耀街人博學能文膺乙酉科拔貢留京四載以親老歸教授鄉里知名士多出其門

陳天聰悌恭里人恩貢生積學能文鄉居教授訓廸有方生員多出其門其爲人廉靜寡欲卒年八十孫鴻翥庠生

饒建寅字春圃城内青桐巷人資性聰頴讀書過目成誦下筆千言不加點竄膺癸酉選拔未與 朝考而卒著有石澗詩鈔子琳字月樵以孝聞有高才能文章所交遊皆湖湘知名士名動一時孫宗泌字小鄴廪生沉靜好學能繼其家聲

饒建章歲貢生城内青桐巷人寄龍山縣籍雍容有氣度好讀書至老手不釋卷選岳州府華容縣訓導卒於官子琪乙酉拔貢博覽羣書精制藝尤長於古文選永綏廳訓導瑄瑛俱庠生孫鳴盛庠生

武功

覃玳歲貢生資性沉毅積學能文嘗獨居佛山寺中講求不動心之學老成持重善謀能斷邑中有大事每諮

度焉嘉慶元年匪變團練鄉勇贊助方畧著有軍功得七品官二年選荆門州遠安縣訓導未赴卒子述疇庠生從父解三尖山之圍復與邑人任紹萱集勇從復縣治得八品銜紹萱授把總

向正斌字協菴仁育里人卯峒安撫司裔著有向氏歷代功爵政治記元年匪變斌以布衣走秀山謁孫補山宮保請兵救援飭先歸整修橋道越六日而成大兵繼至帥嘉其敏賞給軍功職銜留營辦事以母老辭使胞

姪伯煓從大軍討賊屢著戰功官至副將

向正魁智樂里漫水司人從孫帥討賊有功仕至都閫

向興校亨康里人形貌魁梧慷慨有志節嘉慶元年匪變年二十以書生縋城赴郡詣太守請兵並請火藥鉛彈太守壯之以花紅鼓樂導出城歸募鄉勇隨大帥剿賊賊畏之有前山大王之號屢著戰功亂平後入郡庠平生言語直實待朋友如兄弟爲鄉黨排難解紛地方官咸器之卒年九十眼見五代其精神氣魄有過人者子學古早卒孫漢卿增生

楊正誼字冉山忠崇里人歲貢生平居以信義著聞好學能文尤工制藝屢膺房薦丙辰匪變招鄉勇禦賊於兩河口賊不敢犯其里復隨邑令王剿賊有功議敘八品職銜

楊逢景字運章城內彩耀街人恩貢生慷慨有膽畧所交皆賢豪無齷齪庸庸者元年匪變邑令王三錫復縣治破賊巢景有畫策功又以三百人堵黑塘卡七師之議景實洪之議敘七品職銜子如桂字芳林恩貢生孫海南庠生

覃璁散毛安撫支裔也丙辰之變以諸生隨王令剿賊賊圍守備周言於紫雲關璁攻破之殺賊六百餘級生擒七十三人議敘八品

田仲葵勇敢里人丙辰匪變同兄榮葵破賊於福壁溝賊遁旗鼓寨八月賊平餘賊竄擾上洗車老虎溪仲葵合族中子弟及向玉林向玉常向文英等圍截攻殺賊因以盡

洪紹前忠崇里人性好施與才能應變鄰里窮困者必多方周濟不計親疎遇事排難解紛不辭勞怨以故人

咸敬服之元年匪變招募鄉勇設卡堵禦隨時剿捕屢有斬獲里人恃爲保障迨後大兵既集復帶勇協力進剿奏賞七品

査國榮利正里人多隱德平生修建橋梁施舍義塚鄉里稱善人丙辰匪變捐貲募勇隨大兵攻剿前後十餘戰皆捷節相孫公奏賞八品文職

滕愛臣利正里人同査國榮赴苗溶孫節相行營請援復率子家高捐貲募勇隨隊攻剿孫公奏賞愛臣七品文職家高九品武職

徐世玠城內白鳥巷人庠生元年隨前令王剿賊議敘八品軍功

陳瞻蔚忠崇里人庠生元年匪變約同人林文炳覃家瑛團練鄉勇敗賊於芭蕉溪及唐家堡偵知小坳賊潛結龍山土匪將襲咸豐急率勇禦之連戰於夾牛崗銅鼓井殺賊數百賊不敢西隨大軍攻旗鼓寨皆有功事平而賞不及三人亦無怨言

張士陶誠一里土堡人元年與胞弟武生士纁士柄捐貲募勇隨大軍剿賊士柄尤勇健每躬冒矢石奮力攻

殺屢著戰功士陶士纁議敘把總士柄議敘六品職銜

彭文貞肅里人負力敢鬭居近咸豐丙辰匪變咸豐令借守梅子坳王令之逐賊旗鼓寨也趣之歸使率百人成谷寨河賊不敢犯以功授行營外委同時有牟承松胡有坤袁圖南者俱擊賊有功各授把總

周安瀾嘉慶丙辰匪變同孝原里人段曙光陳太和田宏學田再學向金聲等募勇六百人從復縣治授把總

姚彥榮貞肅里人嘉慶丙辰同里中郭愈泗姚彥遠何勝富覃述文郭愈乾等捐給口糧集鄉勇千餘擊賊於條栗堡斬獲甚多解桃樹坳茅坪之圍敗賊於城下

邑自嘉慶丙辰白匪之變賢豪輩起類能親荷戈殳敵愾同仇亟爲志之以表揚前烈迨後七十年而髮匪亂作邑宰殉城居民逃竄兇逆之衆焚殺淫掠盤踞縣治幾及半載來邑之禍亦云極矣其時義勇之士慷慨從事者固不乏人而智仁勇利四里紳首尤能顧念桑梓同心保衛或請兵入援或助餉捐資或連營以拒賊或分兵以守隘莫不奮不顧身奔走蹈蹶於干戈搶攘之中縣境半壁得以無恙功德所垂

豈不足光昭簡册哉惟是其人尚在既限於義例不得預爲登載且其人或德行學問一節難盡其生平或英略長才進取猶期於後日故概從舍旃以待後之博采而討論之者

來鳳縣志卷二十四

人物志

壽考壽婦附

張文俊字抜萬誠一里土堡人天性樸實取與分明卒年九十有二妻蕭氏躬操井臼家道日昌卒年八十白首齊眉眼觀五代邑人至今稱之子仕儒仕陶仕纁仕智仕柄

曾有華元阜里人居鄉循分生九子蕃衍至百七十丁眼觀四代卒年九十有三子思達武生思海現年八十

有六

何顯俊字光華元阜里人氣量寬宏鄉里稱長者卒年八十有一子誠璧監生誠瑞布政司理問銜孫遠鎮庠生候補府經歷遠署歲貢生候選訓導

張鳳鳴字昌廷城内彩耀街人居心和平卒年八十有二妻饒氏秉性最嚴樂善好施夫婦白髮齊眉眼觀五代卒年九十有一子書紳抜貢孫鎔抜貢錬廪生鎮庠生

楊天幹南門外人天性純樸動循禮法卒年九十有六子煥之庠生孫嶶猷嶶策俱庠生

唐成隍悌恭里人卒年九十

楊九老悌恭里人古朴勤儉卒年九十有六孫昌進

敖天生年六十疫死一日而甦續娶生子紹章年九十六無疾而死紹章卒年八十有九

劉顯耀卒年九十有五

袁文奎素重鄉誼卒年九十有五

喻民安卒年九十有三弟民泰卒年八十有九

楊志賢字希聖南門外人自奉儉樸待人誠實曾傾囊

為友償債無德色卒年八十有五孫承烈庠生

張紹倫勇敢里人有孝行與妻李氏俱年八十有五卒子廷松貢生鶴峯訓導孫光斗光統俱庠生

何映珍東門外人存心耿介遇事敢言卒年八十有五弟映彰卒年九十有三

曾思順城内青桐巷人形貌魁梧豪俠自喜能為鄉里排難解紛卒年八十有二孫紹魯庠生

姚應壽智樂里人通堪輿善處鄉里卒年八十有九

蕭祚長誠一里人居心正直與人和易卒年八十有九

蕭國舉誠一里人居心誠篤與人交不欺卒年八十有二

田志正利正里人性好善七十生子八十有八弄孫卒年九十有三人以爲忠厚之報云

謝世安利正里人忠謹性成與世無爭卒年九十有五

弟世楨善氣迎人終身不出惡言卒年八十有九

鄭仕南元阜里人庠生悃愊無華謹守卧碑卒年八十有三

王啟文南門外人性純樸與物無競卒年八十有三子

宗彝歲貢生

熊學健城内白鳥巷人性豪爽喜張公道尤敬禮賢士卒年八十有三子鳳翽庠生工書

魯元坤卯峝司人居心忠厚敬禮神明卒年八十有六

陳文藻卯峝司人爲人正直樂濟貧困年八十二無疾而卒妻覃氏卒年九十有四孫嘉謨庠生大炳監生

鄒文虎字玉文誠一里人性樸實安分力農卒年九十有二

田朝琚悌恭里人事繼母以孝聞性剛直鄉里有事多

排解之卒年八十有一子雨芳庠生

姜敬一貞肅里人妻雷氏相敬如賓人言無閒姜卒年八十有六雷卒年九十有五

何映熙誠一里土堡人從九銜性樂易好施卒年八十子天曙庠生遠松武生孫修庠生

田仁傑元阜里人性耿直喜張公道卒年九十有二妻劉氏卒年八十有二

田鴻猷元阜里人嘉慶元年教匪入境出力剿賊與妻汪氏卒年均八十有六

朱榮富元阜里人貌魁梧膂力過人嘉慶元年剿賊手執百餘觔巨礟指揮如意賊畏之卒年八十有一

勞世魁城内白鳥巷人好讀書近賢士卒年八十有五

向正彬仁育里人好學能文見重鄉里卒年九十有五

勞豐潤世魁子也喜録先正格言至老不倦卒年八十有五

羅周道利正里人克敦古處卒年九十有一

王文貴元阜里人卒年百八歲原籍龍山或云山東人

劉明立元阜里人卒年九十有六

馬啟富元阜里人卒年九十有一
李正泰元阜里人卒年九十有一
莫子富元阜里人卒年八十有九
龔友諒元阜里人卒年九十有四
王國順西門外人卒年九十有二
周益盛城內人少孤貧常依拔貢張鎔家爲傭辛酉城破賊欲火其宅盛以死爭之賊怒截其鼻橫加炮烙哭且呼曰寧死不出此一步也賊義而釋之宅獲無恙卒年八十有二

張思緻誠一里人性耿直恤人困苦卒年八十有七子來儀庠生
劉孫榜貞肅里人直樸忠厚樂善好施卒年九十有三妻袁氏卒年九十孫登瀛武生
覃洪基元阜里人居鄉好排難解紛尤多方周濟遠來貧民族姓咸遵其約束終身未入公門年八十有一無疾而卒弔唁者無不泣下
彭明照悌恭里人爲人端方卒年八十有九
汪君相悌恭里人性喜交游卒年八十有九

楊萬才悌恭里人卒年九十有五
郭士鳳篤於鄉誼卒年九十有一
佘嘉會積學未售卒年八十有九
張紹信妻印氏卒年俱八十有九
閔子喬卒年九十有一
田敏悌恭里人通堪輿喜爲人言陰隲事乾隆丁未年與同里段學成修永壽橋卒年八十有二
張大賢悌恭里人卒年九十
黃世才悌恭里人耿介忠直事母孝卒年八十有四

張思鰲誠一里人天性渾厚卒年八十有二子峻己酉科選拔淡於仕進授徒養親博學能文兼精岐黃爲時名醫
王嗣貴悌恭里人存心忠厚凡有糴穀於其家者皆供餐飯卒年九十有五其子賢舉現年八十有三
劉勳詳誠一里人爲人耿直居鄉循分與世無爭現年八十有七孫萬選庠生
張廷桂勇敬里人性友愛兄廷松家法嚴肅桂奉命惟謹至老不衰現年八十有一妻魏氏卒年八十有一

舒心文孝原里人服覲四代現年九十有二
鄭玉明孝原里人嘗以古人忠孝逸事編成小曲時歌之以勸人現年八十有四
劉應璉元阜里人現年八十有二
唐世華元阜里人現年八十有六
蕭順祈元阜里人現年八十有四
蕭順交元阜里人爲人耿直現年八十有四
何顯經亨康里人現年八十有六子誠學六品軍功
張士福性耿介現年八十有七

張遠光信戊里人存心忠厚現年八十有二孫從益從賢俱從九
彭啟亨利正里人爲人樸實臨財不苟現年九十有三
譚萬順利正里人存心忠厚和睦鄰里門無詬誶現年八十有六
江世文利正里人與妻喻氏相敬如賓俱現年八十有四
向安朝仁育里人精岐黃時行方便現年八十
蕭道盛忠崇里人持躬正直喜張公道現年九十有二
覃述和亨康里人持躬直率厚卹親戚尤敬禮師長現年八十有五子樂中歲貢孫維藩維觀俱庠生
馬祖乾孝原里人性冲和終身無訟事現年八十有三精神不異少壯子五人輪流供奉均以孝聞
劉錦春智樂里人爲人溫厚和平現年八十有五
田啟祿勇敬里人以漁爲業現年九十有七
李成象孝原里人性和藹常以善言勸人現年八十有六
楊通茂悌恭里人持家勤儉現年八十有三

姜熊悌恭里人現年八十有二
田萬富現年九十妻曹氏現年八十有三
田萬才現年八十有一
田啟剛現年八十有八弟啟綱現年八十有七
王衍祥現年八十有二
瞿天壽現年八十有二
周時明現年八十有一
滕成彥元阜里人現年九十有三
佘蘭策元阜里人現年八十有七

壽婦

何劉氏湖南新化縣處士何萬位之妻性端嚴有丈夫氣夫故家貧攜五子大賢大貴大楨大寶大贊遷居來邑卒年九十是爲來鳳何姓之始

何汀氏誠一里何文龍之妻仁慈嚴肅好周貧乏卒年八十有三子藩直隸知縣樑雲南巡檢

王樊氏碧秋巷己酉拔貢廷弼之母癸酉拔貢煜之祖母端莊慈惠尊禮師儒卒年九十有二

曾劉氏青桐巷舉人有光之母性嚴毅閨門肅若朝

廷卒年八十有三

何胡氏誠一里庠生何顯標之妻性慈祥渾厚喜周貧乏卒年八十有九子映焜庠生紹本增生廣西巡檢孫天衢遠疇俱庠生　貤封孺人

張唐氏誠一里議敘縣丞張仕儒之妻善事翁姑卒年八十有四以子思儁貴　貤封孺人

張唐氏誠一里張仕陶之妻性賢淑克敦孝敬卒年八十有一子孫蕃衍列膠庠者代不乏人

張向氏誠一里六品軍功張仕柄之妻安徽休寧縣縣丞思九之母性樂施與不欲人知遇庶子猶已出其慈祥之性然也卒年八十有三孫浩庠生治歲貢生

覃王氏誠一里世襲雲騎尉覃庭中之妻庭中治家嚴厲氏以寬和佐之卒年九十子清和雲騎尉敬熙甘肅府經歷孫紹鼎福建府經歷紹彝陝西巡檢

張鄔氏拔貢張書紳之妻秉性和柔卒年八十有二子鍾廩生鎮庠生

彭伍氏彭文選之母卒年九十有四

滕陳氏元阜里人卒年九十有八媳楊氏卒年八十

匡曾氏元阜里匡士清之母卒年九十

田彭氏利正里彭興隆之妻卒年九十有六

陳楊氏智樂里陳德政之母庠生陳際盛之祖母卒年九十有一　眼觀五代兒女皆白髮繞膝

劉廖氏東門外劉之綱之妻卒年八十有九子大和大本

曾匡氏元阜里曾思祿之妻卒年九十有三

倪譚氏倪宗勝之妻卒年九十有二

鄧何氏貞肅里鄧仕學之妻卒年九十有一

張鍾氏城內彩耀街張潤澤之妻秉性慈祥樂周貧乏夫婦齊眉卒年八十有三子鎔拔貢生

官舒氏悌恭里官正清之妻湖南溆浦舉人舒習儀之姪女卒年八十有九

黃楊氏悌恭里人居心慈善卒年八十有九子世才

劉蔡氏勇敬里增生劉必芬之母性賢淑鄉黨奉爲閫範卒年八十有五

覃樊氏公安縣訓導覃旭和之妻慈善端莊現年九十有七猶能教孫女輩針黹

黃胡氏勇敬里監生黃廷秀之妻現年九十三子拱兄弟六人

楊舒氏利正里楊光鳳之妻年四十夫故有子六人女二氏撫養成立今子女皆登古稀氏猶康強現年九十有四

鄢熊氏鄢祖殿之妻現年八十有五無子有女適邑庠黎悅誠守節迎氏奉養之

楊鄒氏元阜里楊再祥之妻現年八十有六子正璧

湯鄒氏元阜里湯廷顯之妻現年九十有二子居勝居友

張劉氏誠一里土堡庠生鼎之母現年八十有二

程張氏城內白鳥巷程祥萬之妻現年八十有一

羅田氏青桐巷羅善朝之妻現年八十有二

曾劉氏元阜里曾祖兆之妻現年八十有三

譚蔣氏城內譚永良之妻現年八十有三

蔡馬氏元阜里蔡開榜之母現年八十有一

陳胡氏勇敬里陳鴻祥之妻現年八十有一

楊莫氏元阜里楊天祿之母現年八十有二

李莫氏元阜里李永康之母現年八十有二

楊鄭氏貞肅里楊光貴之妻現年八十有七

鄒姚氏元阜里鄒朝友之妻現年八十有二

陳饒氏元阜里庠生陳忠議之母教子有方現年八十

陳李氏悌恭里陳德崇之妻爲人賢淑現年九十有一子鴻翥庠生

唐姚氏悌恭里人現年八十有三子守懷

唐彭氏悌恭里唐成開之妻現年八十有六

唐黃氏悌恭里唐守敬之母現年八十有三

儲謝氏勇敬里儲尚青之妻現年八十有五

胡陳氏勇敬里胡盛寬之妻現年九十有二

古者論年以七十爲稀若耄若耋則稀之又稀矣豈非天下之難得而可貴者哉或由得天者厚或由調攝有方究之天人未嘗不相需也我

朝

聖聖相承錫福於庶民玉燭調而人無夭札宜閭閻同登

壽域者之多也

壽婦補遺

傅袁氏本城附生傅求仁之母卒年八十有二

李唐氏孝原里李萬章之妻現年八十有五子連登

來鳳縣志卷二十五

列女志

節孝貞女附

何吳氏誠一里老寨坪處士何顯模之妻乾隆乙未年夫故守節性耿介寡言笑舉動禮法自持年八十無疾端坐而逝嘉慶丙子年奉
旨建坊曾孫盛忠己酉拔貢澄瀾郡庠生

張陳氏城內白鳥巷處士張鴻謨之妻湖南長沙縣布衣陳湖山之女年十八夫故守節平居動必以禮居心

仁恕未嘗疾言遽色鄉里奉爲楷模道光七年奉
旨建坊子光燕歲貢生任荊門州遠安縣訓導議敘鹽課司提舉孫鑾應貢生候補通判鈞歲貢生候補訓導國子監學正銜鈒國學生候選縣丞鑾業儒

何蔣氏誠一里牛車坪生員何潭之妻嘉慶元年教匪入境潭罵賊遇害氏苦志守節卒年七十八道光六年學使王獎給節孝可風匾額子誠儒誠雅誠俊

劉李氏勇敬里庠生劉崇實之母年三十夫故守節義方教子鄉黨奉爲閫範卒年九十有七孫必芬增生翥庠生

莫楊氏元阜里莫啟臣之妻年二十六夫故守節卒年九十有九子文瀚孫勝松

向曾氏誠一里向仁瀚之妻龍邑庠生曾昌榮之女年二十五夫故守節卒年六十四子鴻猷增生

向胡氏節婦曾氏之娣向仁壽之妻龍邑庠生胡廷澤之女年二十二夫故守節卒年七十有三子述宗

向聶氏向仁溥之妻龍邑拔貢任辰谿縣教諭聶愈達之女節婦曾氏胡氏之娣也年十九夫故守節卒年七

十有三子述傳歲貢生道光六年學使王獎給三節鼎峙匾額一門三節邑人榮之

梁何氏誠一里武生梁慶亨之妻監生何文龍之女年二十九夫故守節無子繼夫族姪祖培爲嗣道光六年學使王獎給節孝可風匾額卒年七十有五

梁蔣氏誠一里梁祚華之妻年二十八夫故守節道光六年學使王奏請
旌表卒年八十有四子四

曾潘氏城內青桐巷歲貢生曾有典之妻年二十四夫

故守節躬親紡績艱苦備嘗卒年七十有四子曾貨字粹夫有雋才早卒

何劉氏誠一里土堡儒童何遠培之妻年二十夫故守節卒年三十子盛蘭

周姜氏城内周金鰲之妻生員周南之祖母

周胡氏周敉泰之妻生員周南之母兩世孀居冰霜共凛

劉魏氏年二十三夫故守節卒年七十有一

龍劉氏本城東門外龍雲之妻年二十九夫故守節卒年五十六

歐陽鄭氏監生歐陽紹裘妻夫早歿撫孤守節歿年七十有五學使王奬以額子祉與入邑庠爲名諸生皆母敎也

王郭氏王煒妻年二十三夫故遺腹生子懷曾撫孤守節年四十歲卒

鄒管氏鄒世澤妻年二十夫故撫孤守節卒年五十

徐陳氏生員徐世玠妻年二十夫故撫孤守節卒年四十有三子果

王潘氏生員王元弼妻年二十七夫歿矢志守節無子撫夫兄子煜爲嗣教之成立嘉慶癸酉科拔貢

徐樊氏本城白鳥巷徐世琨妻年二十八夫故守節卒年九十有三子桓孫煒前令王詳請

旌表

郭近華妻鍾氏

袁璋紹妻王氏

蕭添順妻段氏

周世楷妻湯氏

曾德煇妻楊氏

楊正衡妻石氏

朱相禹妻譚氏

顏大學妻陳氏

劉經綸妻張氏

向光連妻覃氏

張化仁妻郭氏

郭宏敎妻鍾氏

楊秀成妻邱氏

張黃氏城內白鳥巷生員張先烈之妻歲貢生黃鑒之胞姊嘉慶丙子年夫故守節年二十三卒年五十有九道光癸卯年奉
旨旌表

向覃氏誠一里茅草灘八武生向光朝之妻年十九夫故守節卒年七十有六子廷均廷衡

張王氏城內白鳥巷文童張承鑾之妻生員王啟選之女年十六歸張未周年夫病故矢志守節奉侍祖母孝順翁姑皆得其歡心無子撫夫兄鉞之次子爲嗣守節

十四年卒年三十子之澤業儒

何向氏誠一里土堡生員何誠孚之妻年二十五夫故守節撫夫兄映熙之子遠懷爲嗣守節二十六年卒年六十有一巡撫胡給志厲黃鵠匾額奏請
旌表孫盛世

何李氏誠一里老寨坪文童何遠程之妻年二十七夫故守節卒年五十有三子澄瀾郡庠生

何姚氏誠一里土堡文童何遜規之妻庠生姚際唐之姊年二十八夫故守節咸豐十一年避難龍邑之沙坪與次子盛棠媳蘇氏孫士吉同被賊焚死洞中時年五十有七

何李氏誠一里牛車坪何誠玉之妻甲午科舉人李鴻鈞之從姊年三十夫故守節卒年七十有六子鵬遠孫盛棠業儒

劉張氏城內寶慶街劉元伸之妻夫故守節現年六十有六咸豐十年巡撫胡獎給栢勁松貞匾額

張何氏亨康里望水堡國學生張有儀之妻貢生何顯榮之女夫故守節卒年六十有七子宗舜宗德宗杰

何張氏誠一里老寨坪處士何遠澤之妻遠安縣訓導張光杰之女夫品端行粹績學不遇卒時氏年三十守節教子現年五十有一子盛霖業儒

張何氏誠一里土堡儒童張宗銘之妻黔陽縣訓導何映焯之女年二十六夫故守節翁姑俱歿氏操持家務善視諸弟撫養孤子至於成立人無間言子光燦業儒

何鄧氏元阜里生員何顯達之妻年二十三夫故守節上事翁姑下撫遺孤均無所忝咸豐九年前令王獎給節孝可風匾額巡撫胡獎給寸心千古匾額卒年八十

有一子誠典孫遠䄻
鄧彭氏孝原里紅沙田鄧遠揚之妻年二十七夫故守節善事翁姑言動有法卒年七十有一前令朱奬給節著松筠匾額學使王奬給節孝可風匾額子玉棟玉梁府志作鄧張氏
張馮氏悌恭里杉木塘張同仁之妻咸邑歲貢生馮世璐之女年二十四夫故守節現年五十有三子居鎮孫光寶
舒黃氏悌恭里杉木塘舒心華之妻黃詩明之女年二

十夫故守節卒年七十有四子開位孫正連
舒余氏杉木塘舒開位之妻余克華之女年二十六夫故守節現年六十有七子正連孫大選
何張氏誠一里土堡監生何遠明之妻龍邑候補同知張廷輝之女年三十夫故守節荆釵布帬不出中門族黨欽之現年五十有一子盛鏞
李曾氏城內寶慶街李奇千之妻年十八歸李年二十四夫故守節子志斌甫四歲撫孤成立未幾子媳相繼卒孫超羣僅五歲氏又撫孤數十年零丁孤苦紡績營生後家稍裕猶躬親操作諄諄然訓子孫以勤儉忠厚為務現年九十有一曾孫元孫振振滿堂而步履强健耳目聰明天之所以報苦節者正未艾也學使王奬給勁節遐齡匾額巡撫胡奬給清操冰雪匾額前令王詳請
旌表曾孫清廪生
楊聶氏城內彩耀街楊加松之妻龍邑貢生聶方龍之女嘉慶丁丑年夫故守節無子撫夫弟如柏之子為嗣同治二年　旌表現年七十有三子大森

張夏氏城內白鳥巷貢生張光壽之妾年三十守節卒年六十有六子承嵐議敘八品
黎鄢氏城內白鳥巷庠生黎悅誠之妻年二十七夫故家貧苦節言笑不苟知府黃奬給節孝可風匾額巡撫胡奬給光昭彤史匾額同治二年奉
旨旌表現年六十有二子文炤業儒
姚向氏貞肅里老司城姚勝成之妻年二十九夫故守節現年五十有五子四
余覃氏誠一里苐草灘余先之妻年二十四夫故守節

卒年六十有四巡撫胡奨給清操冰雪匾額子學易孫
三千
田向氏孝原里儒學田振德之妻乾隆己亥年夫故守
節持家勤儉教子義方卒年六十有四學使茹奨給九
袠遺風匾額子瀛江優生孫世槐庠生
向覃氏利正里向金忠之妻年二十八夫故守節子學
熙早卒繼堂弟學恕之子正椿爲嗣現年六十有四
向何氏仁育里處士向正富之妻年二十五夫故守節
無子繼夫弟正貴之子爲嗣上事翁姑下撫孤子備嘗

辛苦卒年七十有六學使汪奨給節孝可風匾額巡撫
胡奏請
旌表子國璽孫肇修恩貢生試用訓導
楊王氏亨康里楊王紀之妻年二十八夫故守節無子
繼夫兄之子逢舉爲嗣上侍孀姑下撫孤子四十餘年
無異卒年八十有二
向田氏智樂里向振之妻田茂林之女年二十歸向生
一子夫故年二十有三夫有弟穉而愚翁恐氏青年難
守哭子慟幾廢飲食氏拭淚慰之曰子雖亡媳卽子也
叔雖穉媳卽兄也老人何重傷爲翁姑喜以家政悉付
之氏經理家務井井有條撫諸姪男女不異己出至婚
嫁時始知氏爲伯母云子一孫五暄玉從九品軍功議
敘六品和玉庠生
張蕭氏勇敬里張聖楝之妻楝年老敬事無違嫁十載
生一子而楝卒氏矢志守節假作男妝貿易於市人莫
之知卒能撫孤成立遠近稱奇女子焉
周鍾氏勇敬里周芬信之妻年二十三夫故守節教三
女以貞淑聞

向田氏亨康里向興庠之妻嘉慶元年匪變庠隨前令
莊禦賊遇害氏孀居守節學使朱奨給節孝可風匾額
子學詰
莫黃氏元阜里莫勝官之妻年二十六夫故守節現年
七十有八孫聰林
李潘氏城內鳳儀街李安佑之妻年二十四夫故守節
子邦植甫八月家貧撫孤年五十一子卒媳嫁孫定松
甫三歲氏又撫養成立卒年八十有四
陳龍氏孝原里陳茂貞之母年三十夫故守節事親教

子皆盡其道現年九十有一
李黃氏貞肅里李思芳之妻年二十四夫故守節子四歲撫養成立治家有法卒年八十有三孫太玉監生
王金氏卯峝司王　　之妻年二十三夫出遊不歸氏傭工度日苦志守節現年八十有二
向李氏貞肅里百戸庄向安時之妻年二十四夫故守節子士和方六歲氏撫養成立卒年七十有六
伍何氏城內青桐巷伍華琪之妻年三十夫故守節家貧子幼艱苦備嘗人無間言卒年九十有三子典孫開

瓊
朱劉氏城內鳳儀街朱愛泰之妻年二十八夫故守節期年後念遺孤無人約束攜回原籍江西高安縣依其宗族居十八年子成立授室仍回來邑族中高其節贈二百餘金卒年八十六眼觀四代無疾而終子文經
吳盧氏誠一里吳拔華之妻年二十九夫故守節卒年八十有一
吳劉氏節婦盧氏之媳吳仕炳之妻年二十八夫故守節卒年七十有七

王蔣氏王乾春之妻蔣耀彩之女年三十夫故守節現年七十有二
覃田氏元阜里峽口寨覃昭和之妻道光己亥年于歸甫月餘昭和出遊山東久而不歸氏家赤貧事奉翁姑生養死葬能竭其力撫夫兄子華元爲嗣華元臚堂兄紹鼎赴福建邵武府經歷任病故氏紡績度日貞心不改現年五十有三辛酉秋髮賊入境氏避難山中將先人手抄族譜草稿載之行篋覃氏家譜不毀於兵燹者氏之力也

鄧李氏貞肅里鄧宏景之妻年二十夫故守節教子義方族里無間言現年六十有二子學
沈胡氏元阜里沈必奇之妻胡方學之女年二十六夫故守節現年七十有九子二
周楊氏貞肅里周宗臣之妻年二十八夫故守節撫二子一女持家勤儉教子甚嚴子祖岐
沈劉氏元阜里沈必顯之妻劉玉珍之女年二十八夫故守節現年七十有八子五
李覃氏誠一里李應隆之妻覃述祥之女年二十六夫

故守節冰霜凛凜家無間言現年四十有五
洗顏氏元阜里洗必壽之妻年二十四夫故守節現年
八十
何鄒氏元阜里何誠珏之妻年三十夫故守節善事翁
姑治家勤儉卒年六十有一子遠照遠佑庠生遠彰遠
達俱太學生孫盛林
陳李氏元阜里陳艮玢之妻本邑李世勝之女年二十
八夫故守節事奉翁姑克盡孝道前令王詳請
旌表鄂撫胡獎給柏舟矢志匾額現年六十有八子昌蘭

昌元昌榮
譚段氏仁育里譚光鳳之妻年二十七夫故守節善事
翁姑教子義方前令王詳請
旌表子昌毓
向田氏忠崇里處士向文珂之妻年二十二夫故守節
卒年六十有四
向田氏仁育里向化鯤之妻年二十九夫故守節上事
翁姑下撫孤子克盡其道卒年六十有二同治二年邑
紳公請
旌表子蔭槐監生
滕張氏仁育里滕仕貴之妻張君義之女年二十七夫
故守節家貧親老獨力支持現年六十有三
吳李氏誠一里吳家祥之妻李應科之女年二十二夫
故守節善事翁姑克勤克儉咸豐七年病故翁姑痛哭
幾於喪明
張宋氏誠一里土堡庠生張煥奎之妻宣邑宋祚齡之
女年二十八夫故守節持家勤儉能知大義族黨稱賢
子光觀光耀

楊虞氏誠一里楊再義之妻年二十四夫故守節卒年
五十有六子承賢孫先進
李吳氏勇敬里李定華之妻年二十二夫遠出不歸矢
志靡他繼夫兄子安貞爲嗣孝事孀姑勤撫繼子卒年
六十有五鄂撫胡獎給截耳風高匾額
田覃氏田　　之妻處士覃豐基之女年二十歸田無
出繼亦不育夫故乃以夫前妻之女妻其母家胞姪覃
述虞移與同居紡績營生勵志守節每逢春秋設祭田
氏祖先及其夫終身不衰卒年七十有二學使王獎給

砥節懷清匾額
田覃氏處士田隆江之妻年二十二歸田三載夫故守
節無出繼夫姪爲嗣卒年五十有二學使王奨給節孝
可風匾額
黃李氏孝原里黃光隆之妻年二十四歸黃剛百日夫
故逾數月生子矢志守節撫孤成立嘗訓其子曰幸而
子生孫孫又生子非我堅操烏有今日爾輩待人須存
忠厚持家宜務勤儉當體我心無違所訓卒年八十有
二鄉鄰咸以女中君子頌之

葉饒氏城內寶慶街葉建清之妻監生饒建康之女年
二十八夫故守節厚重簡默善事翁姑現年六十有一
子相椿
覃田氏元阜里文童覃懋和之妻年十九夫故守節繼
夫兄旭和之子殿元爲嗣撫養成立娶媳劉氏生子運
昌三年而殿元卒氏又撫孫運昌既成立娶孫媳陳氏
生子鑒三年而陳氏又卒又撫曾孫鑒成立卒年七十
有八前令王詳請
旌表

覃莫氏元阜里覃運煌之妻年二十一夫故守節善事
祖母勤勞不倦現年四十有六
潘周氏誠一里潘必崐之妻年二十八夫故守節家赤
貧紡績度日事姑撫孤交盡其道現年七十有四孫交
煥湖南軍功
鄒龔氏元阜里鄒廣俊之妻年三十夫故守節治家勤
儉秉性嚴介學使王奨給砥節懷清匾額卒年八十有
七子朝松武生
李蕭氏勇敬里李文元之妻年二十七夫故守節撫孤

奉姑孝慈兼盡前令王奨給清節不磨匾額詳請
旌表子道亨謙亨
周黃氏勇敬里周福章之妻年二十七夫故守節身帶
重病侍奉甘旨未嘗稍懈人以爲難子元忠元利
楊向氏誠一里楊再榮之妻年三十夫故守節克勤克
儉里無間言現年四十有六子正明
李邱氏勇敬里李宏芳之妻邱法智之女年二十八夫
故守節善事翁姑義方教子現年六十有四前令王奨
給儀型閭閾匾額子昌燕孫春圃

譚張氏誠一里譚善祥之妻年二十五夫故守節現年
五十有一子正福正星
徐何氏誠一里徐壽中之妻年二十九夫故守節現年
五十有七子青松
李鄧氏誠一里李應舉之妻年二十九夫故守節無子
撫夫兄之子爲嗣
鄺平氏勇敬里鄺衍昌之妻年二十三夫故守節事親
撫孤凡苦節七十二載卒年九十有五壽近期頤節孝
兩全人以爲異子文達

鄺王氏節婦平氏之媳鄺文達之妻年三十夫故守節
子方幼稱氏上事孀姑下撫藐孤凡苦節六十四載卒
年八十有七子國高
鄺祁氏節婦王氏之媳鄺國高之妻年十九夫故守節
菽水承歡冰茶茹苦克嗣徽音凡苦節六十四載卒年
八十有三子廷選孫光書前令王詳請
旌表巡撫胡奬給三代懷清匾額
向田氏亨康里向正綬之妻年二十二夫故守節現年
六十有五子明遠武生孫鎔訪

王范氏信茂里王邦達之妻年二十九夫故守節其姑
孀居年八十餘家僅小康子幼獨力支持値荒年埋齒
掩骼不少吝至今眼觀四代現年八十有五
張鄔氏城內廩生張錸之妻年二十九夫故守節上侍
孀姑二十餘年無少懈卒年五十六無出撫夫堂兄鎔
次子爲嗣子夢松業儒
程夏氏城內程星齊之妻年二十夫故守節家貧事姑
撫孤孝慈兼盡現年五十有七子雲藻孫海清
張鄭氏忠崇里張君㫖之妻家故貧得氏內助衣食稍

裕生一子一女而㫖卒氏年二十五人以青年子幼有
勸其再醮者正色拒之日課耕作夜勤紡績卒撫孤成
立計苦節七十餘年卒時壽登百歲眼觀五代學使王
奬給砥節懷清匾額咸豐十一年詳請
旌表
向田氏悌恭里向光雅之妻年二十歸向歲餘雅卒氏
痛哭幾不欲生因念夫爲翁姑鍾愛不忍重傷親意含
哀守節媳供子職備極孝養佐兄嫂操持家務待諸姪
如已出族黨稱賢淑焉以兄子煊之爲嗣入武庠現年

五十有四前令王詳請

旌表

潘賈氏利正里紅巖堡潘世耀之妻年二十六夫故有勸之改嫁者氏正色曰婦人女子以節爲重況堂上翁姑老矣忍心他適乎事遂寢事翁姑十餘年順意承志後翁姑相繼卒氏盡哀盡禮雖孝子不啻焉現年八十有七子學淵補龍山庠生

施任氏利正里施秀仁之妻年二十六夫故遺腹一孕三子賀客盈門以爲人瑞氏上奉二親下撫三子茹蘗

欽冰人無間言現年五十有四子俱成立堂上番番白髮氏親具甘旨猶朝夕問起居不衰焉子啟禴啟壽

彭張氏系利正里彭清雲之妻年二十八夫故守節事翁姑以孝聞族人賢之現年七十有二子芝蘭

田莫氏利正里田逢明之妻年二十九夫故守節有五子俱幼氏養親撫孤勤儉治家十餘年不倦翁姑繼沒盡哀盡禮鄉黨稱道不衰現年八十有二子永貞庠生

謝文氏利正里謝定相之妻年二十七夫故守節無出繼夫弟定忠之子爲嗣延師教讀督課甚嚴現年六十有四

莫劉氏利正里莫遠明之妻年五十七夫故守節事翁姑克孝教子義方卒年七十有五子可炳可才可魁可蔚

彭向氏利正里彭清貴之妻年二十五夫故守節無子撫夫弟之子廷芳爲嗣持家勤儉教子義方卒年六十有五

陳謝氏利正里陳仕星之妻年二十五夫故守節門衰祚薄無伯叔可依氏義方訓子遇正人則命親近之遇

匪人則令遠避之居恒紡績不輟卒年五十有四子廷乾廷坤

彭田氏利正里彭永清之妻同里田耕心之姑母年十七夫故守節無子撫夫兄子宗選爲嗣素嫺姆訓事翁姑極孝治家嚴整有法子弟咸敬憚之卒年五十有八

周戴氏利正里周希齡之妻適周四載翁卒夫遠遊不歸姑以家貧憫其青年無子囑令他適氏不忍離顧姑績終養誓無他志侍奉庭闈三十餘年如一日姑卒年八十有二氏典簪環以爲殯斂之具守制如禮人以爲

難現年六十有三

李鄒氏元阜里李永錫之妻年二十六夫故守節有遺腹子矢志撫孤秉性嚴峻治家勤儉現年五十有四子茂棠

顏楊氏勇敬里顏如玉之妻生一子一女如玉卒氏年二十三矢志守節未幾子殀先是兄弟皆析居遠徙氏獨留事二親生養死葬必竭其力現年六十有七

張唐氏誠一里張思永之妻年二十九夫故守節卒年八十有九子有恒孫宗桂宗書

楊陳氏孝原里楊勝忠之妻年二十七夫故守節孝養翁姑族黨敬服現年五十有三

向楊氏向日韜之妻年二十四夫故守節一子方半歲撫孤子事翁姑和宗族皆盡其道幽靜自守足跡不出中門

姚向氏姚勝成之妻年二十七夫故守節持家勤儉鄉黨欽服現年五十有五

戴王氏城内青桐巷文童戴希逵之妻監生王廷秀之女年二十七夫故守節先富後貧以針黹營生艱苦備嘗冰操益厲現年六十有四子蓮生

何伍氏亨康里何誠茂之妻年二十四夫故守節安貧茹苦不出中門有宋共姬之風卒年五十有九

陳鄒氏智樂里陳德芳之妻年二十九夫故守節卒年四十有四子家壽家聲俱業儒

貞女

田貞女父母早卒遺姪惟艮女矢志不嫁撫之成立

李貞女元阜里陳家灣李明祥之女幼許字同里鄒朝煥未嫁而煥卒女年十三矢志守貞父母嚴責善勸志

益堅平居閒靜少言喜讀女四書年二十一父卒朝夕依母不出中門年四十四母病期年親調湯藥衣不解帶咸豐十一年七月母卒九月髮逆突至舉家避紅巖溪洞中夜半聞喊聲烟焰四起謀逃宣邑突遇賊兄弟衝散賊欲脅之行拚死不從身受七傷賊以爲死遂去越四日家人尋至僅存一息舁至趙家山調養半年始愈先鄒姓族中以貞女矢志守節議以朝煥堂姪明堂繼爲嗣屢欲迎養以父母終養爲詞茹苦含辛幾四十年清操靡他現年五十有一有孫男四長學淵業儒

王貞女誠一里白楊坡王齒一之女王顯棟之妹父早逝家貧母多病女願終身不嫁以奉母未幾顯棟亦卒女同嫂操持家務撫養遺孤迄於成立年六十有餘白髮鬖鬖里中猶以王大姐呼之云

劉貞女字月秀忠崇里劉光與之女賦性幽閒幼失恃父娶晚母貞女曲意承順年及笄姑母胡窺女賢淑欲謀作媳與不允姑遂使無賴子賴婚圖害幾致構訟女恐父母遺罹願終養二親誓不嫁事遂寢後兄弟分炊亦不取父母家貲日勤女紅數十年積金數百復以爲

二老養生送葬之資兄弟分多潤寡亦不吝焉嘗閑坐爲儕輩曰吾爲善今世造福來生故終身茹素而周急救難不衰年六十餘無疾而卒

人生祇有義命二字命則聽其在天義則盡其在人此固士君子之所難能何物老嫗生此寧馨始則制情以解紛排家難於一言之頃終則克巳以敦倫全大義於解囊之際其居心行事豈不光明磊落從容中道也哉之子于歸言秣其馬貞女堪持贈焉噫沅芷湘蘭偏鍾閨閣何哉

向貞女勇敬里向文漢之女幼許字同里彭氏未嫁彭氏子客死父母欲令他適女不可曰從一而終女之道也今雖不幸義可背乎誓守貞不字父母繼歿與其弟別院居撫其姪姪卒又撫其姪孫今年七十餘猶凛凛如昔

王孝女王煥之女年十九未字其祖父篤疾女衣不解帶者經年祖父歿女以積勞成疾亦相繼歿

袁孝女字繡貞貞肅里袁以恕之女恕早卒兄善誘業醫以貧故常遠出母杜氏多病侍女爲侍養幼許字何

氏嘗泣告兄曰吾願在家養母不願適人兄漫應之及長何求婚女遂剪髮斷葷以矢志何察其志堅聽之適有女尼來其家女謝之曰吾性愚昧不知因果惟知有母當孝願以後勿相溷自是深自韜晦雖親戚罕見其面事病母三十年甘旨無缺溫清無間現年四十有六

節孝補遺

姚楊氏悌恭里姚華祿之妻道光二年夫故守節時年二十有八事翁姑克孝卒年六十有九

陳青氏悌恭里陳增榮之妻嘉慶七年夫故守節時年十九家極貧苦上事翁姑下撫孤子毫無怨言卒年七十有四歲子人忠

姚楊氏悌恭里姚秀慶之妻年二十有八夫故守節事翁姑克孝現年七十五子華鈞華誠

舒姚氏勇敬里舒朝錦之妻年二十有八夫故守節撫

孤貧苦不渝現年八十一子國華

張徐氏誠一里張光漢之妻年二十夫故守節現年五十六子祖序

彭王氏元阜里彭宗元之妻年二十有二夫故守節家雖貧事姑克孝現年六十三子興華興綵

褚孫氏勇敬里褚以道之妻年二十有九夫故守節前縣王公筱華詳請
旌表現年七十四子金相業儒

彭黃氏本城彩耀街彭光華之妻年二十有八夫故守

節前縣王公筱華詳請
旌表現年六十六子永煇永煌

列女志

節烈 烈女附

龍趙氏龍民貴之妻夫外出惡少潘某入其室欲犯之不可脅以刃氏大呼惡少懼遂刺殺之事在乾隆三十五年邑宰廉其實誅惡少請　旌烈婦建坊邑東門外

蕭唐氏誠一里三官坪蕭運喜之妻龍邑謝家壩人生一子家貧善事翁姑得其歡心翁姑繼歿家益窘其夫利某財私嫁氏迎有日矣氏知之泣勸不允遂携子謁

翁姑墓痛哭半日方甦歸自縊死鄉里莫不嗟歎其烈此道光初年事

譚羅氏北門內稱匠譚有福之妻年二十九無子一女方週歲福病故朝夕痛哭有勸其改醮者面斥之福有胞妹在宣邑板栗園往投焉忽一日寄女於妹奔回遍告諸戚隣曰吾夫死家貧終難了局也不數日服毒死街鄰助金葬之時同治四年閏五月初三也

明瞿氏智樂里明進祿之繼妻祿夙嬰惡疾咸慮其不能安氏殊坦然朝夕侍湯藥不倦越六年夫卒遺孤方

五歲晝夜哀泣人百計勸之不輟一日[illegible]悲曰吾命盡矣將從吾夫地下矣未幾自經死時方盛暑三日就歛猶凜凜如生

蕭王氏誠一里牛車坪蕭振理之妻事翁姑曲盡孝道咸豐辛酉髮逆犯境理舉家買舟避難至鯉魚塘賊夜突至理負母逃氏被擄不從遂與子德松長女慈姑次女曉雲三女卿雲同投水死 烈女附見

熊鄭氏南門外熊宗安之妻辛酉髮賊犯境與烈婦蕭王氏同船避賊賊突至執刃逼從氏不勝忿罵遂擄女

玉枝投水死 烈女附見

夏熊氏南門外夏啟盛之妻自賢之母辛酉秋髮賊入境賢攜家避難龍邑安息營賊突至大肆搜括擄掠婦女氏携幼女墜懸崖死時年五十有八女亦折左股賊去叔啟華尋至移日方甦

朱姚氏南門外朱大忠之妻姚學文之女年二十髮賊破城避難元阜里白崖洞被賊虜不從投井死

朱唐氏南門外朱大朋之妻烈婦朱姚氏之嫂年二十八同避難白崖洞朋被擄氏出望夫被執痛哭罵賊自

投水田中不死賊殺之
顔禹氏本城白鳥巷顔本富之妻年二十八避賊於龍邑白崖里賊猝至夫婦被虜氏紿賊曰釋我夫與子卽從汝行賊信之私謂夫曰君速行勿顧我當不忍捨遂偕行焉沿途防範甚嚴氏不得脫比至清泰門賊防稍懈氏抱子投井死
何黎氏誠一里土堡人何遠垣之妻庠生黎悅誠之女辛酉九月賊入境氏促其夫攜子女速去夫方踰垣氏卽投井死同治元年城克復其夫歸舉屍於井面如生

子盛梅盛槐俱幼
周李氏本城白鳥巷周煥景之妻李順琢之女辛酉九月賊陷城氏從夫逃行至龍邑茅塲坡賊忽至氏見夫被虜投水死時年二十有一
黄姚氏本城碧秋巷歲貢生黄鑒之妻辛酉賊陷城避難龍邑正南壩饒姓宅其壻家也饒先盡室行惟一老嫗在後正傍徨間賊已至老嫗被殺氏大罵賊怒腰斬之血濺碓杠至今猶痕跡宛然時年六十有六子康祿
何鄧氏字玉姑元皂里文童何遠裕之妻事翁姑孝姑雖繼母待之不啻所生辛酉髮賊入境氏偕姑同匿石洞中賊至姑投巖下氏隨之未死賊持刃刺姑氏以身衛曰願代姑死賊拽之恨極咬賊指筋骨盡碎賊怒以刃刺其心死賊去其夫及翁尋至姑尚能言泣曰媳不護我不死賊手世上難尋此孝媳當以大棺葬之不數日姑亦死
唐何氏字恩姑孝原里文童唐世官之妻年二十二夫故守節辛酉賊入境氏避難大溝毋家偕弟婦烈婦玉姑匿山穴中賊搜至脅之去氏卽捨生墜崖下賊扶之

氏罵不絕口賊怒甚割其舌旋殺之其父收其屍與玉姑合葬焉
田李氏貞肅里人田壽華之妻年二十八辛酉賊入境扶姑避難遇賊被擄沿途罵賊賊割其唇舌猶罵不絕口行至龔家潭投水死屍沉水底越五日屍浮出顔色如生
文向氏貞肅里文光壁之妻年二十二辛酉九月遇賊被擄脅之不從罵不絕口各邑扁叢躍身投水賊復以之屍淹三月不朽

吳廣氏誠一里後坡人吳國清之妻年二十二辛酉九月遇賊被擄行至接龍橋詐稱步履艱難欲橋上小憩賊防稍懈卽抱幼女投水死

任陳氏孝原里人任秉龍之妻辛酉九月與鄉鄰避難於海梁峰賊至被擄有女年及笄許同里向姓未嫁亦被擄至紅石坂氏不肯行罵賊賊怒碎身數段以死女亦不從亦被殺 烈女附見

李吳氏元阜里李順喜之妻辛酉九月遇賊以刃脅之行不從遂攜一子一女同赴溪水死

李王氏南門外李恒德之妻辛酉九月與其媳廷舉之妻簡氏避難咸邑金家洞賊入洞脅之行氏不從賊以火燔洞遂與其媳簡氏同被薰死孫世佑世順

徐鍾氏本城白鳥巷徐克家之妻鍾大縣之女家故貧時出貿易氏勤紡績善事孀姑和睦妯娌人無間言辛酉秋避賊龍邑桃子園突遇賊賊脅之氏詈罵不從賊亂刃劈殺之

王覃氏貞肅里人王代顯之妻辛酉九月避賊高崗賊脅之行大罵不從賊怒殺之年三十有五

覃何氏誠一里人福建邵武府府經歷覃紹鼎之妻在籍侍奉祖母辛酉九月避賊老利口賊至脅之大罵不從賊殺之

覃章氏覃紹鼎之妾與主婦同時罵賊賊殺之氣未絕旋自縊死

楊李氏南門外楊家豪之妻辛酉秋避賊龍邑毛坪遇賊被殺年二十有二

吳歐陽氏孝原里吳光合之妻歐陽華金之女素賢淑辛酉秋避賊匿荆棘中賊搜獲脅之行氏大罵以短刀

刺賊賊怒殺之

田陳氏字辛蓮孝原里田邦直之妻陳茂常之女善事翁姑辛酉賊入境扶祖姑匿山中賊尋至脅氏同行至老司坡投水死鄉人呼其河爲烈婦河

錢楊氏貞肅里錢正紀之妻與其子俱被虜賊逼之脅殺其子不從自縊死時辛酉九月

楊譚氏誠一里譚辛酉之女楊　之妻辛酉秋遇賊不從賊殺之於紅巖溪

吳楊氏貞肅里吳光和之妻辛酉秋髮逆犯境氏年二

十賊脅不從罵不絕口賊殺之

張劉氏誠一里張宗耀之妻辛酉秋遇賊不從賊殺之時年三十

何熊氏元阜里文章何士賢之妻邑庠生熊夢祥之女辛酉九月避難長嶺崗遇賊不從賊殺之

游張氏咸豐辛酉避賊於乾洞橋之河岸上岸高數百尋突遇賊賊牽氏衣氏怒力扭賊髮盡力一躍跌死岸下賊亦身碎而死

侯曹氏侯么之妻辛酉秋同夫及一幼子俱被賊獲夫

乘賊不及防抱子投霧虹橋下氏亦躍身投水從之死焉

李劉氏李文孝之妻辛酉秋隨夫攜子避亂田家溝賊至殺夫及子又欲脅氏氏怒罵賊亦殺之

戴熊氏誠一里土堡人戴廷輝之妻避難佛潭泊舟中流賊追甚急投水死

周步氏誠一里老寨坪農人周宏友之妻辛酉九月聞髮逆陷境恐身為夫累乃烹伏雌與夫訣別負一幼子同子婦馬氏走投簡家潭水中死

附

羅李氏羅某之妾故倡也頗姣好賊獲之喜甚至霽虹橋羣賊息足狎坐戲謔氏飛越石欄死於磵下以故倡而恥於從賊慷慨捐生可以愧世之甘受賊辱者矣

烈女

孫烈女父文登業儒乾隆二十六年溺死伏虎洞遺腹生烈女母改嫁周氏周歿母復不貞烈女年已及笄屢諫不聽怒加楚撻狂且欲併亂之引誘百端烈女遂投

北門外井中死時方盛暑越日出其屍面如生

周烈女勇敬里庠生周鼎之孫女幼許字陳氏將笄而陳氏子歿女悲泣幾絕家人勸慰佯諾之乘間赴池水死

何烈女字藤姑選拔何盛忠之女也辛酉避難元阜里長嶺崗賊突至脅之去不從賊殺之

何烈女字滿姑藤姑之胞妹同避難遇賊見藤姑被害大罵賊賊怒亦殺之

夏烈女誠一里夏朝國之孫女辛酉秋遇賊投河賊援

而誘之不從遂被殺

蔣烈女誠一里茅草灘蔣德崇之女年二十有三許字本城內劉忠永未嫁辛酉九月避賊龍山馬羅里遇賊不從被殺

鄒烈女字玉蓮元阜里白巖山鄒永桐之女年十六未字辛酉九月闔家避賊紅巖洞賊破之女祖母被焚母受重傷女泣罵賊欲脅女行女堅志不從從洞口奮身躍下墜死女母舅貢生何遠譽爲之立石以誌其事

先民有言慷慨赴死易從容就義難此有爲言之也

設身處地從容固難慷慨亦復不易禮不云乎飲食男女人之大欲存焉死亡貧苦人之大惡存焉至生逢不幸所惡有甚於死亡不惜殺身成仁以扶千古之綱常而存兩間之正氣此豈中材以下之所能哉來邑雖僻處山陬懷清履潔旣代不乏人至於辛酉之變捐軀殉難者復指不勝屈豈山川靈秀之氣鍾於閨閣者獨多歟抑關雎江漢之化其入於人者深歟何巾幗君子之多也推斯志也雖與日月爭光可也

烈女補遺

符烈女字貞姑元阜里符景星之女咸豐辛酉冬避亂龍邑石牌崗遇賊脅之行不從投澗而死時年十八

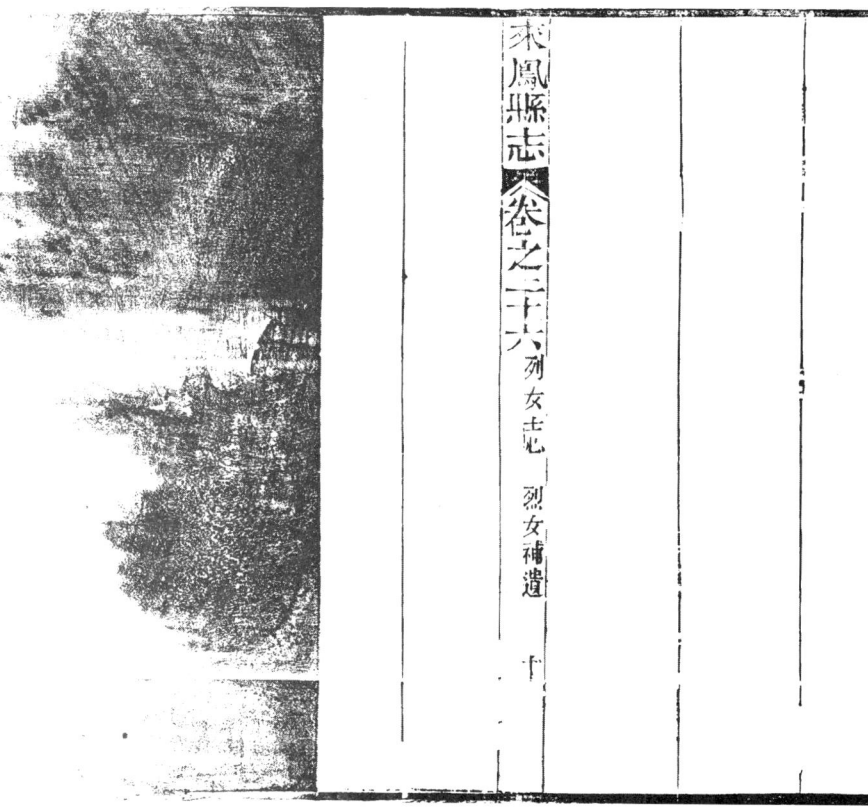

來鳳縣志

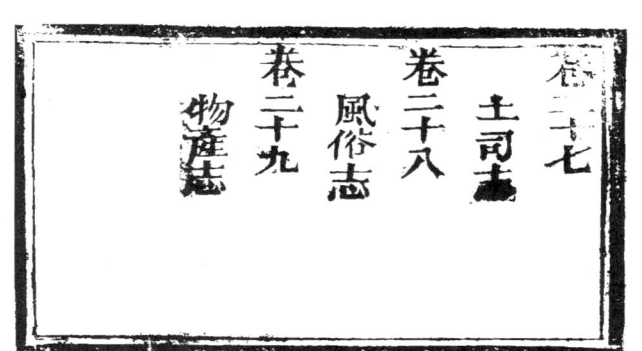

來鳳縣志卷二十七

土司志

總攷

緊古以來虞之有苗商之鬼方漢之西南夷介居雜處於五溪六詔之間保有疆土自相君長覘王朝德政之盛衰兵力之强弱以爲叛附由來舊矣自莊蹻王滇而秦開五尺道爲置吏之始及漢設都尉縣屬令自保就爲置郡縣之始唐初溪峝蠻酋歸順者世授刺史置羈縻州縣隸於都督府爲授世職之始宋參唐制析其種落大者爲州小者爲縣又小者爲峝其酋皆世襲宋室既微諸司擅治其土徧設官吏盡布籍屬威福自恣元置軍民府土州土縣設官如府州縣其法畧備前明踵元故事更與約束定征徭差發之法其官制每宣慰司置宣慰使司宣慰使一人從三品　同知一人正四品　副使一人從四品　僉事一人正五品　經歷司經歷一人從七品　都事一人正八品　每宣撫司置宣撫使一人從四品　同知一人正五品　副使一人從五品　僉事一人正六品　經歷司經歷一人從八品　知事一人正九品　照磨一人從九品　每安撫司置

安撫司安撫使一人從五品　同知一人正六品　副使一人從六品　僉事一人正七品　其屬吏目一人從九品　每招討司置招討司招討使一人從五品　副招討一人正六品　其屬吏目一人從九品　每長官司置長官一人正六品　副長官一人從七品　其屬吏目一人未入流　每蠻夷長官司置長官一人正六品　副長官一人從七品　土司之官凡九級自從三至從七皆無歲祿承襲必奉朝命其子弟族屬妻女若壻及甥之替襲胥從其俗洪武初西南夷來歸者以勞績之多寡分尊卑之等差而府州縣之名亦往往有之後定其制以府州縣等官隸驗封布政司領之以宣慰招討等官隸武選都指揮領之隸驗封者三百六十隸武選者一百三十有三漸爲宣慰司者十一爲宣撫司者十爲安撫司者十九爲招討司者一爲長官司者百七十有三其府州縣正貳屬官或土或流亦因其俗也宣慰宣撫等司皆設儒學教授從九品　訓導未入流　以流官爲之文武相維土流間用有相讐者疏上聽命於天子俾得謹守疆土修職貢供征調無相攜貳治蠻之法無逾於此迨至我

朝畏威懷德未及百年莫不輸誠納欵改土歸流不惟湊唐而還無此雅化亦豈有虞之文教成湯之撻伐所得比隆者哉各司裔復沐
國家浩蕩之恩畀之田房妥爲安置並予以千總把總世襲其職則念其舊勳恤其後裔者不可爲不厚矣原土司之在來境者凡七曰散毛曰大旺曰東流曰臘壁曰卯峝曰漫水曰百戶其族姓凡三曰覃氏曰田氏曰向氏綜其本末詳爲志之不惟世職之子孫不至數典而忘其祖亦見我
聖朝厚澤深仁淪浹遐荒所以宏六合無外之規而享萬年有道之長也

附考土司印俱直紐九疊篆文

宣慰司銅印方二寸七分厚六分
宣慰司經歷銅印方二寸一分厚三分
宣撫司銅印方二寸五分厚五分
宣撫司經歷銅印方二寸二分五釐厚
安撫司銅印方二寸四分厚四分五釐
招討司銅印方二寸四分厚四分五釐

長官司銅印方二寸二分厚二分五釐

散毛司

墨來送覃姓譚子之後齊侯滅譚譚子奔莒遂去言爲覃梁有覃無克覃元先唐有覃行璋覃光佃皆其裔也來境原七司散毛爲長墨來送其始官之祖土人謂天曰墨謂天來送也爲唐貞觀安撫使遞傳至宋

按覃氏宗譜稱爲炎宋時人仁宗元祐間隨狄青征儂智高記聞異辭附存備考

覃野毛宋仁宗朝加散毛宣撫使司世襲其職

覃文猛神宗熙甯九年州峝蠻長覃文猛覃彥霸各以其地歸版籍

覃汝先不仕隱居陝西南鄭縣生二子長伯堅次伯圭受世職征四川吳巇有功俱授行軍總管伯圭之後爲毛嶺司

覃伯堅汝先子襲征九溪十八峝蠻加都督軍民之職卒贈左僕射光祿大夫任施州柳城

覃諸子伯堅子襲

勾答什用元世祖本紀至元三十年四月師壁散毛峝

及各什用等四人各授蠻夷官賜以璽書遣歸

按師壁峝卽神壁司其舊地今爲散毛關前時或屬散毛或倂入散毛官秩世系均無可攷惟至正十一年載師壁峝土官田驢什用盤順府土官墨奴什用降立長官司一條見元順帝紀餘則僅見峝名而巳

覃順世祖本紀至元三十五年五月散毛峝主覃順等來貢方物陞其峝爲府

覃野王元文帝紀至順三年四月壬寅四川師壁散毛蠻速出三峝蠻野王來貢

覃全在元順帝紀至正六年七月丁亥散毛峝蠻全在叛招降之立散毛誓崖軍民宣撫司

覃野旺明土司傳洪武五年散毛宣慰司都元帥覃野旺上僞夏所授印

覃起剌明土司傳洪武十七年散毛沿邊安撫司安撫野旺之子起剌來朝命爲本司僉事

覃構酉陽志洪武二十五年散毛司覃構部落向天富等作亂朝命藍玉討之調酉陽土兵一萬三千人隨征散毛平以附近九霝地歸酉陽以黔江之酉陽司爲界

覃友諒永樂二年復設施南散毛二長官司先是洪武初諸土司長官來降者皆予以原官蠻苗異面兒之難諸土司地多荒廢長官亦罷承襲至是故土官之子覃友諒等以招復蠻民請仍設治所以其戶少降爲長官司隸大田軍民千戶所以友諒爲散毛長官覃添富爲施南長官四年改施南散毛仍爲宣撫司以友諒添富來朝故也土司傳　永樂五年賜印帶宣德三年以東流臘壁沙溪隸焉

覃瑄正統三年試職詳控制

覃本林瑄子襲景泰元年貴州羣蠻作亂圍平越按察御史黃鎬乞援於朝上命都督方瑛會湖廣總督侯璡率散毛司領附近土司合兵剿之本林破二百八十餘寨縛其酋以獻封都督元帥

覃顯宗本林子襲事母至孝母病躬侍湯藥日夜罔懈居喪哀毀骨絕數次遠近稱爲孝子

覃斌顯宗子襲天順三年貴州東苗于巴豬攻都勻諸衛同都督方瑛擒之送京師封鎭遠將軍

覃國珍斌子襲成化二年從王師討靖州銅鼓五開武岡

諸蠻克八百餘寨授世襲都督元帥
覃棨（國珍子）襲覃譜作啟正德四年入貢賜蟒衣妻封夫
人八年以事革去都督元帥宣撫世襲如故　舊衛志
嘉靖中土寇黃中叛既平議設兵備駐棨隆慶二年李
堯德以車駕副郎任湖廣按察使司僉事駐棨施州衛
捕治黃中族黨誅散毛宣撫覃棨施南宣撫覃任
覃玉鑑（棨子）萬歷二十八年隨總督李化龍平播有功封
鎮遠將軍世襲賜印
覃可達（玉鑑子）襲

覃靑霄（可達長子）襲無嗣
覃翀霄（可達次子）襲兄職
覃勳麟　國初襲散毛宣撫使康熙時從大兵平吳逆
授鎮遠將軍印沙溪六崗等處屬焉麟秉性剛方隣司
畏憚容美司約擊永順司勿許勒兵擊之麟固守官寨
容美兵圍月餘水涸麟禱於天大雨容美兵感服而退
覃鴻基（勳麟子）襲
覃烜（鴻基子）襲雍正十三年率屬歸誠繳宣撫使印給予
千總世襲撥給漢陽孝感田房安插無嗣大憲題請其
弟璠承襲固辭蒙允扶兄櫬回籍

大旺司

驢蹄什用田姓有媯之後也元夏時世襲大旺宣撫使
加兵部侍郎明洪武四年奉調征川兵部侍郎如故總
理諸司二十五年又奉調率副將向天富征川病故年
七十三歲
田應龍（驢蹄子）襲先代父職征川永樂五年同胞弟見龍
副將向天富入貢引見領節字四十號銅印一顆卒年
六十七歲

田敬（應龍子）襲成化十一年卒年七十七歲
田友富（敬子）襲宏治八年卒年五十九歲
田政（友富子）襲正德六年從征四川江津縣七年四川順
慶保甯縣流賊反詔令討之時政抱病以長子大勝次
子大貴代征賊平以大勝代父爲宣撫使大貴封將軍
嘉靖三年卒年八十一歲
田大勝（政子）襲嘉靖十五年卒
田清（大勝子）襲嘉靖三十六年從征麻陽草子坪隆慶四
年征覃璧六年卒

田養民清子襲萬歷二十七年總督七省軍務李命參將王一貴本衛掌印唐一麟調養民征靖播酋養民剿破板角關三十四年卒

田得玉養民子襲天啟二年自備兵三百名從部院蔡平水西安酋崇禎十二年卒

田永豐得玉子以安撫司職世襲　國朝初襲如故順治六年卒

田安國永豐子豐卒時安國僅一歲胞叔永爵代任視事康熙五年請換印信八年領印一顆十二年安國漸長

始襲職爲安撫使十九年卒

田玉安國胞姪康熙十九年襲四十二年以罪罷職

田正元康熙四十三年襲雍正十三年改土歸流徙孝感縣安插世襲千總

東流司

田銘前明襲長官司

田獻章　國朝順治初爲東流長官司

田玉璧獻章子襲

田興仁玉璧子襲

田堯封興仁子襲雍正十三年改土歸流堯封徙孝感縣安插世襲把總堯封故子邦榮襲

臘壁司

田大旺田氏家譜作田大旺送元至元三十年明玉珍據蜀時授安撫參政辭疾不就明洪武二年以安撫加車騎將軍隨大將軍徐達常遇春徇下山東繼克西蜀又勦平洞蠻向天富之亂卒葬宣撫山

田興永樂四年命本司舍人田志送向朝虎招復潰散蠻民三百家宣德三年進京朝貢奉旨世襲長官司賜

湖字三百一十八號銅印一顆同司正統十三年卒

田耳毛送正統十三年襲天順七年卒

田大吉襲宏治三年卒

田禎襲正德六年奉調本司兵三百名征四川江津縣賊七年復調原兵征四川寶甯賊俱有功蒙賞十三年卒

田大金襲嘉靖二十一年卒

田奎襲嘉靖三十六年調征麻陽柑子坪喇耳山賊隆慶四年復調征金峒司覃璧俱有功萬歷元年卒

田宗堯襲萬歷四年卒
田洪襲萬歷三十三年卒
田秉龍襲萬歷三十七年調征叛苗有功陞宣撫使勅建牌坊崇禎十二年卒無子
田祿龍襲兄職永歷八年卒
田萬鍾祿龍子未襲職病故
田琦明永歷八年襲祖職 國朝順治初以琦爲臘壁司長官司康熙元年給予康字一千八百一十六號印信二十三年卒

田朝桂琦子襲康熙五十一年卒
田俊德朝桂子雍正三年襲本年卒
田封疆俊德子襲雍正十三年改土歸流徙孝感縣安插世襲把總賜田四百石後陞廣東督標守備乾隆五十九年還鄉省墓卒於臘壁司衙院葬鐵家坨孫受乾襲

卯峒司

向貴什係出將軍向寵蜀漢時分鎮荆南歷傳至元世授軍民宣撫使明初以兵三千從中山王徐達掃除羣雄洪武六年仍授世襲軍民宣撫使賜工字七號銀印一顆
向喇喏貴什子永樂七年襲隨貢方物成祖以其勤政興學撫綏有道加授撫夷將軍御賜書一函歷任二十七年
向那吾喇喏長子正統元年襲四年調征兩廣卒胞弟向僉俾向落俾等攻貴州崖連破虎頭關飛雲寨賊平賜蟒衣向僉俾給總理劄付向落俾給僉事冠帶劄付歷任二十二年
向大踵那吾子天順二年襲六年調征貴州苗有功賜節鉞七年加飛魚服色歷任三十三年
向龍大踵子宏治四年襲五年調征鎮南及桑植叛逆白止俾卒總理向仁等破之授提督川湖沿邊軍務授向仁錦衣指揮使歷任四十一年
向景春龍子嘉靖十一年襲朝貢二次歷任十六年以目瞽子政替襲
向政嘉靖二十六年調征鎮筸叛苗政時年十五歲智勇絕倫以父目瞽慨然代行至即取回堡烏牌等處屯兵谷口除夕之前夜乘黑霧用計攻破老菜溪苗寨斬

獲無算巡撫姜將軍李以景春目瞽題請政襲職繼辦
皇木得旨嘉奬四十年調征廣東猺獞扳羅鳳仙臺二
寨磔賊首莫拉布哈番於軍前遂定其地賜雲龍黃綵
紵歷任二十年
向明輔子政隆慶二年襲時金峒司舍人覃璧殺本官覃
璽及陶指揮以下奪印叛命四年調明輔隨剿以計殺
其悍將藍牯牛乘勝攻破壺瓶口假角山女兒寨直擣
悔寨活捉覃璧斬之授總兵官賜仁字八號總兵印一
顆歷任三十年

向位子明輔萬歷三十六年襲歷任二十五年
向同廷子位崇禎年間襲時遭流賊侵擾同廷率兵堵禦
國朝初仍襲職如故時百戸向萬爲亂永順助之三冦老
司城兩冦天井壩力不能敵乃割涼水井下乘車之地
與和而新寨等處亦叛歷任二十一年卒於順治九年
司中政務悉委二府代理二府者同廷之弟明廷也
向南子同廷幼隨母冉太夫人避亂於酉陽司之平難三
壩司中軍務皆決於明廷康熙四年回司仍襲職歷任
二十二年

向子坤子南康熙三十年襲時各道　王化侵併稍靖乃
遷居水護坪改爲新司城立衙署修民房安撫百姓歷
任十七年
向舜子坤坤卒時舜幼不能襲替大憲命子坤弟子藩暫
行護理康熙五十九年舜已成立承襲雍正十三年改
土歸流從孝感縣安插世襲千總

附

向明良明輔胞弟也賢達公忠司人敬服向蕎之亂
年僅弱冠白馬素衣泣訴於湖廣巡撫郭公赬門郭

公感動爲之出兵明輔子位年甫九齡巡撫湖廣金
公以明良地處親賢俾委護理司事明良招集流亡
省刑薄歛行之一年政令肅然萬歷二十八年正月
調征播賊楊應龍明良應調爲前鋒至龍泉攻破板
角關三月遂復官崖克七牌大將軍李記明良頭功
十二月八路兵進攻龍囤隨副將軍劉綎直入婁山
關關極險萬峯插天中通一線我兵從間道攀藤魚
貫而入屯白石八路兵亦集火光燭天應龍驚慌無
措同妾縊死獲其子朝棟等七人梟示遂平其地明

艮以功授參將三十六年向位年長承襲謂艮曰吾欲雪先人之恨何如艮曰司主新承世職未得民心不可乃陳十事一曰修身二曰英果三曰明哲四曰愛民五曰信六曰禮七曰重一本八曰睦鄰司九曰守十曰戰位書於坐側四十一年十二月大祀先祖共飲福酒位以一爵屬艮曰念祖宗披荊斬棘得享尺寸之土不幸遭向蕎所辱先人含恨九原今祭祀對越予心恥焉敢以神貺申敬叔父望叔父圖之艮出席對曰敢不竭力接酒飲罄遂遣人至百戶偵探

除日潛師夜行大獲全勝越明日四十二年正月朔班師還特備牲牢告成功於先靈卒於天啟五年

向明廷同廷之弟也官本司二府值明末各司吞併干戈不息百戶借永順兵來侵同廷與戰不勝將避居天井壩明廷諫曰土地祖宗之遺也子孫當死守勿去況司城乃社稷之根本官長實百姓之表率若司城一棄官長一遷則民無依勢必土崩瓦解忠新江兩寨亦難保守同廷不聽臨行明廷又攔馬泣諫曰司主之舍此遷彼謂有寇耶若遷彼復寇又安遷焉何不并力拒賊於此司勢雖弱民心猶懷整頓甲兵或可一戰而却不聽至天井壩百戶復侵又遷截盜河割地與之和同廷卒子南幼不能理事司中政治大小皆決於明廷此時論土地則僅彈丸論居民不盈千戶明廷內撫外禦轉弱為強先服新寨次伐江口練軍實峙芻茭將以雪數世之恥功未竟而卒

向子藩子坤胞弟幼涉經史多智畧子坤卒代理司事勸農興學司民賴之

向子奇子坤弟為本司權司中軍性敏好學與兄子

藩贊襄司務境內稍安撰卯峒司志六卷

漫水司

向宗烈世襲安撫司與卯峒百戶司同宗明太祖時國荊南十八土司換印信各司其土

向墨鐵 宗烈子 襲

向金 墨鐵子 襲

向洪化 金子 襲

向瓊 洪化子 襲

向國泰 瓊子 襲 國初襲如故

向正乾子國泰襲
向廷富正乾子襲雍正十三年改土歸流徙孝感縣安插
世襲千總後陞守備廷富卒子國相襲國相卒無子弟
國棟子正魁襲以功陞馬營墩都司

百戶司

向麥洪武初入貢隨奉征調有功授宣撫使三年授正
路先鋒給領土司印信勅札
向鐵麥子襲
向坐海樂伸鐵子襲

向剌送樂伸子襲
向夕剌送子襲
向成夕子襲平麻陽賜鼓鼎
向仲仁成子襲
向漢仲仁子襲
向貢漢子襲萬歷二十八年播州楊應龍兄弟不靖奉命
征勦有功
向柱遠一名柱襲天啟二年調征水西賊擢鋒挫銳一往
無前授副總兵

向金鑾柱遠子襲　國初襲如故
向國治金鑾子襲
向權國治子襲雍正十三年改土歸流徙孝感縣安插世
襲把總卒子世璽襲卒子振綱襲卒弟振銓襲

來鳳縣志卷二十八

風俗志

總論

舊志宋儒曰施州風土大類長沙論文學則駸駸大國
風論人情漸多澆漓少淳厚
來鳳地僻山深民雜夷獠皆緣土司舊俗習尚樸陋史
稱俗喜巫鬼多淫祀至今猶有存者然大率習勤力苦
刀耕火耨近五方雜處一切錢債戸婚稍以多事矣
卯峒地居邑之西南鄙與土苗雜處俗尤憨樸疾病信

巫鬼喪事尚歌謡邇來學校馴興誦讀之聲不絕於境
内矣
道光初年知縣范公炳監詳報民皆勤儉不事華美或
水耕火耨或手藝傭工以資食用婦女多事紡績以供
衣服至於婚喪亦儉約不奢從前土民間有同姓爲婚
及停喪火化等惡習自改設以後士民勸勉今皆革薄
從忠
來鳳故施衛所屬昔鄒公維璉之志衛也曰雖鄰夷而
有漢官威儀士紳父老子弟彬彬如也民則處於不華
不夷之間我
朝改設郡縣鳳以南蠻舊壤其初民皆土著大抵散毛遺
烈猶有存者久之流寓漸多風會日啟良有司承流宣
化用夏變夷百餘年來士皆秉禮民亦崇實斯民三代
之直未始不可教也

士習

邑自乾隆三十七年初設學官始定學額在三十七年
以前學附恩施其成名者土童十之八九客籍十或一
二焉三十七年以後土籍客籍各居其半今則客籍且

十之八九矣固氏族有盛衰亦可以觀世變也
鄉先輩爲學皆本躬行敦本善俗之事起而圖之無難
色邑有大役和衷而共濟焉不以倖免爲能也故張筠
圃尚書以爲好義飽覺生侍郎謂之知本官斯土者亦
往往有衛多君子之歎
士多潔清自愛不肯出入公庭故百餘年來劣衿劣監
不數數見之
邑應童子試者不滿三百人然各學使皆謂來邑人文
甲於一郡故取進府學每浮於縣額之外遇拔萃時或

選三人焉宗工之曲成如此都人士宜何如濯磨哉

童蒙讀書館城鄉皆有之鄉館修金之外另有月米城館則無

村農多於夜暇就蒙館學讀雜字書及稗官野乘館師亦利而教之謂之夜學

府志云童蒙讀書至十月散館有志者再上學至臘底止謂之冬學邑亦如之

邑中士人素無烟婭交游於下流者間一有之同類咸不齒其人亦愧無以容

邑中富賈多敬禮師儒故其子弟成名者不少

民風

邑在六屬中最稱易治隸土籍者悍而直隸客籍者謹而愿可以理遣可以情恕無頑梗不化者故訟獄少而囹圄常虛

乾隆三四十年間邑中夜不閉戶道不拾遺買日用飲食之物者取物酬直恒不俟主人主人亦不問也

邑自罹兵燹城市邱墟論者謂非數十年不能復舊觀曾幾何時列肆而居者雲相連矣良由喪亂既平所需甚衆四方逐末之夫遂乘之爲利藪其實出城數里外鄉落蕭條依頹垣剩壁結茅庇風雨者尚多也

俗以七斗爲一運水旱田地不以種計不以石計但曰每田一運值錢若干家產之厚薄由此分契價之低昂由此定習俗相沿不能改也

俗之糶穀穀不以石計錢不以千計但以錢一卦糶穀幾斗爲準一卦者八百錢也糶米則否

邑與川南界接紅錢黑錢諸匪往往竄入境中黑錢者換包設騙行踪詭秘紅錢則白晝刼奪橫行街市郎嘓嚕也初祗擾害鄉場後則公然挾刃入城其黨每據深廣不測之地爲巢穴嘯聚常數十百人越山緣壁皆矯捷若猿或搶食孤店酒飯或惡討單村錢財或踞懸巖墜石驚走行旅乘其顛蹶攫物以走甚至斫傷孤客强刼婦女種種不法一經差拏則露刃格鬬偶獲火伴則中途截搶曰打炮火此風肇於嘉慶熾於道光自軍興以來此類不多見矣非有所畏而不爲也蓋有所歸也又有一種匪徒邀結朋黨挿血拜盟謂哥弟會其渠不以齒序以能結人之多而爲羣醜所服者爲首名之曰老帽

又有坐堂老帽行堂老帽等名其稱不一大率祖紅錢之餘習變而加厲者也邑向無此種自咸豐辛酉來盛行於湖南後經龍山獲其渠魁其風稍息但恐邑人有以其簧鼓者滋蔓難圖不可不早爲之所也

邑中風氣鄉邨厚於城市過客不裹糧投宿尋飯無不應者入山愈深其俗愈厚髮逆之亂避其地者讓居推食不德於色君子所以觀於鄉而知王道之易易也

農事

邑田少山多男女合作終歲勤動無曠土亦無游民方春視山可墾處伐木燒畬種植雜糧懸巖峭壁皆滿而包穀尤多

山行平曠處皆開田種稻春社浸種者名社秧清明浸種者名清明秧栽插不避風雨恐違節氣諺曰三月清明遲下種二月清明早種秧農家以此爲占驗

四五月耘草數家共趨一家多至三四十人一家耘畢復趨一家一人擊鼓以作氣力一人鳴鉦以節勞逸隨耘隨歌自叶音節謂之薅草鼓

農人於冬月滿田浸樹葉謂之壓青至春來葉爛泥融可以代糞

鄉人居高者恃包穀爲接濟正糧居下者恃甘藷爲接濟正糧收藏甘藷必穿土窖欲其不露風也收藏包穀及雜糧或連穗高懸屋角或於門外編竹爲囤上覆以草欲其露風也

女功

婦女風氣素稱貞樸無論貧富不遊春不冶容有塗脂傅粉者儕輩共嗤之爲妓者

婦女善紡棉不善織布鄉城四時紡聲不絕邨市皆有機坊布皆機工爲之每過場期遠近婦女攜紗易布者

肩相摩踵相接也五月麻熟羣漚而績之成布精粗不一

農家婦女紡績室中饁餉野外負簍於背上山斧薪下田耨草有襁褓兒即置簍中掛樹間啼則乳之手猶縱緶不綴歸操井臼勤苦特甚

工役

邑不尚淫巧故無良工有大興作百工皆覓之遠方

商賈

賈人列肆所賣漢口常德津沙二市之物不一廣貨川貨四時皆有京貨陝貨亦以時至百物既集民心所以益奢民用所由日匱也近因道路未通西人之貨不至者已五年於兹矣

邑之卯峝可通舟楫直達江湖縣境與隣邑所産桐油靛棓俱集於此以故江右楚南貿易者麕至往往以桐油諸物順流而下以棉花諸物逆水而來

牛廠鄉城皆有川貴牛隻聚集自辰常以及長沙大半從此買去有市自桃源者非由此間卽由龍山販去者

也

飲食

山谷貧民不常飯稻半以包穀甘藷蕎麥爲饔飱

邑無佳釀蓋水性不宜也近有一種名冬酒以冬月釀至春三月開甕飲之色味俱似蘇酒頗佳

九十月間煑高粱釀甕中至次年五六月灌以水甕口揷竹管次第傳吸謂之咂酒

邑人每食不去辣子蓋叢巖幽谷中水泉冷洌非辛熱不足以溫胃和脾也

土人以油炸黄豆包穀米花豆乳芝麻緑焦諸物取水和油煑茶葉作湯泡之餉客致敬名曰油茶

婦女摘緑橙切片鏤成百花蜜漬曬乾曰橙花挑剔玲瓏香味俱絶

衣服

男女服飾以貧富分貧者僅足蔽體富者夏葛冬裘婦女平居不裳時節慶賀則用之遇雨着油鞋無男女一也

邑俗平居皆大布之衣非遇慶賀會賓客雖縉紳之家

不著紈綺大率士夫之服雅商賈之服華城市之服時鄉村之服古

首纏長帕辮綴繁纓士卒戎裝近日或然而市井少年無故效之服之不衷皆惡習也

冠禮

冠禮廢久矣邑惟於將婚之前日父母祀祖先致祝詞宴客醮子請少年未婚者陪之謂之賀郎親友或製小匾因其名而爲之字書以金泥先期鼓樂送至謂之送號則猶古者冠而字之以敬其名之意也女家亦於是

日擇賢婦人爲之笄謂之上頭請未嫁者數人陪笄者宴謂之帶花酒

昏禮

昏禮俱遵家禮惟不親迎納采曰插香納幣曰過禮女家不取聘財男家不索厚奩其風頗爲近古

迎親日鼓樂儀仗紅燈導引以米一袱置綵輿中曰坐轎米綵輿至女家庭中麾輿從出以斗覆轎前女兄弟扶女出立斗上拜辭祖先撒箸一束曰不家食

女至婿門婿家陳香燭酒醴雞一祀護送神於門外曰

墊煞入門門內然七星燈罩以篩喜娘二人扶女從篩上過曰觸邪

廟見後拜見舅姑以次拜諸親曰分大小擇夫婦全而有福者先拜之曰開拜復擇夫婦全而有福者後拜之曰圓拜

喪禮

初喪男女擗踊哀號親友畢集既歛成服設奠有朝暮奠題主等儀葬之前夕有祖餞禮喪主以縞素酬弔者至期皆來執紼既葬反哭奉主置靈座內朝夕上食至

事生儀服闋則止自大小歛及祀禮有專行文公家禮者有兼用二氏者有純用二氏者不能一也

祭禮

巨族立宗祠買祭田以供祭祀無宗祠者咸祭於正寢

清明先二三日祭墓以紙爲帛植諸竿插墓上曰掛青届期復祭於家新塚則祭於社日前一切同清明曰掛社

中元前三日爲祖先位迎於門外供於庭中朝夕必祭男女序拜如事生禮届期封包紙錢上書祖先名氏祭

而焚之

祈禳

凡遇水旱禁屠宰集僧道設壇祈請文武官朝夕詣壇上香應乃止

大旱或召巫禱於洞神巫戴楊枝於首執皂吹角跳躍而往衆鳴鉦擊鼓隨之名曰打洞或禱於邑之佛潭沿溪毒魚名曰鬧佛潭以潭底有靈魚能出雲爲風雨也

每歲春夏之交城内外民設齋醮地方官亦詣壇上香爲民祈福即古者國人大儺之意

五六月間雨暘不時蟲或傷稼農人共延僧道設壇誦經編草爲龍從以金鼓徧舞田間以禳之亦迎貓祭虎之遺風也

村民頗信巫覡疾病不服藥多聽命於神方邑侯竹儂詩所謂女蘿山鬼紛勾惹長奉巫師不信醫是也一曰還天王愿病中許之愈則召巫酬之植傘大門外設天王牌位刲牲陳酒醴燒黃蠟香匍匐致敬已乃席地歡飲有忿爭不白者亦舁神出披黃紙錢各立誓詞事白乃已一曰還儺愿延巫屠豕設儺王男女二像巫戴紙

面具飾孟姜女范七郎擊鼓鳴鑼歌舞竟夕

巫之類不一還愿皆名跳神有破石打胎撈油鍋上刀竿降童子等術其徒自謂能治病辨盜驅鬼禁怪故惑之者衆

節序

正月元日禁掃除汲水夙興祀先祖親友往來相賀觀雲色以占年穀豐耗西北有紅雲氣則稔

立春前一日印官朝服亮輿率僚屬迎春列芒神土牛於前結綵亭以童子扮臺閣故事旌旗鼓吹導至東郊行禮畢以一人善口辯者充春官首戴紗帽奔走陳說曰講春是日傾城往觀男女雲集

立春日以綵鞭鞭土牛曰打春農民紛紛爭取其殘云置欄內足辟牛瘟別以小土牛長三寸許送士紳家曰送春是日宜晴歌曰立春晴一日農夫不用力

上九日至元宵城鄉有龍燈之戲雜以獅象麟魚諸燈或扮童子連袂踏歌簫鼓爭喧爆花競放觀者填衢達旦

元宵家家墓上送燈遠望如衆星

元旦以後街市小兒羣聚廣場蹴踘踢燕子爲樂閨中亦有請七姑娘之戲

二月童冠皆就傅讀書

驚蟄節後兒童放紙鳶爲戲諺云楊柳青放風箏蓋令小兒張口望視以洩內熱

二月初二日城鄉皆祭社祈穀

社日作米粢祭社神值戊日禁鋤犁否則云妨農事切臘豚和糯米蒿菜爲飯曰社飯彼此餽遺凡祭掃新墳不過社

三月上巳之辰摘地菜花和作飯曰做節氣

寒食宜雨主歲豐諺云雨打墓頭錢今歲好豐年士人以酒食野祭曰祭山方邑侯詩一盂包穀三盃酒便祝篝車歲歲穰

清明插柳葉於門簷柳於首曰辟毒疫挈榼提壺上墳祭掃祭畢席地而飲

穀雨宜雨故曰光清明晴穀雨諺云窮人莫聽富人哄桐子開花纔下種

四月立夏宜雨諺云立夏不下犁耙高挂

四月八日城鄉皆書嫁毛蟲字粘壁間

士人以四月十八日爲大節宰豕爲大臠糝糯米蒸之祭祖先兼延客

五月五日懸艾葉菖蒲於門飲菖蒲雄黃酒以雄黃點小兒額及手足心云辟疫采百草煎湯澡洗曰辟瘡疥搗蒜和雄黃水徧灑門戶及墻陰曰辟蛇虺先期各以角黍蕉霜相餽遺亦有贈香贈扇者俗以是日爲小端陽十五日爲大端陽云始於馬伏波俱競渡龍舟十五日尤盛方邑侯詩云今日昇平眞有象大端陽節鼓聲鼕

十三日相傳爲關帝誕辰是日雨俗謂之磨刀雨

六月六日曬衣服書畫蓄製醬水

是月卯日嘗新穀尚魚曰有餘忌雞謂近於饑也

立秋日占風諺云秋前北風秋後雨秋後北風乾逕底又虹見爲天收雖大稔亦減分數及白露日雨皆荒歉之應七夕看雲色謂之看巧雲以天河去來久暫占秋收豐歉諺云天河搭屋脊家家有飯吃

是月十五日道書所謂中元節俗名亡人天前二三日

祭祖先焚楮錢各廟作盂蘭會賑濟無主鬼魂故又謂之鬼節是日縣官亦迎城隍神出北門祭厲

八月初二日城鄉皆祭社報土功

中秋以月餅棗梨胡桃相餽遺有艱於子者親友竊鄰圃南瓜取生男之義藉以紅綾鼓樂送往名曰送瓜主人具酒食以待明年生子延宴相酬往往有驗失瓜之人或從而咒罵之其應更速是夜宜月明諺云中秋月不明雨打上元燈

重陽攜酒登高搗米粉爲糕曰重陽糕采茱萸簪之

十九日爲大重陽
十月立冬諺云立冬晴一冬晴自朔至望皆宜霜俗謂之一斤霜卜來年木棉旺
十一月三一日宜晴謂初一十一二十一也可占次年物價穀價諺云風打秤雨打斗又云冬月三一晴米穀一般平
十二月二十三日入夜祀竈神曰謝竈戒妄言
二十四日曰小年一日小除日送墓燈與元宵除夕同掃舍宇曰打陽塵親友互相餽遺曰送年節

臘月宜雪以卜年豐諺云若要麥見三白
除日潔治酒饌祀祖先曰燒年紙然不必定除日也自二十日後日日行之合家聚食曰團年長幼次第揖拜親友互相往來曰辭年多做飯曰隔年飯又曰壓甑飯井中下花椒云諸神下界水中有毒也明燈於廚廁等處謂之照虛耗堦塀墻角徧燃紅燭謂之迎年折臘樹一枝亂貼金銀紙錢於上而供之謂之安財神圍爐宴集通宵不寐曰守歲是夕爆竹之聲達旦不絕

氣候

邑處萬山中其氣多煖二月中可衣單可揮扇入夏後蒸濕特甚衣物皆黴五六月間常雨雹蓋陰氣暴上脅陽而凝結也俗呼雪子夏秋之際人多瘧痢十月始霜積雪不盈尺冬臘月平地常聞雷聲
居高山者寒多暑少盛夏被不脫棉晨夕必烘於爐故收穫較遲一切蔬菜皆過時始食
山中侵晨必有瘴氣非霧非雲瀰漫山谷開早則雨開遲則晴四季占之不爽

來鳳縣志卷二十九

物產志

穀屬

秔稻爾雅翼稻者溉種之總名通粳糯而言土人呼粳米統曰黏黏有二十餘種邑有京黏麻黏色深紅分高矮二種矮者與百日早同收高者與大穀黏同收百日早百日卽熟又有龍鬚早與百日早同收大穀黏立秋卽熟其收倍麻黏又有油黏青黏馬尾黏西陽黏託黏齊黏邑惟青黏馬尾黏最多青黏處暑卽熟馬尾黏白露後熟又桂陽黏雲南黏二種相似桂陽葉高於穗莖勁雲南穗高於葉莖柔或統名曰雲陽黏又有北風黏初秋熟有早黏宜山田耐旱

糯稻崔豹古今注稻之黏者爲秫卽糯也糯之類亦二十餘種邑有百日糯立秋卽熟銀莖糯立秋後熟油黏糯白露後熟桂陽糯寒露前後熟馬尾糯團頭糯柳條糯皆霜降後熟又有紅殼糯稻黃時色最可愛考工記所謂丹秫者是也又有矮子糯亡八糯長殼糯香糯摘糯皆可釀酒炊時以香糯少許和入滿甑皆香

按字林云糯黏稻也秔稻不黏俗呼秔爲黏與古義相反

粱本草云種出粱州故名粱有紅殼黑殼二種紅糯白黏皆可炊飯釀酒稍可縛帚莖可織箔席編籬供爨最爲民利在諸粱中最爲高大土人名曰高粱

粟一名穇子又名鴨脚稗有黏糯二種葉似稻差短結穗如稗粒大如黍山田間有種者

麥有大小二種今之老麥卽大麥磨麪作餅餌者皆小麥也邑有和尚麥暹醬麥無鬚紅醬麥有鬚皆小麥之屬蕎麥莖細粒小農家以爲嘉種

蕎有紅白梗二種白者味苦紅者味甜實有三稜老則黑卽花蕎也易長易收磨麪如麥故名蕎麥

黍以大暑種故名黍孟秋熟種有五皆可作酒

稷爾雅翼曰稷百穀之長也其類甚多大約黏者亦可釀酒

菽衆豆之總名今邑地所產有六月黃八月黃黑大豆黑小豆油綠豆毛綠豆赤小豆茶黃豆紅飯豆白飯豆牛打脚豆紅色牛毛黃豆青皮黃豆白毛黃豆寄蕎黃

豆蠶豆豌豆十餘種又有豇豆蛾眉豆羊眼豆龍爪豆
虎爪豆扁豆白扁豆刀靶豆四季豆萊豌豆可作菜并
其莢食之

脂麻俗作芝蔴有黑白二種黑麻角巨而方勝者名巨
勝白麻又名油麻皆胡麻也取油白者爲勝服食黑者
爲艮

玉蜀黍俗名包穀有黃白赤黑花諸色而黃白者爲多
亦有早晚二種山田中多種之苞未折時取其心切而
炒食甚甘脆名曰玉筍

蔬屬

南瓜種出南番故名蔓長四五丈葉如蜀葵結實形橫
圓而堅色黃霜後收藏耐久食形長者呼牛腿瓜邑所
在皆有道光辛卯壬辰歲饑此瓜結實獨繁接濟民食
其功不淺

苦瓜蔓生皮有皺紋如荔枝大者長數寸以絲瓜本接
之長可尺餘皮白苦稍殺夏月食之足解暑毒

絲瓜始來南方本事書謂之蠻瓜嫩可茹老則筋絲羅
織留其瓤可以滌器一種形相似而短小名甜瓜一種
味微苦名節瓜

冬瓜或曰東瓜十月種者結瓜肥美勝於春種蔓粗葉
有刺毛結實有重至數十觔者初生青綠霜後白如塗
粉藏之經歲不壞

黃瓜張騫使西域始得此種俗以月令王瓜即此誤矣
王瓜乃土瓜別一種也黃瓜苗蔓如冬瓜四五月開黃
花結瓜圍二三寸長者尺許皮有小纇瘰老則黃赤色
一種色白而短熟稍後曰白瓜生熟皆可食

瓠瓜正字通瓠有平去二音有腹長柄者曰瓠讀作湖

長如稍瓜首尾如一曰瓠讀作互味甘皆可作菜或有
苦者如胆不可食江南人名扁蒲邑皆有之

瓟瓜瓠屬也性多苦土人以長而瘦者曰瓠短頸大腹
者曰瓠與陸佃埤雅異

絞瓜于古無考絞其瓤爲絲可食

金瓜名西番柿形如南瓜而小色赤黃光亮如金

壺盧古今注瓠之無柄者也有甘苦二種苦者不可食
壺酒器盧飯器瓠各象其形可爲酒飯器因名壺盧性
善浮攜之利涉剖而分之亦可爲瓢又有一種大如拳

瓠用以儲藥名藥壺盧

茄有紫青白三種亦有黃茄色如金來自暹羅又有秋茄多食損目

韭爾雅翼諺云韭者嬾人菜以其不須歲種也其美在根高三寸便剪一年四五剪留子者止一剪剪忌日中有葉大葉小二種

薤韭之美在黃薤之美在白白薤負霜古人所以名爲家芝也

葱五葷之一有木葱水晶葱以白而長者爲上又有名

火葱者冬收其種以火炕之至次年而栽故名其葉大根如水仙花邑更有四季葱細長而白

蒜夏小正曰納卵蒜卽邑之小蒜也又有蒜十許子共爲一株籜褁之辛於小蒜俗謂之大蒜又有獨蒜二蒜一實又有巖蒜生山谷間古曰烏蒜俗曰老鴉蒜一枝箭蘇氏圖經云水麻生鼎州黔州其根名石蒜卽此也煠熟水浸過食有小毒然可救荒

蒟蒻本草名鬼芋俗謂之磨芋以可磨作腐也

藠玉篇音叫其葉類葱而根如蒜差小俗呼爲藠子其葉較葱稍勁

芥似菘而圓梗葉兩旁多叉有青芥紫芥白芥馬芥花芥石芥諸種土人季春取芥心作辣菜芥子研末泡爲芥醬以和食品

蕪菁一名蔓菁俗曰青菜諸葛亮所止令兵士種蔓菁故蜀人呼曰諸葛菜秋種必冬經霜味始甜滑春深以鹽菹而曝乾之可經歲不壞

白菜莖色白而扁薄葉淡青邑產最佳者曰黃芽白肥厚異常有重至七八觔或十餘觔者次爲蓮花白烏金

白至箭竿白油菜白斯下矣

蕓薹卽油菜孫思邈曰搗貼丹毒卽消此菜易起薹採其薹食之則分枝必多冬種春長心可食子可榨油

葫葱葉微似葱不種而生二三月徧山有之荒年尤多可充饑

萊服卽蘿蔔邑出茅草灘者更佳

胡蘿蔔一名狀元紅葉似青蒿根赤紅味甘生熟可啖舊傳元時始有之

薯蕷山海經注音曙豫一種大如臂長尺餘形如脚掌

俗呼脚板薯形似薑而多指肥大有重至數觔者名佛
掌薯又一種形圓而長如山藥者名薯山藥種法取一
本細切之一面留其皮餘面沾灰種之即皮上生苗有
紅白二種
甘藷味甘美益脾胃可生食蒸食煑食作粉釀酒皆宜
來自海外俗名番薯因其色紅又名紅薯種法或用藤
插入地或切片栽之一畝可收數十石葉可作菜藤可
飼畜性耐旱不畏蝗乾隆五十一年侍郎張若渟請
勅直省勸種甘薯以爲救荒之備山東巡撫陸燿著有

甘薯錄頒行
地蠶俗名地牯牛一名土蛹
菠稜俗名菠菜亦名赤根菜嘉話錄種出西域頗陵國
連根食味佳
芋蹲鴟也大者芋魁有水旱二種根葉相似莖亦可食
所謂種芋三十畝省米三十斛也
萘菜俗謂牛皮菜亦呼爲甜菜因其味微甜也葉微厚
而滑一種葉小莖長味甚甘滑而性極寒可治病熱
甕菜生東域古倫國番舶以甕盛之故名莖虛有節葉
長而尖綠地蔓生邑人作蕻菜四明有此種名雪裏蕻
雪深諸菜凍死此菜獨青其汁可解野葛及鴉片毒
萵苣一名萵筍出自萵國有毒百蟲不敢近中其毒者
生薑汁解之四月抽薹高三四尺生食味清脆糟食亦
佳有赤白二種
莧菜有赤白二種皆三月種六月後不堪食不宜同鼈
食又野生者名馬齒莧葉對生圓整如馬齒又一種曰
藜即灰莧形類雞冠花嫩可食老可爲杖輕堅而磊砢
可愛

苦蕒俗名苦菜生於寒秋經冬歷春得夏乃成士人以
鹽醋醃之則苦頓減能辟暑氣
蒝荽即胡荽
薺甘菜俗名地米菜士女際上巳之日皆摘其花簪之
子名析蓂入藥
芹呂氏春秋菜之美者有雲夢之芹亦楚之佳菜也葉
對節生似芎藭莖有稜中空氣芬芳有赤白二種白芹
取根赤芹取莖葉堪作菹
茼蒿一名蓬蒿葉如艾花如小菊一花百子味香可茹

葵菜一名冬莧菜以冬寒始盛也有紫白二種小者名露葵

茭白俗呼茭筍葉如蔗荻生白芽如筍清脆可啖

蒿種類甚繁葉似艾有青白二種邑人春社日採之和米作糍曰社蒿又一種曰角蒿亦可蒸食

羊藿楊升菴以爲甘露子誤也葉如薑根如百合瓣色紅取根醃食之

蕨山中處處有之生芽拳曲狀如小兒拳長則開展如鳳尾其莖嫩時煑以灰湯晒乾作蔬味甘滑亦可醋食

其根紫內有白粉搗爛澄粉名蕨粉盪皮作帶粉色微紫甚滑美凶年可以禦饑多食令人脚軟

海椒土人名爲辣子用代胡椒莢色淡青老則深紅子圓而扁又一種一莖七顆曰七姊妹味尤辣又一種柿餅辣子形如柿而小又一種木本子粒如胡椒山中有之名木蘁子

花椒一名蜀椒色紅閉口者殺人

蘁說文作蘁禦濕之菜苗青葉對生秋社前後新芽如指尖微紫名紫蘁秋分後者次之霜後則老色黃邑人多以鹽漬晒乾白者甚佳名冰蘁隔年者名母蘁可入藥出蜀中者良邑近蜀故蘁特勝

木耳生槐桑樹者良生桑樹者名桑耳白者名五鼎芝極珍貴邑偶有之生槐樹者名槐耳一名赤雞一名槐蛾

竹筍冬生曰冬筍春生曰春筍蓋南竹斑竹之萌也夏生惟水竹筍苦竹筍皆質纖而味苦慈竹筍稍佳然亦遜南竹斑竹

葛粉冬月掘葛根搗爛澄粉晒乾可充饑

蕈毋即鼠耳俗名粑粑草

香蕈木生爲蕈地生爲菌菌譜有蛾掌含蕈稠膏麥蕈麻姑寒浦之殊邑皆有之統呼曰香蕈又曰香菌冬月生者曰凍菌其性凉有毒然味極佳中毒者以河沙煑水灌之或埋之沙中即活體弱者服參桂椒蘁極熱藥亦愈

土耳山中久雨地上自生性極凉體弱者忌食

果屬

柑草木狀柑乃橘之屬滋味甘美有黃者有頳者劉潛

榴爲甘瑜莽實冷亞冰壺邑產極多而佳種此有致富
者
佛手柑種出南州邑多有之色香亦佳
梨邑少佳種惟洋洞產者稍勝
栗三顆一房扁者名栗楔大者爲板栗小者卽爾雅栭
栗也本草厚腸胃補腎氣令人耐饑多食頗滯
杏一名甜梅味香於梅而酸不及邑不多產
榛子卽厚朴樹所結之實
胡桃花如栗穗著黃色子如青桃張騫使西域得之俗

呼核桃以殼薄仁肥者爲佳有鐵核桃紙核桃之分卽
謂殼之厚薄也
桃邑所產曰毛桃五月桃六月桃熟時極紅皮有毛一
種白色味尤佳
櫻桃白者曰水晶珠黃而白者曰蠟珠邑無此種惟紅
色者多其顆大者如彈丸小者如珠璣小而紅者爲櫻
珠
李邑所產甚多麥李結實最早又有同心李水心李牛
心李朱血李各種又有一種桃形李味曰桃李
柰一名頻婆樹與葉皆似林檎而實稍大白者爲素柰
赤者爲丹柰青者爲緑柰
梅邑惟白梅結實似杏而酸土人或生啖鹽晒蜜製其
入藥者曰烏梅
楊梅似荔枝葉細味酸亦可爲醬
柿大者卽塔柿小者卽椑柿也
橘實瓣小味微酸色紅而薄內多筋脉較恩施所產少
遜一種小如彈黃如金曰金橘又一種小者名牛嬭橘
卽君遷子也

橙一名金毬樹似橘而多刺實似柚而有香
木瓜一名鐵腳梨卽楙木也狀如瓜味酢善療轉筋及
腳疾
棗核大肉薄邑北產有雞蛋棗糯子棗二種又一種名
山棗一實紅白二色
銀杏卽白果其實如銀二更開花旋落人罕見一枝結
子百十經霜乃熟核兩頭尖三稜爲雄二稜爲雌種必
雌雄相望乃結實
安石榴俗名石榴張騫使西域得塗林安石國榴以歸

邑有酸甜苦三種單葉者旋開旋結實千葉者不結實
又一種矮小實不可食名海石榴作盆景可玩
蜜羅柑屬外膚磊砢似佛髻色香亞如佛手柑可點茶
可釀酒一名波羅蜜
香櫞形如瓜皮似橙肉甚厚而白皮青時可雕鏤花草
漬以蜂蜜及黄則香異常品
枇杷本草釋名曰葉形似琵琶故名四時不凋能治肺
熱冬花夏實子黄如彈丸又一種野生者名地枇杷味
相似而中空無核蔓生可飼馬

林檎似柰而實差圓六七月熟有二種甘者早熟味肥
美酸者晚熟實大者曰林檎實小者曰花紅
蒲萄可生食亦可釀酒有紫白二種白者佳
甘蔗邑產甚多有紅白二種可生啖惜邑人無善作糖
者
百合藥譜曰蒜腦諸可作茹亦可磨粉
葧薺亦名地栗苗似龍鬚而細根如鴞頭黑色可食或
呼慈姑非也慈姑名藉姑一歲根生十二子閏月則生
十三子又名白地栗邑亦有之

救兵糧冬日紅子纍纍名雪裏黏可食
花生蔓生花落地而結實故名南人稱爲豆魁
椏桐子樹高三五丈葉間有瓢結子如椒而稍大雙綴
瓢間可生啖可炊食

花屬

梅花譜有九十種邑產惟粉紅硃砂綠蕚最佳結實
者花白又有蠟梅花雖盛開常半含爲磬口
李花開時滿樹攢簇如雪封條
桃花花類甚多尤美者曰絳桃俗呼千葉緋曰碧桃俗

呼千葉白
櫻桃花紅粉多姿張茂卿所謂紅粉風流無踰此君者
梨花百花開盡始見花白司空表聖稱爲瀛洲玉雨
杏花二月花未大開色純紅開時紅白相間落時純白
石榴花有大紅粉紅黄白四色邑最多紅花者黄白絶
少
棗花四月開唐人所謂棗花未落桐葉長是也
蘭花一幹一花而香有餘者曰蘭一幹數花而香不足
者曰蕙邑俱有之素心尤佳黔志有獨蘭朱蘭碧蘭

春蘭秋蘭各種

牡丹此花初不載文字惟以藥見本章自李唐始盛邑有紫白黃紅色單瓣雙瓣諸種

芍藥白者名金芍藥赤者名木芍藥邑並有之

鳳仙花俗名指甲花有紅白碧各色又有一枝一花開於頂上者名頂鳳尤可玩

萱花一名宜男風土記云妊婦佩其花生男俗名黃花菜

玉簪花六七月抽莖莖上有細葉中出花朵十數長二

三寸白者名白玉簪有香紫者名紫玉簪無香

海棠花有四種貼梗西府木瓜邑所在皆有惟垂絲一種較少蓄花者甚珍之

繡毬有草木二種百花成朵團圞如毬

秋葵俗名黃葵朝夕傾陽黃如盤者曰向日葵

月月紅卽月季翠蔓紅蕊四時不絕亦間有開白花者

薔薇一名刺紅似月季色香過之取露甚佳別有黃白二種

梔子凡花多五出唯梔子花六出列房七道花白而香

又一種名海梔高不盈尺花小如錢

杜鵑花俗名映山紅杜鵑啼時始開故名別有黃白二種

玫瑰花香色皆佳乾可作囊以蔗霜同搗謂之玫瑰醬

闌天竹花甚細碎冬月朱實纍纍雪中視之尤豔

山茶花一名曼陀羅樹種極多乃花之豔麗而且耐久者

木芙蓉一名木蓮叢生高丈許葉大如桐秋半著花千葉爛熳一日嬌容三變其皮可績

雞冠花葉類莧花類雞冠或紅或白或雜色結黑子名青箱子一種小者高不盈尺謂之後庭花

紫薇一名百日紅又名怕癢花以爪搔之徹頂動搖紫色之外有紅白二色

茉莉花秋冬開白花花皆暮開重瓣香清風味殊勝木本爲上藤本次之

荷包牡丹葉似牡丹花如荷包色紅春末開放一枝橫綴數朵嬌豔可人

牽牛花有黑白二種名草金鈴

罌粟花芍藥之後罌粟花最繁華種之盈畝萬朵爛然
今之鴉片菸草也現奉文禁種
秋海棠至秋始開宜於幽砌其花甚媚其葉正綠反紅
昔有女子懷人洒淚而生故一名斷腸花
夾竹桃叢生葉長類竹花五瓣長筒瓣微尖淡紅嬌豔
類桃花自春及秋逐次開放雖無香而嫵媚可賞
蓼花一名水紅花花開蓓蕾而細長如穗枝枝下垂色
粉紅水岸尤多
紫荊花一名滿條紅春開紫花甚細碎數朵一簇或生

本身之上或附枝上根下花罷葉出葉隙結小豆如羊
眼不可食花亦有毒
木筆花卽辛夷色紅初出苞長而尖銳儼如筆頭春秋
間有重開者白者卽玉蘭花早於辛夷
瑞香花開花成簇如丁香狀極香有紅黃二種紅者殊
勝所謂錦被薰籠者是也
水仙花有二種單瓣者名金盞銀臺千瓣者名玉玲瓏
因性好水故名含香體素無塵有韻之花也
迎春花方莖厚葉葉面青背淡對節生正月初開小花

狀如瑞香黃色不結實
荷花有雙瓣單瓣紅色白色者
桂花有丹桂金桂銀桂三種逐月開花者名月月桂春
三月開花者名春桂
菊花品類極多各處命名亦異俱九月開又一種五月
開名藍菊又一種花小而黃香氣不清名萬壽菊蓋似
菊而非菊者故李石云眞菊可以延齡野菊可以瀉人
鳳尾蕉與蕉同類其狀稍異葉葉襹褷酷似毛羽以鐵
爲糞藩之可避火災

芭蕉一名甘蕉花紅如蓮花者名紅蕉白如蠟色者名
水蕉
美人蕉葉似芭蕉而小中開紅花香山詩紅蕉當美人
其指此與
胭脂花一名紫茉莉可以點唇子有白粉可以傅面亦
有黃白二色者
老少年一名雁來紅其莖葉無異雞冠至深秋本高六
七尺脚葉深紫色頂葉大紅鮮麗可愛
一丈紅俗名龍船花高丈許無旁枝有深紅粉紅二種

五月開亦有白者
鐵線蓮藤本緣架而上花白如菊耐久一名西番蓮
木槿花有紅白二種白者可作蔬
蝴蝶花葉如蒲而短濶其花六出儼若蝶狀多不結實
夢花一名雪花木本而幹柔色紫類瑞香冬深著花其白如雪
金錢花一名子午花一名夜落金錢花秋開黃花朵如錢㛹娟可愛李衛公云金錢花損眼

木屬

松卽麈尾松也形如馬鬣葉較栝子松長數倍二三月抽蕤生花長四五寸名松黃亦曰松花粉結子脂卽松香邑人連山植之以供薪大者棟樑材也俗以此種爲樅而不知卽松也
柏有扁柏檜柏黃柏瓔珞柏之異惟扁柏爲貴故園林多植之因其葉側向而生又名側柏性堅而香
樅松葉柏身卽栝子松俗以此種爲松然實樅也葉細如針無松黃皮老不鱗俗訓孔雀松是也一種曰羅漢松身似柏葉如雞舌
杉俗作楠張華謂之文讓木有花杉香杉黃杉滑子杉香種香者爲佳
杉似松而直葉如針刺材之至美者宮室棺槨無不用之紅心者爲上皮亦可以代瓦山中多樹之
椿易長而多壽方春摘牙以爲蔬俗呼香椿樗樗㮕一木三種椿堅實可作樑棟樗皮粗肌虛而白葉臭惡㮕卽樗之生深山者古人以爲不材之木又一種曰毛椿
梓樹爲百木長故呼爲木王屋宇有此木餘材皆不震理白者爲梓赤者爲楸有文梓白梓二種

桑其葉可飼蠶其葚可浸酒邑有數種曰白桑葉大如掌而厚曰雞桑葉薄曰子桑先椹而後葉曰山桑葉尖長又有一種野生者曰灰桑
柘有甜柘苦柘二種桑屬蠶書柘葉飼蠶爲琴瑟絃清響勝凡絲本草其木染黃赤色謂之柘黃或以爲卽桑之野生者
馬桑最難長僅供樵薪
樟樹最盛大凌冬不凋木氣甚香鏤神像者多用之亦有結蒲桃影者勝花梨

檀最堅緻利爲車有黃白二種葉皆如槐
馬梨光其樹無皮狀如紫薇然最堅緻大者可以扛輿
夜合木卽青棠也其花朝開夜合故名
桐樹之類不一邑有其三一曰泡桐其性輕脆可爲琴瑟最高而易長一曰青桐不結子者俗名桐麻其皮可以紱麻桐一作橦古之所謂橦花布也一曰膏桐俗呼桐子樹子可榨油者
檮正韻音稠剛木也有紅白二種直而堅可以扛輿可以爲榨油尖枋之用

水紅木凌冬不凋春發嫩葉色紅
槐葉細而青綠夏花秋實莢如連珠多黑子者良花以黃爲貴俗語云槐花黃舉子忙
丁木有白紫二種用以雕鏤極佳
槲卽青棡也有大葉小葉二種木性極堅又一種名水青棡
楓一名香楓高數丈大者十圍有脂而香其葉霜後色丹可愛
黃心木色黃一種色青者名青心木皆棟梁之器也

楊二種一白楊葉初生有白毛褢之及葉展似梨葉稍大淡青色背有白茸毛一青楊比白楊較小葉如杏稍大色青綠楊性宜旱其枝上聳柳性耐水其枝下垂柳枝長脆葉狹長楊枝短硬葉圓濶是二物也至春月飛絮落水化萍則同
柳春初開黃花上帶白絮如絨名柳絮條長數尺裊裊下垂者名垂柳春前以枝插地易生
冬青一名凍青經霜不凋五月開細花女貞別種也俗名蠟樹子可放蠟蟲並可釀酒

嬾籬色葉如南瓜插之卽活可以當籬
鐵梨卽鐵力文理堅緻
椶櫚本高一二丈旁無枝葉如車輪皆萃於杪其下有皮重疊褢之每皮一匝爲一節一名椶欙皮中毛縷如馬之鬃鬣故名紉囊編器具綾繩爲用最多花黃白結實作房如魚子狀
黃楊理細膩枝幹繁多性堅緻難長歲長一寸閏年反縮一寸葉小而厚色青微黃東坡詩園中草木春無數只有黃楊厄閏年

□梅楊之別種色黑而質堅亦美材也

梾木堅而理粗有蒼白二種搗實煑作腐謂之檪腐

烏桕卽木油樹葉可染皂子可榨油塗頭令白變黑燃燈極明霜後葉如渥丹

構葉有瓣曰楮無曰構埤雅皮白者穀皮斑者構蓋一物三名也鄉人多漚之爲紙構漿可塗丹砂實可入藥葉可飼豕

棘如棗而多刺木堅色赤叢生人以爲藩籬歲久亦大如棗木白色爲白棘實酸爲樲棘亦名酸棗

皂角一名皂莢葉如槐瘦長而尖枝間多刺夏開細黃花結實樹多刺難上釆時以篾箍其樹一夕盡落不拘奇瘍惡毒用生肥皂去子弦及筋搗爛和醋敷立愈不愈再敷奇驗此方古書未載山中倉卒無藥用之甚便

影木有蒲桃影竹葉影蘭花影波浪影山水影核桃影奇幻不可名狀惟老柑老樟有之他木不能也用以作屏作几案及各器具天然可玩

陰沉木此物須掘地得之質香而體柔以指甲掐之卽有掐文少頃復合如伽楠其木入土則日重日沉堅逾如鐵以相木陰沉爲上樟木陰沉次之柳木陰沉斯下矣

竹屬

慈竹俗名朋竹內實而節疎體柔而性韌可以代藤叢生子不離母故名六七月生筍可食

相竹本小末殺俗作楠一作南竹之最瀟洒者冬時生筍味極佳

鳳尾竹高二三尺纖小修潔用作盆景伴拳石猗猗宜人

紫竹大不徑寸高不盈丈其色紫觀音竹也

墨竹似紫竹而黑

斑竹竹之最高大者筍初萌其籜斑駁故名

水竹不甚長大可織爲席其瀝其葉入藥

冷竹可以造紙及編簟

荆竹枝葉俱小於斑竹筍比斑竹較美

苦竹幹小而節疎筍味苦

簝竹高僅四五尺與箪子竹同惟葉面青背白可襯竹笠及船篷其幹直小可作筆管

箄子竹其葉濶大面背俱青端午製角黍以此包之

白甲竹竹之小者可編籬

藥屬

黄精山中甚多名曰老虎薑食之益壽

山藥本名薯蕷唐避代宗諱改名薯藥宋又避英宗諱改今名

貫仲葉如蕨一名黑狗脊

知母花葉似韭根似菖蒲而黄狀如蚳一名蚳母

地黄小而力薄不及懷産

龍牙草高二尺春夏采之治赤白痢類佛指甲而瓣尖

細

細辛俗名山椒根一名小辛細而直深紫色味如椒極辛

大黄有錦紋者良

香附莎草根也不擇地而生葉可作草履故俗名草鞋板

紫蘇皆以二三月下種肥地者面背皆紫瘠地者面青背紫其面背均白者曰白蘇乃荏也葉有皺紋者別名

雞蘇子可榨油

荆芥一名薑芥

土茯苓一名土萆薢一名草禹餘糧

常山以始生常山得名根似荆黄色八月採而陰乾之

艾俗謂之艾蒿處處有之初春生苗莖類蒿葉背白苗短者良

獨活俗名獨摇草有風不動無風反摇

天南星即本草虎掌也葉形似虎掌名曰天南星者因根圓如老人星狀也

蒼耳子即葈耳多刺好著人衣

車前即芣苢喜生牛跡中味甘性冷止痛明目利水俗謂之蝦蟆葉

桑寄生生桑樹者爲眞

麥門冬葉似蘭冬月作實如青珠以根肥大者爲佳俗呼曰猫眼睛草

半夏俗名三步跳生於仲夏斑鳩喜食之

牛膝苗莖青紫色有節如牛膝葉尖圓如匙兩兩相對於節上生花作穗結實甚細以根長一二尺而柔潤者

爲佳一名山莧菜
金銀花一名鴛鴦藤三四月間花一蒂兩花長瓣垂鬚黃白相半而藤左纏故有金銀鴛鴦之名
木賊俗名接骨草
藿香葉似桑而小夏月採晒乾其香愈烈
杏仁甘温雙仁者殺人
桃仁桃爲五木之精其枝葉花仁並能辟邪
柴胡別名地薰有紅白各種
大風子卽楓樹子也形類松子大如雷丸有毒

旋覆俗謂之滴滴金卽金沸草類金錢菊其根能續筋
茱萸枝柔而肥葉長而皺實結梢頭纍纍成簇邑沿古俗重九多佩之
栝蔞仁實圓長多脂用根澄粉名天花粉
紫葛生山谷中苗似蒲萄根紫色
五加皮芬香五葉者佳浸酒益人驅風勝濕芽初生可食
當歸花葉似芹有蠶頭馬尾二種又一種名血當歸亦血分藥
芎藭香草也川產者勝邑近川故此種較良
薄荷千金方謂之番荷二月宿根生苗清明前後分栽
何首烏一名地精有赤白二種赤者雄白者雌根大如拳各有五稜似小甜瓜
馬鞭草卽鳳頭草俗名馬鞭稍
菖蒲有水石二種
茯苓出大松下附根而生作塊如拳大至數觔有赤白二種
黃連有鷄爪連似鷄爪有珍珠連根如貫珠葉似甘菊

淩冬不凋四月開黃花六月結黃子
夏枯草冬至生夏至枯莖葉並用
桑白皮桑根之未出土者見天日不可用
五倍子生鹽膚木上小蟲食汁遺種結毬於葉間殼輕脆而中虛可以染皂色
菝葜俗名金剛藤卽鐵菱角
益母草味辛微苦五月五日六月六日采莖葉花實以備用
梔子卽梔子花所結之實也

枳實其樹類橘而有刺俗名鐵籬笆
萞麻莖赤白葉如瓠夏秋抽穗結實數十顆有刺攢簇如蝟毛而軟子大如豆殼有斑點仁可取油作印色
川楝子一名金鈴子俗名苦楝子
黃柏一名黃蘗用皮
沙參一名白參一名鈴兒草俗名芎鷄腿
鈎藤俗名鶯爪藤紅者爲上青白次之土民釆以釀酒
香薷氣香葉柔畧似白蘇醫家治暑疾以此爲要藥
厚朴卽榛樹皮也肉厚紫潤者艮

金星草卽石韋葉似柳而長背有黃點治發背
紫草採根陰乾用亦可染紫故名紫草
燈草擦癧最艮瘰時成把擦之蟲從草出浮水可見久之斷根
白頭翁俗名野棉花一名野丈人
石蒜卽龍爪花一名老鴉蒜
血藤色赤如血可治血病
威靈仙蔓生莖如釵股七月開花穗如藁薹

草屬

吉祥草葉似蘭不拘水石間皆可種秋開細花色紅
蘋俗名四葉菜葉浮水面根連水底莖細於蓴荇葉大如指頭面青背紫有細紋四葉合成中折十字形合如田字夏秋開白小花故曰白蘋
狗齒草形如鋸齒治狗咬傷
臘燭草色微黃酷似臘燭俗名毛臘燭可治刀傷
虎耳草名石荷葉多生陰處石上可治耳痛
油草卽石菖蒲雕炭作盆護以炭屑則細如絲置座上可收油煙

茅葉如矛故謂之茅邑產黃茅白茅芭茅白茅絲茅也
芭茅莖也供炊爨蓋墻屋而已
萍有背面皆綠面青背紫二種皆浮水上
荇白莖葉紫赤圓逕寸餘浮在水上根在水底大如釵股上青下白
絲草無根生水中置金魚缸中纖碧可愛
馬鞭草形如馬鞭蔓生
狗尾草一名狼尾生穗如粟卽莠也
鳳尾草形如鳳尾

雨點草一名滿天星治跌傷兼治眼翳

瓦松產屋霤之上形似松必依瓦生故名

苦菜子爾雅名蘵即終葵也

根莠類也一名童梁

羽屬 家畜者不贅

鶴邑中時見白鶴止洲渚間莫知所從來

雉俗呼野鷄以避漢高后呂雉諱故相沿爲鷄

錦鷄赤雉也長尾一名金鷄頭頂髮毛金色身紅黃相間極有文彩

吐綬鳥雉屬頭有彩囊身大如鸛五色天晴景淑即吐綬

鴻雁大曰鴻小曰雁去來與燕相反俗呼曰天鵝

慈烏純黑小嘴而反哺者故名孝烏白項者名燕烏

烏鴉腹下白不反哺者

翡翠狀如鵁鶄色正碧鮮縟可愛自惜其羽日濯於水中雄赤曰翡雌青曰翠其小者謂之翠碧一名魚虎俗名打魚郎善捕魚其羽可爲婦人首飾

鷺水鳥也羣飛成序潔白如雪頂有長毛如絲故名鷺鷥

桐花鳳鳥如指大五色備具其冠似鳳以桐花時來即綠毛么鳳一名收香倒挂

白鷴一名閑客似雉白質黑章長尾伏淺草中飛不及遠

練雀身短尾長有紅白二種

青莊一名信天翁身高三尺嘴長尺許翅廣六七尺開口待魚魚過乃取終日凝立不易其處與漫畫同類然漫畫以嘴畫水求魚無一息之停不若青莊之暇逸也

祝英台尾長而碧嘴紅

梁山伯尾長黑白間之以上二鳥俗謂兩人精魂所化故以爲名

燕邑有二種一頷紅者曰湖燕一頷白者曰癩燕

鷂鴣鳴常自呼向日而飛畏霜露夜飛則以樹葉覆其背禽經注其志懷南不北徂也

布穀禮鷹化爲鳩布穀也穀雨後鳴所謂布穀聲中夏令新也其聲爲割麥插禾又爲快種包穀又爲早種早穫俗呼爲包穀鵲

鳩有大小數種通名斑鳩詩宛彼鳴鳩傳鳴鳩斑鳩也能知陰晴

鸕鷀一名水老鴉嘴曲如鉤入水取魚之鳥有家畜野生二種

水鴨卽鳧也有大小二種

秧鷄一名禾鷄生田中色黑味美又董鷄韓鷄皆秧鷄之屬

竹鷄鳴則呼泥滑滑居竹林褐色多斑赤文畜之可制白蟻鳴三十六聲者佳俗云家有竹鷄啼白蟻化爲泥

啄木口如錐長數寸在竹木上啄蟲食之遇蠧以嘴啄樹成符而蠧自出

鷹鵰鶚皆同類鵰上擊鳥鶚下取魚又名魚鷹鵰名海東青

鷂似鷹而小善捕雀卽蒼隼較鷹尤捷疾

山鶘小而文紅嘴彩色尾長尺許謂之山鳳凰諸鳥多畏之

鶺鴒一名鴛卽田鼠所化者無常居而有常匹善鬬飼之者珍之置懷袖間

杜鵑傳爲望帝魂化邑近蜀故多俗呵陽雀諺云陽雀啼過六月六三秋五穀盡皆熟

鸜鵒身首俱黑兩翼下各有白點頂上有幘曰鳳頭剪舌尖能效人言南唐李後主諱煜因改爲八哥亦曰八八兒

畫眉似鶯而小黃黑色眉有白痕如畫其音流麗能作百鳥聲善鬬

鶯羽金色音圓滑卽黃栗留也

鵲俗呼喜鵲其鳴唶唶故謂之鵲以音感而孕先物而

動先事而應善爲巢冬至架之至春乃成最完固張華云門戶背太歲以其才智也

沙和尚大如鴿黃身翠羽剪其舌能人言

麻雀一名兎雀

鴟梟頭目如貓晝伏夜出鳴則雌雄相喚初若呼後若笑所至不祥不孝鳥也百日既長食母而飛俗呼貓頭鷹

毛屬 家畜者不贅

麋鹿舊志載有此物鹿陽獸喜居山麋陰獸喜居澤

麝狀如小麋臍有香香過處草木皆焦黃以其食柏故香俗名香子

麂肉最細膩皮可作靴比麞差小兩邊有長牙善鬬

麞似鹿而小無角雄者牙出口外性善驚故名麞居山麞居澤

虎邑間有之皆黃質而黑章

豹其花如錢黑而小於虎文文如錢者曰金錢豹宜爲裘如艾葉者曰艾葉豹次之毛赤文黑曰赤豹毛白文黑曰白豹

飛虎一名玉翼獸面四足兩翅毛黑黃色

熊有豬熊狗熊馬熊三種

猴俗名猢猻大者曰猿

狐似狗而小尾長如帚有媚珠歲久能惑人

貛一作貒有豬貛狗貛二種狀如狐而大色多青黑毛粗厚其性好睡雖逐之常昏昏作傾跌狀蓋卽貉也

白面貍面有白毛尾似牛亦名牛尾貍俗名果子貍喜食果冬月極肥美能醒酒

九節貍似狐而尾有黑白錢文相間者

獺有山水二種祭魚水獺也似狐而小青黑色亦有黃者皮毛勝山獺山獺出溪峝俗傳爲補助要藥范成大虞衡志云峝獠重之以研骨少許能解藥箭毒

山牛雄者歧角雌者無角眉目之際有孔深寸許俗呼爲夜光眼

山羊一名羱羊角尖善鬬有大小二種似羚羊而色青惟角無挂痕

野豬形似家豬腹小腳長毛褐色力大能與虎鬬

泥豬踐食禾稼最爲民害

毫豬狀如豬身有棘刺長數寸能激射人盡則自斃一名貆俗呼刺豬其毫可簪

山狗如獵狗警而猘諸蠻率攜一犬自防盜莫敢近卽野狗一名蠻犬

鼠有蒼白二色一種田鼠野生小而肥一種鼦鼠害田稼一種曰鼪一名竹鼬居土穴食竹根大如兔味如鴨皮可爲裘一種曰鼬一名黃鼠狼如鼠赤黃而大

豺深毛狗足長尾白頰狼之絕瘦者貪殘之獸最爲民害

鱗屬

鯉神農書鯉爲魚王無大小脊旁鱗皆三十有六鱗上有小黑點文邑中出排鯉金絲鯉巖鯉巖鯉味佳以其深潭中得也

鱖扁形濶腹巨口細鱗皮厚肉緊其味如豚仙人劉憑所食之石桂魚也俗曰花魚

鯿舊志有此種爾雅疏魴一名魾江東呼爲鯿魚之美者

鱓一作鱔黃色俗呼黃鱔蛇變者名蛇鱓有毒以燈照之項下有白點通身浮水上或見燈昂首跳躍謂之搶火鱓皆不可食一種長一二尺背青腹白似蛇味美名曰白鱓

草魚今人家池中用草畜之者即鯇魚也

鰌即泥鰍也似鱓而首小銳色黃黑與他魚牝牡莊子所謂鰌與魚遊是也

鱅一名鱃魚大者食之愈疵其頭最大細鱗似鰱目旁有骨其美在頭邑人呼爲大頭鰱

鯽邑有紅鯽白鯽之稱鯉魚生子初次爲鯉二次爲鯽

故鯽形似鯉

鰱即詩之鱮也狀如鱅頭小形扁鱗細腹肥其美在腹

呱呱魚即鯢魚俗名娃娃魚腐薪所化也四腳長尾前似猴後似狗具男女形聲如小兒大者長七八尺能升樹天旱則含水吐葉上覆身鳥來飲水因食之又或上岸攫取小兒山溪崗潭中多有之獲之亦可食膏然燈不滅

黑魚一名抓巖魚形如龜而無甲每浮水上抓巖而行無人食者

金魚自宋以來始有蓄者一名變魚初生黑色久乃變紅或紅黑白相間尾作三歧至九歧不等有鳳尾獅子尾蝴蝶尾名目脊尾皆金色以龍眼爲上長三四寸

鯊魚似鯽魚狹而小體圓而有點一名重唇常張口吹沙

黃刺骨即黃頰魚燕頭魚身江東呼爲黃鱨魚

蛇其類不一有水土草木四種頭上有冠者曰鷄冠蛇能豎起追人人手擲一物令高過於蛇則自斃喜緑竹與竹同色者爲青竹蛇微黃緑色而長大者爲菜花蛇

皆毒人身烏而光頭圓尾者爲烏稍蛇性獨善不噬物
又一種水蛇嚙人不甚毒至於兩頭蛇最毒不常有四
脚蛇短小而尾尖斷其尾必死然防其入耳人亦不可
活邑之山谷多有之

蛟說文龍之屬也埤雅能交首尾束物故謂之蛟相傳
蛇與雉交生卵不遇雷則爲鷄冠蛇遇雷震則入土數
尺見石而止山中遇暴風雨常裂山而出水湧數丈民
受其害

介屬

龜邑有田龜肉可食甲可藥又山龜名剪蛇龜能食蛇
不可食其殼古用以卜

鼈一名團魚以目聽純雌無雄以思相生龜甲裹肉鼈
肉裹甲邑近處皆有俗名脚魚有青黃二種五爪者不
可食山中多有蛇變者亦不可食

穿山甲甲鱗堅利力能穿山故名性善竄永州記云不
可於隄岸殺之以一血入土則隄岸滲漏

螺其殼旋文其肉視月爲盈虧種最多有螺珠螺梭螺
泥螺白螺或生田澤或生巖石俗統呼螺獅

蚪肉嫩細可食殼用以取膝研粉敷物有光彩

蠏邑中所出大僅酒盞不能食

鰕溪谷中僅有小者不甚佳

蟲屬

蠶屬陽喜燥惡濕飼以桑葉食而不飲三眠三起二十
七日而老自卵出爲妙妙脫爲蠶而繭而蛹而蛾蛾而
卵卵而復妙種類甚多

蠟蟲本草蟲大如蟣虱芒種後延緣冬青樹枝食汁吐
涎粘於嫩莖化爲白脂乃結成蠟狀如凝霜處暑後則
剝取之其蟲嫩時白色及老則赤黑乃結苞於樹枝初
若黍米入春漸大內皆白卵如細蟣一苞數百次年立
夏日摘下以箬葉包之分繫各樹芒種後苞折卵化蟲
乃延出葉底復上樹作蠟矣近聞青棡樹上放者尤佳

蜂作蜜者曰蜜蜂又一種曰巖蜂懸房於巖亦能作蜜
又一種土蜂形似巖蜂而細卽蜾蠃也

蠅虎形似蜘蛛色灰白善捕蠅又有蠅蝗蠅狐蠅豹諸
名又一種色白曰菊虎嘗剪菊心性畏葱故菊盆植葱
以避之

蛺蝶其色各隨所化而皆有殊彩嗅花以鬚聞香卽至其交以鼻交則粉退
飛狐似蝙蝠大如簸箕毛長寸許紫黑色性嗜石耳翼如剪能斷繩索
蝙蝠似鼠而有肉翅連合四足及尾如一夕傍簷飛食蚊蚋俗呼簷老鼠
蜻蜓種類形色不一六足四翼俗皆呼為陽蟻蟻
蚱蜢或曰蚱蜢卽螣之所變也螣食禾葉老則變為蚱蜢長角脩股股相切作聲

蟬方首廣額兩翼六足皷脇而鳴
蟢子一名壁蟢能捕蠅結窠似幕圓大如錢故亦曰壁錢蟲似蜘蛛而身扁俗呼為壁蘚又謂之喜毋以此蟲來着人衣當有親客至有喜也
螢禮記季夏之月腐草為螢邑於孟夏卽見之亦有茅竹根所化者
蜘蛛種類甚多皆吐絲布網其絲右繞
蚯蚓一名土龍
蠐螬銳頭皤腹促眉濁聲皮多痱㿔行極遲緩俗呼癩蝦蟆硏北雜志曰蟾蜍三足與此不同
蝦蟆一名蛙古名螻蟈農人占其聲之早晚以卜豐歉有青黑黃綠諸種俗呼為田鷄一種身小腳長色碧綠腋有星點者能緣樹而上吐沫生子
蝌斗卽蝦蟇子狀如魚尾如針始出有尾無足大則足生尾脫
蝸牛負殼而行身有涎能制蜈蚣
螳螂驤首奮臂脩頸大腹善緣而捷其子房名螵蛸
絡緯聲如紡織鳴於夏秋有促織紡緯諸名邑人呼為

紡車娘一種微類促織而韻致悠揚聽之令人氣平謂之金鐘兒
蟋蟀似竈鷄而大有翅不能飛善跳好鬭竈鷄穴灶居如蟋蟀一名灶馬
地虱卽伊威也一名鼠婦能治小兒口痛
土狗子螻蛄也一名蟪蛄
蠛蠓俗曰蠓子酒醋甕中多生此莊子所謂醯鷄也
蠚螫人之蟲俗名蠚辣子有黄黑諸種
蛭有水蛭草蛭石蛭泥蛭數種大者名馬蟥腹黃者名

馬蟥

蜈蚣赤腹黑頭背光身扁而長節節有足雙鬚歧尾有被螫者塗以烏鷄屎或大蒜立愈五雜俎曰長一尺以上者則能飛龍畏之故常爲雷所擊一云龍欲取其珠也邑朝陽書院有蜈蚣長尺許頂生紅冠道光間被雷擊死

貨屬

桐油膏桐所壓之油也樹不甚高而子極繁花淡白中有紅綫九十月子熟乃剝取以壓油其油有白黑二種

其枯可糞田

茶油以茶子壓而爲油者也梁簡文帝所云南油俱滿荅即此其樹槎枒古幹實大如李寒露後子熟即花不畏霜雪花白耐久至春復花結實如桃曰茶桃一曰茶蘸色青紅熟則變白其味酸澀實後又花乃結油子蓋一歲之中三花二實亦物性之異者也其油可食貴於柸油其枯可浣油膩可代炭

菜油以油菜子壓而爲油者也卽蕓薹子八九月種春初開黄花花落成實四月熟子如芥子其油可燈可食其枯可餌魚可糞田

木油以烏桕子壓而爲油者也其實生青熟黑秋深葉落子殼開張瑩白如雪遠望如早梅取其子外之白膜作油曰皮油製燭耐久取其去膜之子作油曰子油其淨如水可燈其枯能鬆土宜秧田

麻油以脂麻子壓而爲油者也氣味絶香故又呼爲香油其枯可佐饌

靛以藍葉浸水而成藍有三種一曰蓼藍染緑一曰大藍如芥染碧一曰槐藍如槐染青三藍皆可作靛色成

勝母故曰青出於藍而勝於藍也作靛之法先爲二圓池刈藍葉其中浸之以水歷七八日以竹耙攪之將未爛者漉起另浸其已爛者約藍多少徐下石灰視色變藍乃止澄定後瀉去清水則靛成矣種此者利倍於農故通考曰種藍十畝敵穀田一頃

倍子俗名棓子卽蚊蛤樹也其樹形質如漆而葉類酸棗上多漚泡子在葉上背而不見有五棓子七棓子二種五棓子五月採其葉面背皆青花垂穗而無用子如羊奶柹形七棓子七月採其葉面青背白花如鷄冠中

空有蟲子形有歧角一名羊角棓花與子俱可用以染皂

鴉片烟以罌粟實割漿而成割漿之後取其子壓油雜之茶油萊油中幾無以辨其油可食可燈其嫩葉初生可茹味同茼蒿

草烟或作菸花白色微紅葉凡數層頂上曰頂烟氣香味厚次腰烟次脚烟氣味遞降業此者作畦下種移苗分揷均有法度邑產極多田土皆宜

鹻一作鹼以膏桐子殼燒灰熬水而成色黃黑或黃白似沙糖亦有純白者尤美曰冰鹻凡稻藁蕎稭麥蒿之之汁皆可滴鹻而俱不若桐鹻之佳

漆說文作桼木汁可以髹物幹如柹葉似椿春發嫩芽或認爲椿芽五六月間葉端苞而不茁卽孕漆也斧斫節間盛以蚌殼夜垂乳如豆向曉而閿越三宿而一取數則乳不吐也古今注則謂以竹管承之汁滴管中卽成漆割必夏至後始白露後止

茶最佳者造在社前其次則雨前葉稍老則茶粗邑雖種植不多然間有佳品舊志所以有雲巖仙茼兩種

蜜一名蜂糖糖之成於蜂者白者爲上黃次之

黃蠟蜂糖之滓也

白蠟蟲蠟也詳前蠟蟲

絹其色多黃間有白者堅緻耐久半出邑之四季溝

絲亦堅韌但養蠶者甚少道光間邑侯丁公曾刊示其法教民蠶桑

棉花古名吉貝木棉也邑間有之花如鵝毳甚潔白但種植不多耳邑之有花廠也以種棉花得名

棉布精細遜於外來者而耐久過之

葛布績葛爲之製造亦不精細

麻苧麻也歲可三刈五月刈取者曰頭麻其麻長七月刈取者曰二麻其麻短宜紡緝九月刈取者名三麻其麻尤短且薄僅供線索之用

麻布有粗細二種

花布染各色棉紗爲經緯斑然可愛

線毯以棉線織成染作花紋

牛毛毯織牛毛爲之者甚溫厚惟質太重

石膏一名寒水石

來鳳縣志

卷三十

藝文志 文

來鳳縣志卷三十

藝文志

文

明御製文

明高帝告太歲諸神文

上帝好生凡有國者必欽承之則民安物阜邇年以來施州衛夷蔵爲邊患斯患也稱自堯舜以至於今化弗循教征弗畏威蓋恃山巖之險固林木之叢深故跳梁出没虐境傷生也今遣江夏侯周德興充征南將軍進

取散毛安慶侯仇成充征南副將軍取容美等峝合擊散毛其遺將發兵必期摧堅撫順以靖東南 舊衛志

明高帝諭江夏侯周德興征蠻

昔君之武臣有忠於君者盡其筋力所以爲君禦災捍患至終身而後已朕於史書見之每歎賞不已洪武十四年蠻溪爲盜病民朕命年壯能陟崇山峻嶺之將率兵討之爾時開國元勳江夏侯周德興侍其旁即請願行朕不覺興歎將謂古有是而今無此今乃若是豈古人獨名者耶朕本憫其年逾六十不忍使行今必固請遂命行抵秋成功凱旋賜卿田一莊爲子孫世祿嗚乎勤忠不怠禦侮安民非卿而誰故茲勅諭 湖廣通志

碑記

文廟碑記 乾隆二十一年　　來鳳縣知縣 林翼池 譬齋

國朝定鼎之初誕興文治郅隆至聖之祀典國學有廟闕里有廟直省郡邑有廟崇祀先師大成至聖及七十二子凡先儒有功聖門者亦皆從祀廟庭列聖相承重茲典禮今皇上治洽重光尤加意文教崇學尊師而德化之覃敷無遠

弗届蠻疆改設百凡未周即首事文廟蓋以幾希之存於人心者不可一日或去而大聖人明善復性之教不可不時時晉知愚賢否而偕之大道也蓋大聖人之道鉅無弗包而細無弗入初不以今昔遐邇而有間聖人之道即天地之道流行充塞於宇宙間者無所往而不在焉施陽來鳳舊爲楚蜀之交去京畿七千餘里古要荒之地歷年多而漸摩久風氣日開俗亦浸變今上御極之元年奉

旨建
先師聖廟峻整深邃巍然當座
聖像益尊後建
崇聖祠崇祀至聖五代牌位制亦周備神獲妥安顏曾思孟與十哲位次配列左右復作東西廡分序從祀諸賢左旁置明倫堂一座後垣隙地可數畝作齋舍蓋自行義路入禮門大成門一望俾夫列宮墻內跂宮墻外者一顧瞻而知聖道之可修聖教之可尊也絃誦之勤風化之美不於茲廟有以正其本而錫之極歟夫古者黨庠

序塾以次升於司徒論諸司馬今雖學宮未備補弟子員者漸附施學儒官未有專司然數年生聚數年興育庠序之制師儒之官漸次完備將文章蔚起經術修明其所以仰答我
國家豈弟之化者砥礪功修一返於古期無負大聖人明善復性之教無使觀風化者謂文教之隆獨在科名已也是則官斯土者之與爾諸後生心期而願望之者爰為之銘曰
綱維聖道歷久彌光無行不與江漢秋陽生民未有千秋素王顧瞻廟貌佩服不忘惟茲來地新闢土疆惟爾多士克念彝常毋詭於正毋嬉於荒明體達用久罔不臧馮翼孝德鳳鳴高岡步趨賢聖喜起明良

重修文廟碑記

湖北學政鮑桂星覺生

聖人御宇首隆學校春秋仲月上丁崇祀
至聖先師四配十哲及兩廡諸賢大儒典至鉅也直省各府廳州縣莫不設儒學即莫不祀
先聖特頒帑金修建廟宇蒸嘗誦習匪窩窮垓聲教所訖莫之或外來鳳古夜郎國地宋元以來為蠻峒官司其時

固不知學亦不知教
憲皇帝雍正乙卯年改散毛七土司地為來鳳縣
純皇帝乾隆丙辰元年乃設官輸賦而其地始有
宣聖廟然規制猶多闕畧未之講也今
天子即位之元年丙辰邑遭教匪蹂躪而
聖宮頹壞急宜營造當事者屢請修建以鄖襄軍務旁午稽久不報越八年癸亥闔邑紳士倡義重修願醵金幣效勤勞請於縣令朱君桐雨乃共經始卜筮吉日鳩聚工材明年甲子　大成殿　崇聖祠東西廡　大成門皆

剏至巽舊觀其未建者以經費不及又越九年壬申伐
木石樹櫺星門一座建鄉賢名宦兩祠而告厥成功焉
明年癸酉秋予視北楚學將蕆事所拔萃生王煜道其
詳因爲之記予以蠻荒不識詩書如晝之晦也久矣我
神聖震疊萬國
先師之教經數千年而後行於是邦俾生其間者如行青天
白日中雖設學不及三十年而德洋恩普淪浹膚肌於
是邑人士皆知大義先後十年間慘淡經營不避勞怨
勸輸白金三千餘兩重建
至聖廟堂以妥侑神靈而欽若祀典邑人士可謂知所本矣
捐俸督辦知縣朱鳴鳳力爲贊襄者訓導蕭琴先首事
者拔貢王廷弼舉人曾有光生員龍世清同管工部署
監生夏思盛分里勸捐則有若拔貢楊逢祥張書紳歲
貢陳天煦張鴻範楊正誼曾有典咸寗教諭張思儁雲
南巡檢何顯樑廩生覃協中周宏藻生員滕自書向興
校向仁浩覃述常田瀛疆王朝儀鍾待聘田啟芳劉中
華向伯龍向振鵬楊如桂軍功武生張士栖

建社稷三壇記　林翼池

古者建國則立壇壝祀社稷以祈報而宜民也下自郡
邑各得置壇墠於郊坰南祀風雲雷雨山川北祀社稷
而厲壇亦隸北從幽奧之義也來自改縣治南北各有
專祀而壇未設僅度幾席地曠置之而又厲祀與社稷
同地非宜余每承祀其間肅恭蠲潔以介神勞計令典
之缺未備更慮地之暫侵没於民也乃營築壇地南壇
負離面坎北壇負坎面離高各三尺周十三丈繚以垣
四置石柱前闢神路左右各爲階級更置厲壇於北隅
制視社稷較隘不與社稷同位其上俱不構瓦木以未

麇羸公帑又不欲聞於民也壇成余復承祀踐位行禮
視初之曠置荒地尤有昭明焄蒿之意其在詩云圭璧
既卒寧莫我聽在昔火旱有災則變置之蓋祈報饗以
效靈資民生者化甚溥也夫天地好生率育不已長民
者勤施而左右之用其愷悌升爲馨香足以播和導祥
茂對贊育原不在斯須之神聽格度可以邀致鴻庥也
君子之交於神以政不以文而政本乎德書曰黍稷非
馨明德惟馨余懼涼德無以宣時序而質鬼神若夫氣
度儀章之際其奚與於休嘉之徵也哉是爲記

邑侯于公捐建義學置學田碑記乾隆七年　舊　志

我侯之治邑也慈祥愷悌仁義兼施弼教明刑恩威並懋片向之椎髻跣足慓悍難馴者靡不革面而革心矣獨是改設未久誦讀者既不易其人司廸者亦不得其地我侯用是朝夕廑念而孜孜弗釋焉特捐俸廉於本城大旺建義學二座置學田四十五畝禮聘仁良聚孤寒子弟而教養之九年以來絃誦之聲達乎四境矣今我侯以清廉勤慎上膺

簡命調任漢川扳留未遂謹勒數言以誌去思云仁侯諱執中字君敬號韶菴山東萊州府昌邑縣人治邑九載今調補漢川建本城大旺義學二座復捐學田桐子園田二十一坵計三十一畝五分一釐竹園田二坵計一十三畝七分五釐

范邑侯重建義學碑記　舊　志

侯中州世家也甲辰魁鄉薦癸丑捷南宮初分符得施之建始政簡刑清廉調來邑甫下車奉聘入闈經數月旋復興數大政知邑之學校未興則詳請之知邑之荒郊膏腴則勸墾之知邑之胥役鮮當則擯斥之其有好

事舞文無情健訟者一經公斷不惟負者忘刑直令人傾服而後知是非不罔公道在人間也至於庠序之典尤惓惓注意所有義館諸童每親詣講貫多方鼓舞尤慮遠邇就學者不足以容復為之重修建設門廚前堂後室煥然維新異日文風興起端有賴於斯矣是侯以天下才僅父母一邑未數月政通人和則由期月而三年以荅

聖天子之休命者誠不知其何如矣從茲待命

楓宸

龍章寵賁煌煌善政銘彝鼎而傳青史固其所必然者區區勒石一隅何足為侯重第使後之繼侯以父母來邑者覩斯石而效斯政侯德之延綿在千百世矣則此一石也豈特為一時誌作人之慶已哉

岐陽書院記　林翼池

自唐虞立德三代立政而教行乎德政之間孔子兼之祖述憲章生民未有子思直揭修道謂教道之在天地也發於山川洩於人文上自日月星辰下逮昆蟲草木莫不有道吾身渺焉中處所以位育參贊者於道是賴

國家養士取人率用是理顧教必有其地地必有其名欲專業其地者循名而責實焉耳我

朝重道崇儒興賢育德其自郡國州邑俱令建義學爲講學肄業地來邑隸施陽改設以來學宮未建首置義學於城南猶慮負笈者憚於登涉也大旺卯崗復爾設義學是皆廿年來蒞斯土者聞之上官籌畫周詳仰體我

皇上作人之雅化冀存幾希於不沒也比年來風氣漸開執經請業者蒸蒸然起本城義學舊制卑陋亦幾就圮且殘屋數椽而未經懸額位置爰即舊舍鳩工庀材營葺

完固額曰岐陽書院前講堂後學舍周繚以垣可數畝爲後來增置學舍地蓋雖未能規制完備仿嶽麓石鼓萬一亦聊以使此一方之執經問業者無風雨不蔽之嘆焉爾顧學以立教教以明道昔朱子記合江書院謂諸生之所以學而非今之人所謂學吾友張子敬夫記嶽麓者語之詳矣顧於下學之功有所未究是以講其言者不知所以從事之方而無以蹈其實然今亦何以他求哉亦曰養其全於未發之先察其幾於將發之際善則擴而充之惡則克而去之如是而已後之學者信能於朱子所謂將發未發善與不善之間而得其所以爲善之實行遠自邇登高自卑親親長長而天下平窮理盡性之學於是乎在而豈第章句文詞之末徒可剽取科名也哉吾願與來邑人士喻之願與五方戾止來邑之人士共喻之且願繼自今蒞兹土者所以嘉惠我來邑人士屬望後起者無不以入孝出弟守先待後爲講學明道之教由是而升堂而入室則此講堂一席地不僅使一方之執經請業者無風雨不蔽之嘆而直可作聖域賢關視也已是爲記

朝院書院碑記

邑拔貢　王廷弼　斌夫

學校王政之本唐虞三代皆由之黨庠術序是矣然無所謂書院也自宋儒聚徒講學擇山水勝境創精舍以處四方學者始有書院之名由是書院與學校並重我

朝誕敷文德定鼎之初即飭各府州縣設學有學之地即有書院以佐之可謂盛矣吾邑自雍正十三年改土歸流首知縣事者爲山東于公維時學附恩施未置學官而于公已有書院之設以養以教風氣漸開嗣是河南范公福建林公俱重爲修葺始名曰岐陽三十六年始

設學三十七年始移東湖縣訓導振鐸來茲當其先王
講者即有司後則兼之以學官其即黨正州長其官即
其師與夫以蠻荒之服教畏神也戢干戈者六十年無
端而白蓮之教從而煽惑民心既已不靖故邪説易誣
也是以有丙辰之事

新天子即位渙發大號
命將出師
天戈所指即時殲滅而虔劉所遺急宜修其孝弟忠信以事
其父兄長上則書院不誠爲來鳳今日之急務哉書院

舊在城南今邑侯康公病其湫隘囂塵不可以居乃行
營高敞地得東門里許之桐梓園下臨溪河每春夏泛
漲則波濤出沒如聞蛟龍聲秋冬洽瀠之狀亦令人悟
源頭活水而樹木陰翳時鳥變聲皆可以助讀書之興
侯既得之特捐廉俸諏吉命工前爲院門門有樓樓凡
兩層上祀魁星下供師生登覽中爲講堂後爲院師憩
息地左右齋房各十間間各容兩榻廚房二間不五月
而工竣祀
先聖告成功禮也顧既有教之之地則不可徒存其名今日
之所以爲教者莫若先端學術行於近者著自入於人
者深豈但詩賦文章爲弋獵科名之具乎然則侯之移
建於茲也固不僅欲科名顯耀一時而直欲諸生紘誦
揖讓於其中遲之又久至於人心正而風俗醇也易其
名曰朝陽且願藏焉修焉息焉游焉者如高岡鳳噦噦
喈喈和其聲以鳴
國家之盛也其期望爲何如耶乃爲記其顛末而書之碑
以告後日之吉士吉人爲君子使者

移建卯峒義學碑記　卯峒巡檢　沈懷楓　梧章

學校王政之本也我
朝崇儒重道育士興賢郡國州縣令各建學校廣風教來
邑自土司歸流至今風氣日開俗亦漸變乾隆七年初
經邑侯于公建學署南又分設於大旺捐廉買桐子園
竹園二處田均資膏火執經請業者蔚然興起而地廣
人稠負笈者終憚跋涉乾隆十年大旺貳尹蔣公來司
署任復建義學於卯峒卜地署右之關廟坪請於上憲
歲給膏火拾六金延師訓廸於是達德一鄉業儒者稱
便已四十餘年矣予於乙巳歲涖斯土履館遍睎見制

度尚屬草創基址不免偏欹欲更新之而不得其地比來傾圮日甚難以駐足殊惜人材放失未由陶冶而成之因度署前百步許曰民壯坪廣二十餘丈治地剪荆極得平坦遠勝前日因詳請移舊館於斯捐廉首創士民樂助者爭先恐後乃鳩工庀材親爲管理營葺完固越兩月而落成講堂五間以旁四間爲肄業之所中一間奉祀
文昌帝君前一層爲樓門環以高墻廣植花木臨河面山頗饒勝概是誠地靈而人傑矣因顏曰桂林書院蓋欲志

士顧名思義以爭自濯磨耳夫山川無不洩之精華而人才應之將見雲蒸霞蔚登斯堂者操折桂之斧遊廣寒之宮有自今日兆其祥者安得以彈丸地而小視之哉

張邑侯捐修沙坨坪新堰碑記　舊志

民間之興作未有不由在上之鼓舞而能踴躍有成者也來邑改縣治類多崇山窮谷而平原沃野可開墾者不乏其有水源之逶迤綿亘可開濬以資灌溉者莫如元阜里之沙坨坪也在昔相其水道取自紅巖溪計程七八里歲庚申于邑侯興修尋毀壬戌重修癸亥又毀衆竟置之無如何矣張邑侯蒞任廑懷教養躬自相土度勢復命重修民欣從之陟巘降原不憚劬勞爰捐貲鳩工穿山鑿石挖溝築堤數閱月堰竣前後費白金計不滿六百而利賴無窮功垂奕世上益國而下裕民雖用力者民而鼓舞振興者不在民也豈得以耕田鑿井爲小人之事而忘我侯力於何有哉侯諱沖字天衢由癸丑進士調任來鳳縣知縣河南陳州太康縣人也堰既成民感其德勒碑以誌不忘

重修張邑侯祠堂碑記　邑拔貢張峻小山

生有益於時沒有垂於後雖百工伎藝之長被其嘉惠者莫不祠而祀之以報其功況德足以造萬民之福功足以輔兩大之宜者乎若土配勾龍社主后稷庸在民生典詳祭法血食萬世所以崇德報功者至矣吾邑古散毛地也元明以來雖附版圖而土司雄據朝廷以化外羈縻之山深地穢農制未詳而民多飯糗茹草長是悲也惟
皇朝德彌六合威暢九垓雍正季年諸司畏服納土始改縣

治環城之地以縱橫之步計之周廣約二十里厥勢平
衍厥性燥剛厥植梁菽欲闢田疇通灌溉久不得其要
領幷其大經綸大學問者不能識亦不能爲也乾隆七
年公奉
天子命來治是邦政通人悅風流令行乃覩地勢之高卑水
脉之起伏大局已定於水之自東北來者循深而溯之
至龍洞橋兩山夾澗水來甚高從岸上修石堰渡之廣
僅數步乃循山開堰引水東折經馮家坪又折而南經
婁地塢又折而西遂與田滙此東北之水道也凡附城

鳳縣志　卷之三十　藝文志　文　十五

之田皆灌之若水之自西南來者循河而溯之至伏虎
下洞是時樹木陰翳鳥獸上下者其流泉勢卑莫引復
從洞側上行兩山壁立怪石攢簇銳若叉排突若鼇立
怒若虎攫橫若牛觸而公扶藤徐上乃至上洞泉聲噴
怒極高且遠洞左石壁中生石筍廣尺有奇長約數丈
乃令開鑿爲堰缺者補以灰泥斷者續以錯堰引水曲
達瀠洄有聲洞側竪木爲架支木堰於上長二丈有餘
渡水於左側石堰即今靈官廟下石壁也壁有石鑿鑿
堰六十餘丈其法從同於是修土堰以承之深二尺廣
三尺水折而南小阜阻之乃穿阜爲穴高六尺廣四尺
以通之又折而北經龍家坳又折而東大溝闊之深二
丈廣八尋伐巨木數株撐溝底爲窟深五尺以木入窟
築之令堅上加橫木以木堰架其上引水憑空而渡至
今謂之高堰又折而南經烟堡山遂與田滙此西南之
水道也凡河上之田皆灌之此二水也一道遠而蓄勢
維艱一道近而施功彌苦當日用工若干捐費若干告
竣何日助理何人兩經匪變底冊無存德碑莫紀吾甚
惜焉然而水道雖通田未盡闢乃親率百姓指示方畧

鳳縣志　卷之三十　藝文志　文　十六

合力趨功勤加開墾窪者埋之使起突者刻之使平田
畯錯繡水利爪分以定世業以杜爭端由是土之曠者
皆化膏腴民之貧者漸臻殷實又於農隙之餘申以孝
友之教服以詩書之澤由是鄙俚之子化爲秀良絃誦
之聲與於農畝百餘年來安居樂業食德飲和春夏無
旱乾之苦離鄰有洽比之歡則是公之大有造於茲土
也公政成解官民建祠以祀至咸豐季年祠經賊火化
爲煨燼父老遺之有隕涕者茲邑人謀重修問序於余
余思國僑治鄭伍田疇而民歌父毋李冰守蜀通溝洫

而民奉馨香公之懋績抗美前賢皆有功德於民生爲循吏殁爲明神者也雖吾民自高曾以來口傳耳熟飲食必祭猶未若登公之堂拜公之像其感佩爲彌甚公諱冲宇天衢河南陳州府太康縣雍正癸丑科進士也乃作迎神送神之曲春祈秋報使田畯歌之以誌没世不忘云

擊社鼓兮聲隆隆割豕烹羊兮迎我公公之來兮穆若清風田畯拜舞兮其樂融融扶鳩杖兮黄髮翁駐竹馬兮垂髫童公福我兮年屢豐蟊賊不作兮旱魃不雄公

醉止兮堂之中樂民之樂兮樂無窮

擊社鼓兮聲不已送我公兮咸拜起公之去兮雲光徙倚仙鶴與飛兮無定止步長堰兮水瀰瀰濯清流兮石齒齒農有秋兮維穈維芑稼如雲兮胡爲不喜永福吾民兮歌樂只世世子孫兮疇離祉

重修乾元寺記　邑舉人　何遠鑒　葆山

余生平不佞佛而喜遊寺觀崇阿二里許有寺名乾元未詳剏自何時麓山面水卽城東八景中所謂古寺留雲者也有大佛金身丈餘手擘舍利兒時瞻仰心竊異之嘉慶間有劉和尚者通文墨訓蒙其中余每自塾歸輒過從相與談清淨理久不去厥後住持尼僧余亦南北馳驅遊覽之日稀焉咸豐辛酉秋長毛竄境焚先人敝廬而附郭村莊寺觀無不燒燬殆盡而大佛者遂暴露於榛棘瓦礫之間嗟乎滄海桑田陵谷變遷刼數所在仙佛不能逃况人乎余頻年蓬梗未歸每過而見之同病相憐爲之心惻今年秋兒輩爲余築雲蔭山房聊蔽風日而老尼必空新葢蘭若三間金碧輝煌恍然如昨又未嘗不嘆天運循環無往不復也宣聖曰造次必

於是顛沛必於是苟能本性常存面目不改剛健篤實光輝非理有固然者與今既幸余得賦歸來並喜佛之恢復舊觀也是爲記時同治三年甲子歲仲冬月

鍾靈山廟碑　邑庠生　周在中　致堂

宇宙磅礴之氣峙焉爲山其大者爲嶽爲鎮其下爲郡國爲都會生其間者爲哲人爲奇士爲名公鉅卿其流形品物亦爲齒毛羽革杞楠竹箭之材山之爲靈昭昭矣吾邑南三十里有山焉上鋭而下圓不屬於衆山孑然若一峯孤出高不過數十仭而又僻在遐壤里之人

羣相與靈之也號爲鍾靈者巳有年道光癸巳共議建
廟其上十月望後二日功成神像莊嚴祠宇壯麗赫赫
濯濯儼若有靈焉陟降而式憑之者瞻望之餘彌切仰
止山之靈以神而靈歟抑神之靈以山而靈歟皆不可
知第見環山而居者其人則耆而艾其物則蕃而昌其
歲時則協和豐稔而無災癘夫乃歎鍾毓之靈不閒於
要荒爲山靈爲神靈其福佑我生民則一也爰爲之記
後之遊斯地者庶幾顧名思義云

天人橋記　林翼池

治之西南三十里爲馬鬃坡越坡數里爲高崗崗臨溪
溪之濶無過十餘丈但此地非官路不設官船近民募
制葦渡制小其截流有嵌石橫攔上輊下軒作瀾水勢
非暴雨溪漲時離水數寸騾馬徒步可從此過特左岸
缺二丈餘如牙齒脫落其一者水深流急放木梗者從
此下灘㨂甚不知天之生水生石故留一缺以通木道
與抑或通木道者之鑿破混沌使然歟而濟渡者恒以
是隔有架獨木其上以便來往者木狹而溪險水湧急
時不及收常漂以去余嘗走大旺汛與人偕出此視官
路近十里每到是爲行人危之而二尹蒲公過此亦有
難色爰與議造木橋卽溪中之嵌石鑿窟植砥柱高三
尺許上架三木梗寬亦約三尺維以鐵纜溪漲時梗浮
而鐵纜維之其畔砌石磴使坦平則輿馬之濟如康莊
矣下令里民取材庀工一閱月可竣程蓋攔溪自然之
石橋五居其四補一段之木卽可以利濟因天之功而
人易爲力亦邱陵爲高川澤爲下之遺法也橋成爰立
碑於橋頭勒曰天人橋以誌不病涉之意云

卯崗記　林翼池

治來之明年五月六日因省農與蒲二令董司至縣南
百二十里爲卯崗崗濱河司署在焉南北行從此登畔
其東流自宣入來西北大旺衆水歸焉以河與龍山分
南北界西流自蜀酉陽來東西二水滙卯崗出口浮辰
河達常德山勢廻環擁抱不見水去處暴雨時至下流
未通漲幾數丈其上三十里爲漫水以水勢平緩故名
漫從此舍輿駕小艇順流行二十餘里爲欄河蓋將以
洞石作水欄名河歟鄉民相率迎官官司呼其老者以
從撑數里河漸隘僅十餘丈左右崖壁陡削墻立無堆

阜穿怒嶠砰硬礙狀天作地成細膩光澤互相繞映如雕琢磋磨就者顧使雕琢磋磨必不能就若斯之細膩光澤忽而見浮圖對峙方圓層級丈尺不紊忽而見天門重開淺深廣狹出入可由或作靈犀分水開判截止勢或作巨鼇戴山負重隱伏勢俄而鄉民指爲石磨龕則見其團圓對合可以碾食糧指謂下棋枰則見其坦平位置可以布碁局指謂香爐崖竦然作篆起烟雲想指謂蓮花鈍飄然作凌波仙子想中有嵩門最廣可數武鄉民云此大洞也乃攝衣披草而進內有兩層周圍

幾半畝中有石几方廣二丈若削琢安排者上層幽邃細視之石菩薩坐象若現若隱几側有蓮花座儼然觀音大士一尊旁侍神女作鞠躬奉持貌復有倒垂蓮花數百十瓣冰雪清姿亭亭出水眞所謂遠觀而不可近褻者也更可異者中有四靈龍鳳矯首奮翼半入上空杳渺之鄉龍尾搖曳五六尺曲屈蜿蟠具飛天勢鳳尾扇開有雲儀千仞之意而麟龜隱伏兩相對待毛介栩栩生動徘徊留之不忍遽去噫異矣反而登舟漸聞有急湍湧激鄉民曰此正洞也離洞半里許舟不得遍視

遥望崖壁數十丈截留半壁有洞門頗窄較之大洞僅四之一半門置一橫欄拏三杆鄉民謂壞時即依舊制易新陳者墜下人見之不能拾以去是或有神者主之歟第見水從崖壁下濶瀑難測杳不知其所之商人運木至輙折散逐浪放流緣畔行三四里許下口撈拾數百閒有失一二根者以其中之屈結瀏漑有未易以直達之處蓋觀夫大川之利涉彼輪囷權奇者之出山而爲其用從未有若此之蹊徑迥別者也鄉民謂冬月水淺時從下口而上其中水徑之幽曲石態之變幻蜿蜒

尤不可方物時張尉因視圍犯疾未偕至始意其素稱佳境及謂秋冬從下而上閱歷猶奇絕益信矣而鄉民猶殷殷有詞謂昔有仙人遨遊此間杖履逍遥父老能述其蹟噫異矣夫以茲空洞之深窈川流之瀠瀯山石之靈怪幽異設置之中土通都遊覽品題者日不知其幾千百輩即未經遊覽品題者亦能熟聞其名而心慕其勝以不親歷爲恨也乃今棄之遐僻之鄉與荒之地豈造物者故於蓬萊瀛島外別爲餐霞羽化者闢一區宇不欲使凡跡之相涸也千百萬年寂寞清冷曾無有

過而問者而爲孳孳圖利之徒所懊嗔謂一間未達之不能擴包荒之量歟孳孳圖利之徒亦烏足與語此者哉余故愛茲洞之奇而惜茲洞泯泯於此之不幸也貳令蒲君謂吾儕今日之遊而茲洞得公之顯其微闡其幽則其幸也余謂吾子斯言對山靈而滋愧矣夫以千百萬年之寂寞清冷於此曾無有過而問者而且爲庸夫俗子之所懊嗔余亦何力而能顯微闡幽使遊覽品題者之不致泯泯而熟聞其名心慕其勝者之以不親歷爲恨也則仍愛之而仍爲茲洞惜其不遇於今茲也

夫雖然茲洞之深窈灣瀠靈怪幽異天秘而地私之固宜爲庸俗之所懊嗔而亦何藉遊覽者之品題闡其名慕其勝者之以不親歷爲恨也必藉是以顯其微闡其幽則非所以成其洞之深窈灣瀠靈怪幽異也已

游佛潭記

龍山饒建寅 春圃 拔貢

蕉溪山水惟佛潭最爲幽峭曲折潭在邑東北十餘里潭之上丹崖霞壁高十餘丈崖際藤蘿蜿蜒倒垂而下泉從雲根石罅穿出濺玉跳珠天清風雨時聞石壁上舊鑿大小古佛十餘尊旁鐫咸康元年五月二十日字風磨露洗古色斑斕洵萬山中第一奇蹟檻外脩竹如帚高可掃雲石泉鳴咽雅與竹聲相和竹外潭水生寒浴紅堆碧青萍翠荇之間時有小魚游泳忽焉鷗浪鷺濤流出前汀但聞溪聲如吼若掉廣長舌不得而名其妙也癸酉春余與二客引竿刺船泝流而上行十餘里夾岸皆桃花柳陰間之一林紅雨三尺綠波摩詰云春來遍是桃花水不辨仙源何處尋今茲之游彷彿似之既抵岸歷石室上層樓則如來在座拈花微笑余與二客皆相喻於無言矣竊維東晉咸康迄今已歷千數百

年當其五馬化龍一牛渡江此地越在遐方不知誰何之人鎚幽鑿險竟於此人跡罕到處大開選佛之塲俾鷲嶺雞園儼然在望今雖年湮代遠而彌勒龕慈悲室固無恙也余流連景光輙徘徊不忍去意者其當時隱君子之所爲乎或曰此前代仙人之所鑿也事之有無不可知吾獨於此得文章之妙焉文章以幽峭曲折爲工而斯地之幽峭曲折又出於恒蹊之外可以記矣至於傳與不傳非余之所得知也二客唯唯力請記之客爲誰一張君羽儀廣文一曾君吉堂孝廉也

鳳泉記

選用通判 張 鑒 鏡如

泉固出於山也在山之泉固清而不濁也使天下名泉洽洽於深山窮谷中而不遇白太傅陸鴻漸蘇子瞻輩出而賞識之品第之亦與行潦蹄涔供世人之汲飲而已泉何以得名哉鳳山之泉其源遠其光榮其甘如崖蜜其臭若椒蘭雖羅浮之卓錫滋穴之神瀵錢塘之虎跑不過若是泉有二穴四時不涸則又較梁山之雄雌二泉春夏則左盈右竭秋冬則左竭右盈盛衰固殊焉又有異者以瓢取之以桶盛之漣漪之中其桶底宛浮

於水面說者曰此與星沙白沙井之泉大似邑之人挹之注之莫不飲而甘之而余於此泉則尤有性命之依生死之繫如道之不可須臾離者余性嗜茶成癖茶之佳者必泉之美者煮之而後心脾悅焉肺腑清焉聰明濬焉否則煩悶生鄙俗出懊惱萌神明蔽古之人所以負甕剖竹冒辭勞遠者蓋此故耳余居與鳳泉近四十年來朝夕得所求似天之生此泉與余若有所獨私余於此泉較人若有所獨厚吾向疑造物者之有無久矣及是愈以爲誠有噫嘻泉之爲泉其解人之渴煩也猶小其益人之神智也甚大其養人之營衛也尚淺其助人之廉讓也實多吾鄉士大夫所以澡躬浴德履潔懷清以爭附於清流而不致及於汚濁者泉爲之也豈真私余一人而獨厚哉是爲記

天門山涫于記

邑諸生 田啟芳 梅塢

秦時有樂器名涫于形似銅瓶腹大如口高三尺六寸六分圍三尺四寸圓如筩銅也黑如漆滑甚上有銅馬以繩繫馬去地尺餘灌之以水又以器盛水於下以芒莖當心跪注涫于以手振芒則聲如雷清響良久乃古

所以節樂也其器造於何代不可知但爲器已古靈異非常繫其馬者竟可以飛而騰當秦時已飛身二次至齊又見迄於今相去幾千百年矣縱有希世神物奚爲而飛越於此乾隆五十年六月有鍾靈山田升者耘於天門山之頂暑氣正炎渴極而飲於洞之泉泉爲草掩鋤之鏗鏗然聲自泉中出驚訝而歎之曰噫此金聲也胡爲乎來哉再掘之露其馬三掘之提挈其馬而口立見遂轟轟然聲大而遠矣衆山爲之響應此時一尙翠浮光芒四映絢爛輝耀異樣炫目蓋此器埋藏岩穴賊

氣薰蒸鬱久而必宣俗云銅綠其即此翠光之流也耳得此訂負之歸室之人皆不識其爲清廟明堂之器可以鼓吹休明而鳴
國家之盛者遇之於千百載後得之綦難而莫名何寶顧乃棄之如遺置之於鉋廄之間斯凶器之遭逢不偶要亦知遇之難其人也予時髫齡見之莫能有之後聞有賞識者售而去之究不知其所終極噫希世之珍得之如泥壤失之如曇花其終能葷之以獻
彤庭歟此可冀而不可知也

序

學校序　卯峝安撫使　向同廷

嘗思學校之設原以作育人才以備
國家之用余素有志緣例請設奈司內自余明輔祖時遭向嵩等謀叛後人民寥落有志讀書者百不得一幾置斯文於不講矣余因思人不學不如物且土不通經果不足用先王圖治庠序必居井田之後卯峝雖屬僻壤而人性皆善任有土之責者亦宜法先王以立教也詎得於衰微而遂無振興之志也耶所以余於司內及新江各處均建學舍外示諭各地就近多設以俾延師課讀俾肄業者得以居肆成事朝斯夕斯文理通暢暫送荆州附考文風日盛另行緣例請設以廣作育焉是爲序

重修文廟序　來鳳縣訓導　蕭琴　企夔

學校之興資乎守令舊矣往者文翁之在蜀郡范純仁之蒞任襄陽建學明倫彰志貞教沐其化者喁喁然向風恐後曠然一變其俗猗與休哉何其盛也來邑古爲土司地自乾隆丙辰歲改設郡縣建立

文廟其開創之規模崇宏壯麗肅觀瞻焉無何嘉慶元年遭賊蹂躪堂廈門廡半就傾圮至五年冬邑侯朱明府新蒞茲邑瞻拜之餘目擊傾廢爲慨然者久之爰具文顧請
國帑冀爲修葺奈稽久不報今年春與同寅及城中諸紳士謀量工程材約須白鏹三千餘金爰首捐廉俸爲邑人倡而爾時之爭出錢幣以相助者統計之蓋已不下千金云竊思廟貌創自乾隆己未距今六十四載日久制就杌隉一旦人心踴躍廢而能興者非賢邑侯首倡

大義有以感之不及此蓋公之德教深矣猶記予壬子歲權應陽學篆應陽者古蒲騷地僻陋在夷文教未興至宋謝顯道先生令是邑慨然首建學廟與邑士講肄其中而士風丕變迨前明江夏賀對揚先生署茲學事訓士以謝上蔡爲法又捐俸貲爲置石橋田曰嘉賓萍食置雙橋田曰志士斗水其所期待諸生者殷矣顧予力薄未敢妄希對揚公之置田畝以廣作育而明府勤勤創修於以妥神靈而宏教澤若與顯道先生前後相輝映者益令我懷古不置矣前四月既望業經諏吉興

工凡一切棟梁椽瓦之具均須價値今特將所立印簿給首士按名催收無論城邑鄉塲各宜踴躍樂輸期早藏事勿負當日捬修之至意他日

聖宮巍煥人物蔚興搏扶搖而激昂青雲者聯翩無替將昔所稱文翁化蜀純仁治襄今皆於是乎在則夫宰斯邑者之德洽化成良用忻慰即予與亦有榮施焉謂非茲邑之厚幸與董事者屬序於余爰承謭諛敬弁數言用以驗諸同志者

復修社倉序

來鳳縣知縣 王頌三 筱華

古無所謂社倉也自井田廢而阡陌開遂致豪強兼并貧富不一歲媛而號寒年豐而啼飢者所在皆是一旦天災流行餓莩相望議蠲議賑紛紛圖救於目前之急而終無補於百姓之死亡即有講求積儲以備荒歉者又或法未行而害已滋利甫興而弊旋起求其斟酌盡善規畫極詳者則必以朱子之社倉爲最我

國家勤求民瘼常平義社諸法申飭舉行幾遍郡縣蒞任以來紬閱舊乘延訪耆英備悉乾隆年間曾積有社穀二千六百石疇昔之爲民備荒計者至深遠也洎嘉慶

初燬於教匪之擾蕩然無存迄今已廢弛六十餘載矣豈社倉之制終不可以復興乎抑在乎人之實心與實力耳來邑萬山叢薄田疇疏衍農民耕山鋤嶺半皆仰給雜糧即豐穰亦鮮蓄積一遇凶荒民飢乏食草根木皮掘剝殆盡而又山路崎嶇商販梗絶所以視他邑之飢饉爲尤困辛卯己酉歲其前事已顧可不以社倉爲汲汲乎用是不揣固陋潛思復興又自維德薄政淺難以遽信於民爰敵集諸紳耆而共謀之僉應曰可夫社倉何如事而遽共信其可哉攷之朱子社倉之設猶自

謂數年之間左提右挈上說下教始爲鄉里立無窮之利其在數年以前固已岌岌乎難觀厥成矣後之人倣其法者時移勢異更加什百之難敢謂其事之必有成乎且墮廢已久無論閭閻小民未食社穀之利先憚出穀之難其疑惑滋甚而豪右射利慣挾至乏至急之情以邀加四加五之息見社倉祇收息二分其輕重相懸亦未免各存意見妄肆浮言也不意不數月閒倡捐勸助共積穀二千有奇是向惟恐其不成者今竟成矣向惟恐其不卽成者今且成之速矣非民俗湻厚共知大

義而能若是乎非賴諸紳耆實心實力不阻浮議不存意見而能相與有成乎乃或歸功於余待民之誠信與夫用人之專壹焉則吾豈敢是舉也專爲備荒而設每戶收穀一石者出穀二升若佃田與有力之家不爲限量隨其力所能爲以爲補助而既收穀之後不藏之於官而藏之於民不分藏之於家室之私而合藏之於里社之公揆諸朱子社倉之制雖不必盡同惟當豐稔有餘之時預爲荒歉不足之備其於民間疾苦要未必無所裨益也又況捐之於今日不過取錙銖於狠戾之餘而積至於他年遂可免水火鴻嗷之嘆是其爲利固悠而不費而其爲術亦約而易操也因將挪移侵蝕諸弊議立規條於左至於垂久遠以濟實用尤必因時變通而維持之是又不能不望於邑之正人君子及後之官斯士者

送張偉人廣文平糶序　來鳳縣知縣　祥福　介堂

昔富鄭公與所厚書云在青州二年偶能全活得數十萬人勝二十四考中書遠矣古名臣中不多見之人不謂遐壤荒陬亦有能行之者道光丁亥余奉

簡命出宰來邑邑彈丸黑子山多田少歲或不豐民卽艱食壬辰之夏阻飢更甚嗷嗷鴻雁滿縣滿郊余雖多方籌備未能濟也邑紳張偉人先生適權光化學篆歸救時師古見義勇爲盡出私廩減價平糶男女異途強弱一致凡所規畫俱協事機邑民無餒色半皆先生之力也功固同於賑貸福必造乎科名爰書此旌其閭且以爲鄰人士風焉

修羅二箐路序　林翼池

邑之西五十五里爲革勒車塘越十里爲總管寨有茅

店數家歷寨幾里許入羅二箐口怪石推突大者虬蟠虎負小者鋸業牙錯下則溪壑衝潰橫泯無紀又復林深樹密灌莽蒙翳蓋自箐口抵分水嶺與咸豐土老坪壤接原無可通之路而自酉陽彭水駝背鹽鐵者率皆由此蓋以兩邑連界俱有洑塘而僅歷此十餘里之仄徑厓險可就周道故於無可通之處而爲必欲通之實然亦德巳客冬因公過此心病之卽向耆民商開道之方云非數月不可茲既歲暮入春夏苦多雨水俟秋冬交山氣燥烈攻焚開鑿方能濟事余時然之比今春之

正月巡憲來公按臨路出此往咸邑深以爲此川楚商旅來往之區不可刻緩於修治也遂檄縣飭製鐵器如桿鍬鋸錘若干屬卽委張尉督修烈焚劖闢撬鏟削將使化險爲易可以通商便民此誠巡憲勤卹民隱蕩平王道之至意也余爰與張尉相土制宜或舍盤錯而旁通或避嶮巇而曲引或因㵎窪而鋪棧築坑或剔棘荆而剗平削直凡三閱月而工竣恍然開闢一新途一不知夫治道者之必循故轍抑或別於取徑否也然後信非巡憲之勤求民瘼而勇於猷爲必不能化險爲易若斯之速也路成訂咸令中罡孫公勒界碑於嶺曰今而後俶邑之與貴治通衢直達誠有如巡憲之所謂通血脉者孫曰二邑血脉之相通久在西北忠堡黃柏園一道矣從來之貞肅歷香水坪黃柏園老鴉關而忠堡至咸城無崇山峻嶺之隔而又視羅二箐道近二十餘里血脉相通於此矣公豈未親歷而未之知耶余謂人身血脉之通四肢無間手治而足不仁病巳又焉可以臂指之運掉如意而任兩足之病腫蹊盭也哉

縣署竹梧書屋序

來鳳縣知縣　方策　竹儂

竹以食鳳也梧以棲鳳也鳳兮鳳兮來何暮兮姑種此以招之

重修龍烈婦牌坊故址序

何遠鑑

余嘗渡河北上於朝歌拜比干之墓於湯陰謁忠武之祠於容城訪椒山之里竊謂人得正氣以生其精光常留天地雖世遠年湮過其地者恒低徊不能去城東有隙地半幅圖人築室其間旁積糞穢諸物未幾火余過而異之詢諸土人則故牌坊基也訪其姓氏父老皆無能道者蓋自丙辰兵燹之後文獻無徵遂使芳蹤湮沒

考古者所爲慷慨太息也壬辰冬歲試南闈與堂叔禮門暨亡友雷淮卿囑闈吏王成仁覓諸檔册久不獲一夕吏夢少婦素服嚴粧入中堂似有所白狀次日尋他卷忽有自塵堆故紙中落者檢視之則余邑申詳節烈册也烈婦亦靈矣哉案烈婦係邑人龍民貴之妻趙氏年三十里有惡少欲犯之不從以兵脅之烈婦奪刀自刎時乾隆三十五年也嗟乎人得正氣以生一念之真匹夫匹婦無媿於仁聖賢人烈婦亦烈矣哉癸巳春標以石柱鄉先輩王曉樓爲文以記之但地當孔道人畜

蹂躪不數年而碑碣無遺今所存者石柱耳余恐數百年後滄海桑田不能與犁鉏爭此土也思欲永此芳蹤莫若種以嘉卉欲種以嘉卉莫若圍以垣墻行見樹木陰翳禽聲上下足以慰烈婦之魂而過其地者將與比干之墓忠武之祠椒山之里同低徊不能去也是爲序

卯峒安撫司志序

安撫使　向舜

或有問於余曰志何爲而作也余應之曰志也者志其事以供覩記者也且食貨學校大有關於民瘼尤爲有土者所不容略卯峒雖屬僻壤不同乎通都大邑而余先人自明初歷守此土傳職至余司内之食貨學校以及舊蹟遺事與夫四序推遷山川景物亦有足以纂集成志者雖余以幼年襲職知識未開見聞不廣賴胞叔子藩代理司事而及其成立自行治理亦曾有昭示司内各示且胞叔子奇姿性靈敏積學有年足以助余之所不及因取彼素所記載者而閱之仍付伊偕堂叔從清秉筆贊襄草纂成書竊念自有土以來已多歷年所矣因思人事不能無變遷著述之事不輕擅不及身爲之無以見責有攸歸彼所謂莫爲之前雖美弗彰者其

又何說焉此卯峒司志所以草纂以昭後世也是爲序

卯峒安撫司志序

向子藩

卯峒判南之邊疆也余先人自明初撫有此土遞傳至今已多歷年所矣余自署理司事以來曾於涉獵經史之餘見夫古之籍載筆而傳其軼事者紛紛矣因思凡事必有紀於前乃可以述於後而欲成司志一書久矣每慮前無所承旁無所証不意余弟子奇曾一一記之録有一稿質之司主適合其意乃仍付伊偕堂兄從清草纂成志將見地屬僻壤雖遠不及夫巾域名區而司

志既已草纂後之子孫自可數典不忘是我司修志一事較之通都大邑亦宜急急也余因喜余卯尚之司志成而樂爲之序

覃氏家譜序

施南府知府
順天宛平人王如珪

余奉
簡命來守斯土下車伊始即首詢學校知府屬新建之縣尚未設學四邑生童尚寄恩邑學額內附考余曰四邑雖未設學凡來守斯土者均有教養之責故採風問俗雖爲政之首務而作育人才實治政之先資旋命洸丞於

試日交卷時將各邑試卷彙集呈閱以覘各邑文風士習之醕疵點名時諸廩生揖見序立詢以餼食有覃生述綸對以籍貫來鳳餼食恩施及閱來邑試文中有數卷斐然可觀招覆時得覃述紱述書述圖弟兄三人詢之乃知爲故散毛宣撫之後裔也暨院試述圖述書俱遊恩泮而述紱述一旋列名成均以待鄉試余聞之而嘆曰此故家巨族之行以爲後人端品立名之地也迨月至嘉平圖書二生抵郡晋謁見其氣度和平因詢其姓氏何始郡名何因祖籍何地宣撫斯土始於何朝述

圖即出手所纂輯家譜稿呈閱並祈爲序於首余曰水有源木有本立言者能識本源之所在方能明體達用俾益後嗣生退余細閱其家譜始知姓氏之由祖自江南宦遊荆楚歷世之膂力王室親睦厥家忠藎孝友自唐及明已數百年於兹矣適來令林君將修來志抵郡就余商志事余復細詢林君未改設之先既改設之後士習民風源源本本備道其由余方悉來邑士習之端方民風之湻樸皆緣於故散毛土司流風善政之所致也噫嘻爾先人之蒞治於斯能使宰斯土者知所愧勵

焉則爾後人之聚族於斯務使宰斯土者倍於隆重焉至此中消息之故則固生之所能默喻者也嘉生之意因序之以俟生異日之鐫定云

覃氏宗譜序　林翼池

乙亥之秋余謁選都門得楚地之施南來邑楚人士官於朝者向余云此吾楚新闢土疆其風土人物殊少概見余謂不然天地之氣運自北而南三代而上惟大河西北地屬中夏吳越以南舉爲要荒迨幅員既長昔之目爲遐陬僻壤者今成大都會矣昔之稱爲村野樸陋

者且久道化成夾漢陽爲楚北而施陽爲楚南風氣日
開是必有故家巨族隱君子者出且楩楠杞梓楚材實
多深山窮谷之中荆榛灌莽之墟輪囷離奇者之偃蹇
其間曾無有過而問者不知凡幾也而顧以土疆限之
耶是夏莼兹土越仲秋集諸士季課得覃氏一家新舊
生三十餘卷皆斐然可觀旣閱其文章因詢其家世乃
知覃氏自上古發源蓋神明之允也厥後別氏分族或
以爵或以地類難以枚舉其衍爲覃姓者則隸於江南
顯於漢室自漢有天然唐有墨來送當炎宋之際則有

汝先伯堅其繼世則自毛公而後友諒以下或時贊政
宣猷或時折衝禦武俱宣撫斯士爲先朝忠藎之臣越
十三代傳至動麟公因吳逆蠢動隨大兵征討有功世
襲鎮遠將軍　賜印篆勲麟生二子嫡出者爲隆基鴻
基其庶也動麟夙有襲庶意隆不忍違父志宛曲遜讓
鴻因嗣襲自鴻傳至瑄仍襲舊職皆隆基公孝友之德
所貽也洎
世宗十三年歸誠繳宣撫印篆給予世襲千總撥給漢陽房
屋瑄故無嗣列憲以瑶爲嫡長孫欲題請承襲瑶復固

辭挈二嫂扶兄柩歸葬杖履自適課督子姪以終天年
大抵覃氏之奕葉遞傳也在家則代敦孝友在國則世
篤忠貞故其和氣致祥能使子孫昌熾書香蔚起將來
之雲礽日盛簪纓弗替者夫非孝友忠貞之蓄久而必
發其光者與述編覃生因出其手寫家譜索余序余曰
水有源木有根後代之支分派別皆先世之同氣連枝
生家之自漢迄明由陝入楚而元而明以逮
國朝余亦何能詳悉爲生家譜序第即今日所見並質諸
故老所聞猶有孝友忠貞之遺意焉後之子孫繼前人

成業各敦詩禮共課農桑勿以强弱相軋勿以貧賤相
耀勿以鄙俚成習勿以才智自多父言慈子言孝兄則
友弟則恭勉其家修蔚其國器其後之繩繩未艾長發
其祥者直可於兹操其劵矣又烏得謂此地之風土人
物不可槪見而以新闢土疆限之耶是爲序

王小艭冬青山館詩鈔序　　來鳳縣知縣　周向青蘇門

僕攝篆蕉溪此邦士大夫不乏其人而僕所最折節起
敬者於斯得師友二人焉一爲楊愚齋孝廉品端學粹
悃愊無華此躬行君子也可以爲僕師一爲王小艭選

拔志高才博慷爽不羣此當世豪流也可以爲僕友曉艭曾出其先公斌夫先生寸丹集及英謀傳見示簪纓世族忠孝傳家於以知曉艭之學有根柢品争流上者蓋得諸庭訓有素也僕瓜代已届將離茲土曉艭與愚齋諸公以僕之非風塵齷齪比也拳拳不釋於懷因以所作冬青山館詩鈔相示僕見其探源屈宋選材班馬上自漢魏六朝以及唐賢三昧至宋之四大家元之諸小品開拓勝朝七子之衣冠紹述　盛世三家之俎豆氣大言盛筆健聲宏澡思於冰雪之壺摛藻於蘭茗之

沼逸情雲上仙格風流洵足上繼寸丹一集輝映後先矣雖然詩三百篇皆忠臣孝子之所作也異日曉艭登翰苑歷臺閣雍容揄揚垂紳珥筆和其聲以鳴
國家之盛此猶鄒枚侍從之所長僕所進而請者詩教所以維王風方今
聖天子輶軒問俗太史陳詩曉艭本其英俊卓犖之識發爲誠正侃諤之辭令天下仰之如朝陽之有鳴鳳此則移孝作忠不負令先君之盛德偉業僕與愚齋先生嘗拭目俟彈冠慶耳昔鮑覺生先生之賞識曉艭曰王郎酒酣拔劍斫地歌莫哀我能拔爾抑塞磊落之奇才先生固爲曉艭之知已乎然而曉艭當益自進勉矣

培桂山房集序　　蘄水翰林陳詩愚谷

古之所謂傳人者非世俗之居高官登巍科者也蓋其人之性情學問道德文章功業不朽於世雖欲不傳而不能不傳即不然或有一二之可傳亦不朽人也壬子秋余游蜀西假道鄂北一日晚泊鸚鵡洲前弘舸連艑時值斜陽蒲江清風徐來忽聞吹笛聲推篷出聽見鄰船頭一人葛衣羽扇揮灑自如風度邈然余過而謁之

乃古施州張君羽儀也握手與語云秋闈後將赴潭州省墓煮茗縱談如舊相識真有一見恨晚之感但詰朝曉發一夕之承向湘向泰不能無憾乃天假之緣石尤中阻兩人舟中舉上下三千餘年之人事八十一家之文字無不抵掌談之興酣出近作武昌懷古七律八首晚過洞庭湖長古一篇見示氣體風神翛然埃壒之外余深喜風塵物色之不爽明日又出平生所著諸子異同録一卷文集一卷古今體詩三卷名培桂山房集余恐風利不得泊舟子催促江亭月白對之朗誦一讀一

擊其文之才雄魄大如登日觀峯觀海潮奇奇怪怪變幻莫測江漢之合流不足以方其浩瀚也其詩之調高響逸如遊廣寒宮聽天樂羽衣霓裳聲徹九霄鶴樓之玉篴梅花未必有此神韻也胸次浩然天眞絕俗施州人物詹宏博輩不得專美於前矣夫張君之性情學問文章道德於同舟十日一一具見之矣若夫功業之彪炳以張君之盛年負此磊落不羈之奇才而復深年以造就之醞釀深醇異日遇合有期將輝煌麟閣煊耀芸臺建宇宙間不朽之事爲宇宙間不朽之人要亦性情

學問道德文章之所表見者也交雖十日誼自千秋未必不爲張君厚望焉時乾隆壬子季秋月謹序於漢陽舟中

陳大巖哭蕭紫峯殉節詩序　湖南人　楊興植　蒜圃

余觀天地之正氣流注人間或爲忠臣或爲烈士而其淵源有根於母族得諸師傳者玆於蕭生紫峯見之紫峯爲陳氏甥其先舅祖鐵山公以萬歷戊午名元宰羅江有惠政晉守潼川遇張賊入蜀圍潼城鐵山親持矢戟與士民堅守日久援兵不至城陷北向拜曰臣生不能報主恩死當爲厲鬼殺賊遂自縊而死今紫峯値教匪之變倘見義不明縮首畏禍崇山邃谷儘可逃生而乃挺身倡衆爲國亡軀其義膽忠肝較望風而靡者迥異非種於鐵山之眞脈而能爲此哉且彼嘗受業於大巖先生者也大巖守鐵山遺訓慷慨有祖風講學蕉溪以忠義示諸生不徒沾沾於文字之末故紫峯之始而擊匪繼而獻圖三而誘降四而殉節凡智勇之過人丹心之炳日蓋讀古人書而深有得於師者至龔劉二子與紫峯友善亦同時死綏語云人以類應其信然歟嗟

乎來邑妖興大巖門下士率衆奮勇馳驅戎事者十餘人紫峯獨不免於難是天不留斯人以光此土也是天欲死斯人以振頽風也予覽大巖挽蕭生詩情詞悲壯於邑唏噓淚不自禁爰題數言於簡端聊以當些招云爾

書事

書知縣莊公紉蘭死節事　施南府知府九江人　王協夢　松廬

余守施之明年將有修志之役來鳳令祥君上前令莊公紉蘭死事狀覽其義烈有足紀者來鳳故屬散毛土

司其地有小坳界連蜀之酉陽乾嘉之際白蓮難作先是匪目韓灉煽亂歲癸丑攝尹蔣君以計擒之併其黨楊龍等置之法逾年公受代嘉慶丙辰二月訛言紛至公患之飭鄉民報忠崇里夾牛洞賊匪於十五日刼奪行旅人情恟懼悌恭里陳松者革役也通賊爲内應詭陳形勢願自効勸公勦之十七日公偕外委王清帶兵三十八典史張甯率民壯鄉勇百餘人行至楊柳溝紅巖坨賊大至望水堡峽口左右夾擊官兵陣亡者八人王清受創逸鄉勇死者十之八公因被擄匪目田谷登

勸之降公罵不絕口遂遇害七月破賊降匪黃金印指其瘞所始得歸葬方莊公之陷賊也張尉大呼入陣白刃攢刺所乘馬爲賊所砍與馬俱墜溪橋下亡其屍十八日訓導甘杜命其子文郁携印乞援於龍山縣俄而賊巳入城乃乘間至翔鳳山麓沈於水妖僧佛樾扨之廹降不屈乃令其徒送歸學署其夜遂自縊而死事
聞賜卹廕
勅祀昭忠祠夫以死勤事祭法也列於俎豆宜矣

檄示

廣墾植告示

卯峝宣撫使向那吾

爲開財源以足衣食事照得治道首重農桑必土地闢始有飽食之慶樹植廣乃無號寒之悲蓋農桑者衣食所從出也故一夫不耕或受之飢一女不織或受之寒若是則衣食之足莫要於墾植之廣也本司卯峝地處邊夷荒山雖多而有水之地亦不少前此干戈擾攘之秋未暇廣行墾植自本司襲職以來幸獲家業而安但民之耕織雖未嘗廢而豐衣足食之慶究難歷豐歉而一致是豈飽食煖衣不可以力致歟想亦由墮農自安

不力開墾不勤樹植任土地之荒蕪而財源莫入開使然今特示諭凡有業之家務相其有水處概行開墾成田卽屬旱地亦須遍勤耕種且桑麻之蓄貴取不盡而用不竭尤恐内有梗頑敢於不遵示令本司特設農官以省勤惰查其荒蕪俾財源開而衣食足無論年豐歲凶鮮飽之嘆不聞號寒之悲可免此本司之所深願也爲此示仰司内人民知悉務宜凜遵毋違倘有遊手好閑不思竭力墾植以開財源者不惟難免農官懲責卽本司亦法不寬宥特示

廣修學舍告示　卯尚安撫使　向同廷

爲廣修學舍以厚風俗以隆作育事照得古者建國君民教學爲先而人才振興雖由教化使然亦資肄業得所故郅隆之世廣教澤於司徒樂正悉於家塾黨庠端其藝習本司卯尚雖曰邊夷亦風俗宜厚人文可興之地特工必居肆乃成其事是以本司除司城並新江各處建修學舍外合行出示曉諭爲此示仰各地知悉嗣後務各就近修設俾成人小子各得其所凡爲父兄者固當加意教督而爲子弟者尤宜潛心肄習則日變月

化孝弟禮讓之心油然而生且能志圖上進功力深而自足以揚名顯親司內雖無學額本司自可移文暫送荆州附考俟文風日盛即行援酉陽之例請設學額將見風俗厚而作育廣可無慮人文之不振興也凡司內人等務須踴躍從事無負本司之意特示

諭闔邑諸民區種田法家桑山桑蠶法示　道光十七年　來鳳縣知縣湖南澧陵人　丁周　星舫

爲推廣農桑以利民用以厚民生事照得民爲邦本食爲民天從政之大端莫先於教養養民之要道莫大如農桑有守土之責者皆宜於耕桑衣食加之意也本縣服官鄂北隸籍湘南念切民瘼留心農事物土之宜五方各異膏腴之地三楚實多則餘一餘三旱潦自應有備乃自暇自逸閭閻每至困窮雖半屬饑饉之所致究歸於惰農之自安湖廣自辛卯水災而後百族凋瘵之形目不忍見耳不忍聞猶以爲地近水濱勢所難免而居山或可無虞今春攝署茲邑下車伊始訪問民間疾苦往者偶遇偏災餓殍情狀與他處無異爲民父母豈可坐聽其年荒歲稔而不預籌一保富救貧之術哉獨

思此地自乾隆初年歸流新闢原編戶口士民客民共四萬七千四百餘口原額水旱田土共載六百三頃二十九畝有奇按一頃百畝計田僅六萬畝零現在戶口約倍於前而山多田少無荒可墾是糧田有限人民日衆非即前人之成法而善行之安能於人稠地狹之鄉化少爲多轉磽爲沃爰蒐羅經世籌濟諸書擬將區種及家蠶野蠶諸法彙錄成帖刊刻頒發俾務農者家喻而戶曉之爲此預先示諭闔邑軍民人等知悉區種之法始於伊尹耕莘按常田每畝可收穀三四石或六七

石不等區種則每畝可收穀二十餘石或三十石得法者每畝竟可收穀五六十石以至百石之多是一畝所收可加常田六倍或十數倍且不用耕牛不必栽秧清明節後將穀種拌和灰糞種區土內計五十大即可成熟如種豆種芋一般如水耕常田差異惟鋤禾負灌費工田不加增穀實倍蓰利甚大矣前事明效另錄原編載區田攷中至蠶桑之法家蠶家桑所在不無知者但桑樹不多蠶絲亦少耳山蠶之法知者或鮮現今四川貴州山東早已行之有效其初官爲督率後皆樂行不

倦刊本有蠶桑說及廣行山桑檄皆一一詳之竊愾每年青苗不接力耕貧戶種桑千株養蠶萬繭繅絲一觔易銀一兩春絲方成秋蠶又至農家之利孰大於此來邑十二里閒曠地土何止種桑百萬十二里老弱男婦何止治繭億萬遠如江蘇之洞庭山浙江之湖州府蠶利歲計千萬近如當陽之河溶京山之宋河蠶利歲亦稱百萬但使來邑無土不桑無戶不蠶誰謂蘇杭之富荆鄂之饒不復見於此哉但管業之家尤宜矜恤佃戶耕桑均有成效臨時斟酌分多取寡卽以課勤惰別勞逸永爲來邑萬家福遠近效之豈僅來邑萬家福哉爾居民誠能實力行之務求必成來邑雖云山多田少種桑亦無礙糧田可耕之土仍多佃種貧戶每口額種桑三十株多多益善額耕區田五六畝不必務廣歲應收穀百石除完租稞外養八口而有餘十二里之民可以無飢矣又戶課蠶工男婦老幼通力合作轉移孰事人有常業邑無游民十二里之民可以使富矣誠若此歲有餘糧愼勿傾糶以圖使用務將餘穀酌量存留以備荒歉里中擇一二紳耆董其事其穀仍存本戶倉內該

管紳耆年終彙數報縣備查所有書差約保不得干預參越此等穀只許本境平糶民穀民存我倉我積較常平社倉尤爲稱便卽古人公督私藏法也里中巨室積穀甚多可以通濟外境者不在此例至若義學賓興育嬰孤貧諸費非一力所能辦地方官隨時勸諭亦不能强以人爲善致生嫌議但農桑利成禮節罔無不興若夫人非迫於飢寒誰敢竊盜人苟足乎衣食豈忘禮義故詰奸必先警惰興教必先議養此本縣一片恵養之意爲籌濟民生起見爾民亦當自爲謀也凜遵毋違特

示

附區田攷（圖田附後）

區田之制久矣昔湯有七年之旱伊尹始作區田教民糞種負水澆稼凡山陵傾阪及田邱城上皆務爲之以是支七年之旱而民少流殍惜其說無他書可証散見於陶朱致富奇書及元代王楨農政全書推本氾勝之之法爰是詳考區法每田一畝廣一十五步每步五尺計七十五尺每行占地一尺五寸計分五十行其長一十六步每步五尺計八十尺每行占

地一尺五寸計分五十三行長廣相乘得二千六百五十區空一行種一行隔一區種一區（留空以便澆灌又可疏風）（方不熟壞苗且以其土壅根）除隔空可種六百六十二區區深一尺用熟糞二升（驟用生糞過多糞力峻熱即熱壞苗有害）與區土相和布種勻覆以手按實令土與種相着苗出時每一寸留一株每行十株每區十行留百株別製廣一寸長柄小鋤鋤多則糠薄若鋤至八遍每穀一斗得米八升如雨澤時降則可坐享其成旱則澆灌不過五六次即可收成結實時鋤四旁土深壅其根（種既密穗又長大時恐風

成折）其爲區當於閒時旋旋掘下春種大麥豌豆夏種粟米黑豆高粱（穄音糜）黍秋種小麥隨天時早晚地氣寒暖物土之宜節次爲之不必貪多毋論平地山莊歲可常熟近家瀕水爲上其種不必牛犁惟用鍫（于遙切音幧甬也）钁墾劚更便貧家大率區田一畝足食五口丁男兼作婦人童子量力分工定爲課業若糞治得法灌溉以時雖遇災旱不能損耗此區種之詳於史册者也又攷齊民要術云衍州刺史劉仁之在洛陽曾爲之一畝可百石人多疑焉後爲太原司馬在平

定亦然收每區四五升畝可三十石於是爲圖說刊布之以爲務農者勸此區種之見於集傳者也徐元扈先生有言三代制產非以多與之爲厚也語云務廣地者荒詩云無田甫田維莠驕驕后稷爲田一畒三畎伊尹作區田負水灌溉古之治地者盡力盡法而不務廣大禹時即爲農師洪水初治作乂之土甚多恐民務廣地以致荒蕪故限田五十使精於業即五十畝可食八口之家矣豈不諒哉故詳述其說以著於篇又攷盛柚堂集云近衢州詹文煥監督大通

於官舍隙地爲之計一畝之收五倍常田又聊城鄧公鍾岳於雍正末亦曾行此一畝之收多常田二三十斛此區種倍收之明效也

國朝康熙丁亥桂林朱公龍耀爲蒲令取區田法試之後爲太原司馬在平定亦然收每區四五升畝可三十石爰爲圖說刊布之陸桴亭欲以代田之法參區田之意更斟酌今農治田之方而用之見思辨錄此區田倍收行於康熙年間者也雍正二年直隸總撫李維鈞奏曰嘗考伊尹耕莘之時有區田之法收穫

倍蓰臣繪成區制在保定城內賃地二畝僱人試行之其播種灌溉尚未如法而一畝之地已收穀十六石若無地窮民得荒廢之地數畝俾其區種則數口之家亦能養贍或歲遇旱潦倣而行之於農功大有裨益奏入奉

硃諭區田一說向曰視爲迂濶之談亦未聞有行之者覩爾所奏收穫倍蓰則非荒唐矣此法倘能通行獲益良非淺鮮雖係古人成法亦爾一片爲國爲民之心感格神明之所默授朕實欣悅之至後候再有成效更爲源源奏聞此誠美政也此區種倍收行於雍正年間者也至種蔬果之田謂之圃田其田繞以垣牆或限以籬塹負郭之間但得十畝足贍數口若稍遠城市可倍添田數至一頃而止結廬於上外周以桑課之蠶利內皆種蔬惟務取糞壤以爲膏腴臨水爲上否量地掘井以備灌溉地若稍廣可兼種蔴苧果物比之常田其利數倍此圃夫之業可以代耕養素之士亦可託爲隱所乃農事之支流而田功之餘事也大抵田制不一各因地以制宜而力田之事全恃

農夫有真精神流貫於其間凡選種之取其肥實糞力之取其腴厚耕耨之必利其器播植之必乘乎時至纖至悉具有經綸臨民者誠能訪窮簷之疾苦知稼穡之艱難寓撫字於催科般鞠謀於積貯烏在老農老圃之事非即大人之學哉經世文編

附蠶桑說

聖天子加意農桑每歲必親蠶收入供御蠶桑之利遍於天下閩中天氣和暖理宜蠶桑徒以難於創始大利遂秘予蜀人也習蠶利來閩歷守二郡曾於署內試

養良絲厚繭俱有成效信乎閩之宜蠶也願欲養蠶必先樹桑桑之種類不一一名壓桑春初取桑枝大者長二三尺許橫壓土中上壓肥土約厚二寸半月後萌芽漸長三四月後可四五尺次年立春前後剪開移於他處二三年卽成拱葉可飼蠶矣一名子桑乃桑椹所種四月取黑桑椹揉碎用糞灰和上種入地寸許一月發芽三四月長二尺許再逾年種種四五年始成樹仍結子惟葉稍薄然任砍伐枝可爲薪取葉又甚易養蠶者利之而吳越之間每取壓桑條

移接子桑其葉更美一名花桑亦由種子而成其葉與壓桑相似但有花無實與子桑異不可多得湖州所種皆小桑蜀中多大桑此種桑之異法也養蠶之法立春日取蠶種置地上或草間使受春氣隨置溫暖處日以爲常越十餘日自出小蠶如蟻蠕動視其多寡用鷄翎掃下每日一次各爲一處以免參差初生盛以筐藉以紙先用柘葉食之如無柘用桑亦可每日喂三次天氣晴暖約七日卽當初眠眠則蠶不食漸藏葉下視眠者過半卽暫停無與食伺蠶蛻大

半起而後食之初與食不可多多則傷食病死漸長漸多筐不能容移於曲箔蜀中呼爲簞二三日一次攤開令稀掃去蠶糞以利其氣蠶喜溫暖宜向陽潔淨毋使近陰暗及汚穢惡臭犯則蠶瘟故蠶婦不近喪門不食蒜韭良有由也初眠後約七日而再眠又七日而三眠停食俱如初眠時三眠蠶長寸許蜀中呼爲大眠謂過此則不復眠也蠶既三眠食葉有聲如雨挼之立盡每日三食夜則燃燈照之蜀則名爲催老蠶則舉家忙也約食二十三四次蠶老不復食

置蔟上令作繭漸多不勝摘則多置葉其上而覆以草如鞠梗竹枝之類蠶老者次第而上其前後亦不甚相遠如遇天冷下置火溫之四五日便成黃白二繭各取歸筐中黃者繅爲黃絲白者繅爲白絲繅線之法大釜沸水入繭一升攪出絲頭置一木長徑釜上立三桯置二小車長五寸徑二寸下鑽竹管各一抽絲頭由竹管出繞小車周匝而後引入大車車制寬尺六寸徑四尺五寸前輊後軒後二桯架車前二小桯作機納絲二竹鈎下分爲二行上大車每運車

則機隨車往來疾徐如意每抽繭絲盡則蝠出不盡者再攪而抽之有不上頭者名水繭去之破頭者入水即沉鎮以石毋令再起亂絲每次添繭半斤佳者煮繭三斗可得絲二斤即宜下架軸作一束如繩挽其末如髻即可貿川中每斤價自八九錢至一兩不等惟其時耳川中又有水絲取法與大絲畧同惟煮繭取頭後即下冷水盆中繅之與火絲小異色光而細可作綾緞經線然取之較少故價稍貴聞湖州蠶皆火絲每年桑重生復用蠶故有頭蠶二蠶之別此

蜀中所無也蜀中牆下樹桑宅內養蠶以爲常業蠶初生每重二錢長大可滿一簞簞長丈三寬五尺編竹爲之屋中立四柱柱下有十齒作架盛簞掛上可容五簞養蠶家多者二百簞少者亦十餘簞每簞可得絲一斤若得絲二百斤則小康之家也又蠶初生至成絲時僅四十日獲利最速其糞可飼豕水可肥田柴可炊爨故人皆寶之每蠶熟置酒相賀又擇其繭之佳者爲種出蛾分雌雄配對半日分開承以綿紙令下子滿紙收貯爲來歲計其出蛾遺繭可製綿綢並無棄物婦工女紅以助男耕心無外用風俗日美豈不休哉吾憫閭民之昧厚利窮生計而莫爲之所也作是說以導之

此太守李公守福時文也福稱炎海楚亦稱熱地氣候同則土產同也錄此以爲養蠶蓄繭治絲者式天下大利除務農外蠶絲爲重鹽鐵之利霸術所尚務本者不取焉爾士民其知之 周跋

附廣行山蠶檄 陝西巡撫陳公宏謀

陝省山嶺槲葉最盛宜養山蠶康熙年間寧羌牧劉

公從山東僱人來州放養山蠶織成繭紬甚爲勻細到處流行名曰劉公紬劉公陞任漸次衰微乾隆九年三月奉

旨敕行山東將山東養蠶成法纂刊送陝本部院初蒞陝省即以發司刊刻分發通省倣效學習隨有郃縣知縣紀虛中募得善於養蠶之魏振東立爲蠶長教人放養巳得春蠶四十餘萬合之秋繭可得八九十餘萬統計可織紬一千餘丈民間巳有販賣郃繭者又有藍田令蔣文祚商南令李嗣洙連年倡率教習該

二縣每年獲繭成綢已自不少其隴州汧陽放養未成同官令曹世鑑從山東覓人來此放蠶因北山早寒秋繭難成興安州劉李二牧亦曾放養未報得繭近據寧羌州稟稱連年借給工本設法鼓舞所得繭綢比前較多略陽縣早已成繭近竟中止再近省到處椿樹易長易成可養春蠶曾經咸寧令柳大任試養得蠶因爲鳥雀所傷而止就陝省情形而論雖不能處處可以養放山蠶而山蠶所食之槲樹隨處有之可以放養山蠶之處亦正不少若得地方官設法

勸導接續行之鼓舞推廣自可漸覩成效況偏山槲樹可作蠶場不比家蠶之必須種桑也繭紬粗細皆宜又耐久穿亦不比絲紬之貴而難賣也本部院前後經理設法振興幸有可興之機並非迂而難成今又蒞陝覩此山場美利不肯坐聽中止除同官以北毋庸再行外仰布政司轉飭西同鳳漢興商邠乾等屬境內凡有槲樹之處官爲勘明砍伐雜樹修理蠶場可養山蠶或僱人試養或官出資本而招民同養或給民人口食令其學習或官借資本聽民人結夥學養其抽絲抽線毋論男婦老少皆可學習其蠶種必須官爲購覓其器具亦須官爲製給其中氣候事宜備載山東養蠶成法或於本省之寧羌郿縣商南等處僱人教習或於山東河南僱覓善養山蠶之人來此教習地方官用些心思費些物力爲本境倡此美事成此美利俾滿山槲樹向時作爲柴薪棄爲無用者將來皆百姓資生之物養命之源政績可觀功德無量本部院尤拭目以觀山蠶之盛並紀循良之績矣

幸應時倣此作告示以諭鄉民旋復刊刻給發未久卸任中止藏板省垣此篇已將山蠶之法詳言之有心人細閱便知眞濟時良策也原識

附記養蠶樹名

槲樹大者爲大葉槲小者爲小葉槲

橡樹葉多稜窪結子上圓下尖狀如蓮子名曰橡子橡子落地以土掩之即可發芽成樹查橡樹俗名板葉栗其子名橡宛子可染色

柞樹皮紅爲紅柞皮白爲白柞葉皆青色似柳葉而

較寬經霜不落結子與青棡同而較大以上餵養山蠶用之

青棡樹類橡葉而小結子與槲樹同

椿樹卽臭椿嫩芽時色紅成葉後色青子結瓣中如目之有珠名鳳眼草餵養春蠶全賴此種

啟

募修尊經閣及忠孝節義四祠啟　訓導李大訓　香圃

天下事可已而不已者喜功也弊在好大不可已而已者畏難也弊在苟安皆非所以崇　聖道遵　帝制也來鳳在五代以來爲感化州亦曰柔遠元曰散毛府自後爲散毛司蓋古要荒地去今京師七千餘里自我

高宗純皇帝龍飛御極鳳紀書元山國之向化維殷蟻臣之歸流孔亟

天恩順志花縣分城燮土司之舊壤錫來鳳以嘉名里分十二官設六員此草昧所從開文明所自啟也乾隆己未年前邑侯山東于公作宰茲邑爰請　國帑首建　大成殿　崇聖祠　大成門東西廡規模宏整肅觀瞻焉洎嘉慶丙辰兵燹後凡祠廟衙署俱遭蹂躪維時官斯

士者籲請重修大憲以鄖襄軍務旁午不報及壬戌春邑紳公請於前邑侯浙江桐雨朱公凡二年勸捐二千餘金於　大成殿則基址加厚椽瓦聿新而　崇聖兩廡頓改前觀泮池黌宮悉皆如制當是時蕭公企夔實以一身周旋其間慰勞獎勸無所不至然猶以功大費鉅而　大成櫺星未建也辛未冬邑紳復行勸捐得一千餘金於是巍然煥然盡美盡善前學使鮑覺生侍郎爲文記之以蕞爾蠻陬下邑而能聿修新廟如此良由諸君子之實心報本而

宣聖在天之靈有以陰相而默佑之也余自庚寅秋振鐸來茲與邑侯祥公考查　通禮所載直省府州縣　聖廟制度尚多缺如樂器未備佾舞乏人此外若尊經閣忠孝節義四祠禮宜有而必增制已定而難損前之人非敢畧也蓋有待焉耳夫禮樂必百年而後興人文非一朝所能具今我來邑久承雅化道古風淳則聲明文物之新非癉雨蠻雲之舊正修舉廢墜期臻萬全時也洪維

皇上本

聖祖
神宗之仁孝立天綱地範之經綸太史之釆風謠必及野夫游
女彤管之褒懿美不遺白葦黃茅賜華表以揚清風矛
旌典而闡潛德俎豆馨香奬其已往春秋典祀懇爾將
來又況酉山孔壁所藏經師良史所著皆百代之遺編
際一朝之盛會懿　天家之梨棗从刊爲四庫全書惠
多士以球琳所期在寸陰尺璧第洛陽紙貴刷印艮難
況鄂渚天遥取攜匪易欲具文而往請必工價之齊全
爰擇心誠好善力所優爲藉列簪纓義不推諉者或傾

一囊之錢或積千狐之腋或勞心於籌畫或宣力而經
營於以崇　聖道於以遵　帝制既非艮難苟安亦非
喜功好大高閣崇窿千百卷經史子集咸稱美備新祠
壯麗億萬年忠孝節義共被光榮行見理學名臣天下
仰如山斗高才博物同人許爲馬班是則諸君子之仰
紹前徽樂善不倦亦大慰司教者取人爲善之心也

引

募修泮池及禮樂器小引　來鳳縣訓導　孫　莫瑞圃

辟雍圜如壁而泮宮半之辟雍太學爲
天子臨雍之所此外皆曰泮池池者所以停水也來邑
聖宮告成一十有八載矣昔年則薄采其芹今日則鞠爲茂
草欲原泉之不舍必浸灌以有功又況春秋丁祭籩豆
未修宮縣有缺爰約同人講明而修補之庶幾知政知
德卽在禮樂之興觀水觀瀾會見鯤鵬之化語云積水
成淵蛟龍生焉積善成德聖心循焉又云上善若水水
善利萬物而不爭願諸君子勉成厥事

書

與荆南道孫公書　卯峒安撫使　向那吾

恭惟老先生勳著三巴蜀父老戴文翁之化奎聚七澤
楚童叟慶福星之來弟雖邊鄙野人素奉教於君子矣
前不揣固陋以一刺妄干大賢想登掌記恭逢榮任士
庶歡欣弟亦藉棲棠蔭禮宜恭謁奈奉調以來繼後陞
見又新叨簡命擇期視事特遣倣前營代叩想老先生
諒不惜盈尺之地以爲野人生色也

與黃伯海大令論龍來要害書　何遠鑒

日前拜送行旌偶憩郵亭聞有自賊中逃回者云賊現
據羊角磧我軍隔江堵禦想天塹不能飛渡也惟是天

下要害之區有不在本處而實爲本處之要害者該地利者不可不知也近訪得黔江梅子關係咸豐酉陽利川通衢近爲我龍來二邑門戸遠爲大湖南北藩籬地勢較他處尤險倘得重兵扼之自關以東皆高枕矣前與邑侯任午亭先生商議若宣咸龍來四縣官紳同心守此事無不濟者此六國擯秦之法用之今日更切但任公下車未久且官紳聯絡大非易事議之行否未可必足下策杖出山當事定間山中情形總以并力守梅子關爲要着乘機建議斟酌行之則足下此行爲景星

爲長城必能庇蔭鄉邦無數萬生靈之福也臨别匆匆不及多談伏惟留意

頌

修羅二箐路頌有引　舊志

歲丙子之首春道憲按臨我來邑路從總管寨抵咸豐訝此處林深石踞輿馬往來維艱爰檄知邑侯林謂捕廉張辦事勇往委令督修鑿石刻木舊路已修新逕復闢從總管寨迄分水嶺計程八九里化險爲夷不日告竣此雖我邑侯捕廉之督率有方民樂趨事而實道憲之德澤覃敷無遠弗届者也因爲頌曰

緊茲紆鬱密林深箐溪壑窈盤亂石欹傾時遭暘雨更苦泥濘毎籌開鑿安得五丁輶軒一過相勢度形隨山除道不日巳成德輿載道蕩蕩平平

補山頌有引　舊志

蓋聞山媚川輝地靈自產人傑築高瀹巨人力可補天工來邑水抱峯環陽變陰合雖歸流未久而發蹟可期第以西方巒頭一隙頗爲鳳城局面微瑕卽造物自然之文章作人事將來之點綴撮界縫於縝密借彼碎礫

汙泥聯兩櫥以圓嵐何需雲封烟鎖爾乃補苴罅漏鳩集工程或負籠而載輦將抔土而拾石相與衆擎易舉毋俾一簣功虧云爾頌曰

山鎭西方邑里攸望龍游漢水鳳宿梧崗陰陽會合保障土疆天工可補罅隙成圓開列形勢秀媚嵐巒敵艮獲古千載磐安

津梁頌　舊志

難越關津致慨道左爲舟爲梁是濟坎坷龍化江臯虹卧波洸民不病涉行辟人可

箴

義學箴　林翼池

學毋嬉嬉則危學毋歧歧則離學毋盈盈則傾學毋怠怠則敗學毋躁躁則暴不患德孤但虞學疎不虞名晦但懼學昧漸進不已居安資深惟爾多士勗以學箴

倉廒箴　林翼池

在官在民義社常平貯積散賑斂薄稅輕毋敢侵蝕大戒小懲願書大有百室盈寧

囹圄箴　林翼池

無知犯法離此網羅求生不得爲之奈何畫地不入拘攣如囹刑期無刑圜室風和

銘

銅鼎銘　前明川湖貴州總督李化龍

明神宗時播州宣慰楊應龍叛命化龍總督川湖貴州軍務討之事平即前所給軍士銅鍋改鑄銅鼎頒發三宣撫八安撫等司以爲烱戒並係以銘

惟星拱北惟水朝東惟天王建極八方會同惟西南夷各世其封惟敬天勤民庶不墜爾祖厥功順天者吉逆天者凶以爲不信視楊應龍

散毛司興隆菴鐘銘　湖南人　王　進

興隆古剎建散之陽端居水口竹翠松蒼軍民客土禱雨祈暘神靈顯赫降福穰穰晨鐘暮鼓普利迴方迷途擊醒夢破黃粱星霜歷久鼓壽鐘傷信善共誓各發私囊捐金選匠衆姓助勷龍飛丁未際遇

聖皇嘉平望五日吉時良紅爐再煽鐵汁鎔洋蒲牢躍冶體愈堅剛陞懸舊位吐韻悠揚神人共喜慶乃休祥而今

而後惟祈永昌風調雨順物阜民康干戈寧謐俎豆輝煌農夫有慶廣積倉箱鯨音久遠永壽無疆

烈女井銘　邑拔貢　王　煜　曉艭

鳳城之北有井在焉曰有烈女捐命其間幼而失怙長則沉寃凱風增怨行露靡從有白者石有清者泉心豈泉甘性等石堅泉枯石爛恨飲聲吞痕斷胭脂誓絕波深瓊花渺爾玉骨悽然散毛舊壤乾隆中年莫著氏族有媿厲遷不勒茲石香名誰傳

贊

太康張公傳贊　林翼池

夫治民之與愛民有間矣當蠻疆新闢初服政教是宜以愛爲治第行小惠說梏梏驩虞一時過則忘焉公於荒烟蔓草中易而爲原隰衍沃民樂其利十世百世矣孔子謂公孫僑爲古之遺愛僑以治爲愛公以愛爲愛時移勢異殊途同歸僑也公也均之愛民者也治也愛也均之爲政者也迭用剛柔與時偕行是有望於後之牧民者

貴帽山贊　林翼池

來邑飛鳳西南爲何貴帽一峯與天同峻朝兮暮兮雲興則潤感而遂通結志誠信言告山英爲龍爲鎮實函斯活行施在迩

田榮奏勇烈傳贊　四川舉人徐暎台

典禮所重實爲國殤允若田公豈豎䵶䵶嗟彼搶攘沙蟲猿鶴㝉火晨飛旋頭夜落蛛網結衙螳臂當輪紛紛亂賊滾滾烟塵柴紹壁龍敖曹地虎方之於公未堪比伍不畏義死不幸榮生一人奮袂萬賊齊驚斷其咽喉搴其肘腋轉戰無前匪徒避易涉險用壯拉朽摧枯十

步九計豈曰非夫先軫歸元王琳濺血精貫白虹雖死猶烈弓刀自動鬚髮沖沖魂魄以毅卒爲鬼雄鬱鬱佳城蒼蒼石馬回首戰場風悲原野

皇仁浩蕩昭忠有祠肅公勇烈以勸來茲惟山有麓與公不朽惟水有源與祀永久

來鳳縣志

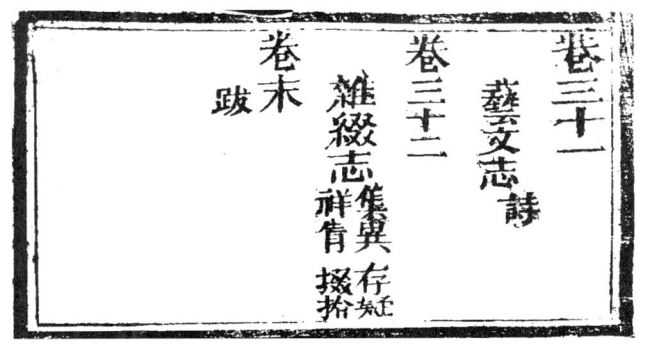

來鳳縣志卷三十一

藝文志

詩

五言古詩

蕉溪與及門諸子說易兼簡黃明府肅齋周滙江許金圃兩廣文用昌黎南山韻 新化貢生 陳魁春 大嶸

易爲五經原鬼神在其闓畫前有易書畫後如錯繡周文作圖圖大象綜營縢至哉元公心爻象理宗透十翼作尼山圓辭無挂漏生蓍贊神明衍數稽變就可與人

酬酢亦可與神祐吉凶悔吝生何以明兆縣冥冥天體高緜緜地折衷萬物並化醇男女得精構陰陽木無差情狀何異候易書備廣大不停昏與晝聖人同民患貞晦誰發覆子木去巳遙曷如親受授講家大紛拏師傳各俎豆研易似少陵祇爲吟詩瘦滿堂羅諸生說經須破瞀五鹿雲折角斯人未易覯懸看先後圖胸塥若蒙慈天地有定位忽易乾坤竇離坎巳分門日南月北走風雷山澤居羲文若背謬衍母何所倚衍子何多又五行列卦中幾疑若遇冦八卦與九章奚以若婚媾載鬼盈一車張弧末弛彀觀象玩其辭欲言慚詎謅乾象六爻龍飛五初潛曾見惕惟聖人亢則不可救坤利牝馬貞先迷得在後黃裳獲元吉于野戒龍鬬無言化自成物物神刻鏤一週十二辟辟辟如列岫春令有句芒孳尾及鳥獸走者勤鷇乳飛者生噣鷇欣欣木向榮草色吐新秀造化眞冶爐鎔春遍宇宙夏令司祝融陰氣鍾於坧朱雀啟文明咸章去樸陋羲叔秩南訛王伯徂耘耩薰風入虞絃雲行雨傾霤秋令蓐收司火傘爲誰收南雁北來賓霜風驕景驚皎月浴銀河寒潭照列宿木

葉下沅湘秋巖嘯猿狖冬令玄冥衋英吉凶究至日巖閉闔冬暄愛烘炙星昴驗昏中民隩手多袖倚閭問梅花天心見來復易道帝王師論政非強湊龔括典謨言忞歸育對茂君子布經綸猶如風雨驟泰來歌卿雲否傾聞雉雊申命緬三王宣猷殊井甃萬國慶咸甯庶物推出首易造夫婦端理洽闗雎奏作樂備詩歌家睽臼攘訢取物及萑葦取象該瓊琇稱位詠羔裘晉上戎飛馳成婦感歲時夫征占久逗邪思易所閑味言如飲酎易中典禮行禮嚴不可狃天澤以定民上下與長幼

朝會制衣裳車輿制輻轅觀需造飲食觀鼎用烹飪天祖禮當尊萃煥隆廟酳大壯謹弗履惟謙德乃懋易書一春秋取義斷羣噣臣道重尊王筆凜河陽狩歸妹猶歸姜正始言同臭城費嚴履霜至冰非邂逅康馬錫康侯醴酒賜享侑田禽利執言書討罪不宥參伍與錯綜森森羅庫廄王卦成卦主如師統介胄天圓既旋左地方何轉右天干既起子德運何生戊火龍鱗不焦水虎止不仆乾策坤策中鱗鱗若波皺互變各不同熟視空疲脰作易憂甚深處世如遷貿身若橥株拘經晉何以

漱有繫亦有說有序亦有絲河内得三篇豈是新間舊思順數逆數亂麻嫌久漚費學號古文其言直如溺災異重京房其說多不售庚子拜雖恭等身徒課諂父母切耳提靳馬呼停柩周孔同一心年湮不再遘哆口肆高談類枉三番呪安似摹石經意匠窮富籀　熙朝重經術多士誦新標明府學素優敷政恢佐佑稽古育英才執經羣得購廣文劇好道聲振秘書副擁臯鳴鏘鏘勦說嗤牙餖餽粟主人賢三年慚淹留數公經袖儒不僅多文富箴與論俱同識說拈花嗅疑義久未晰爲我啟鋼亦雷霆風雨囊談經庶償儆

莊邑侯殉難詩　　邑拔貢　王廷弼　斌夫

到官甫三月山城爆白蓮相與興義勇倉卒無人烟賊衆奪公去云公是好官好官不可殺但令勿生還或曰不殺官此舉爲無名全屍瘞墻下直待時太平今朝同公子啟殯易冠纓襄老喪既歸先軫面如生忠義格天日如公極哀榮皋復及今茲招魂淚如洗愧我同公戰未得同公死公死猶如生公名不朽矣尚賴公英靈滅賊靖邊鄙送公昭忠祠英風鎮千紀

來鳳王生小艭以拔萃試京師被落將還苦索贈詩挑燈成此以塞吾友之意諺云泥佛勸土佛執筆赧然嘉慶甲戌仲冬朏書於朱文正師舊宅　　前學政　鮑桂星　覺生

王生歸荊南倚馬索贈言我何以贈生述古富新篇易云謙有終寶儉老所傳謙則客氣屏儉則介節堅爲君試揚搉四座請勿喧人生天壤內晝食而夕眠同此七尺軀我獨奚異焉最古號才子兩目空八埏文接馬班踵詩拍李杜肩傲睨皇古上放浪師友前況復不修檢

佻僥且輕儇風流敗名教談笑積罪愆遂干鬼神怒畢
世罹迍邅總因一念肆不肯佩韋絃反而痛自克江海
下百川至於慎取與此中宜有權苟非吾所有一介猶
山淵食民間二卵干城尚可捐視道傍遺金割席甯舍
旃所以不廉故皆由儉德難衣食與聲色谿壑不可塡
尺寸少縱軼尋丈踰防閑畫壅吸吾粥憂樂天下關阜
哉范文正壁立萬仞巔平生於二者服膺頻拳拳行年
逮知非清夜反惡然百端未踐一始歎行之艱生也不
覊才崛起楚蜀間見我稱弟子執禮恭且虔家貧性則
介不與時俗遷二者生所優饒舌慙豐干爲學貴精進

覆簣成邱山樹德務滋培時雨潤良田吾躬恥不逮吾
語出古先請效顏回贈不須繞朝鞭

癸亥七月初六日書事　選用通判 張　鑑 鏡如

同治癸亥秋七月初六日逆黨李復猷由川而黔出擁
衆數萬人狼鴟厲且疾焚掠蝦蟆池與吾實相逼風鶴
時聞警羽書疊告急或覓險砦逃或向高洞匿稚子路
旁棄老人街前泣斗大一石城勢決又必失民心忽然
回父詔兄勉力皆言民盡去官何以獨立官好民棄官
患難誰保卹衆志城可成況有城之邑去者相勉還徙
者復勸集團練一時齊戈矛各豎植鼓鼙壯風聲旌旗
耀日色賊聞有備矣宵遁之他國嗟哉牧民者端貴有
仁術仁則危可安不仁凶少吉前後一齊觀斯理大可
必

烈女井　邑諸生 雷錫慶 懷卿

烈女姓孫氏父文登儒者乾隆辛巳墮伏虎洞
水中死母熊氏遺腹生烈女既適周姓周後物
故烈女已及笄矣母多失德屢陰諫之不聽轉

加凌虐狂且復誘脅之遂於己亥七月投北門
外井中死時天暴蒸屍從井中出顏色如生生
員歐陽祖璵親見其事紀其顛末道光間茂才
雷錫慶偕同人立石井畔並刻以詩

借彼井中水爲儂洗塵襟儂有何塵洗卽此鑒儂心儂
心清如水誓不受塵侵

邑侯王公筱華殉難詩　歲貢生安陸縣訓導 張　瑛 立堂

松柏本有心心能傲霜雪竹箭本有筠筠不畏磨折正
氣鍾於人時窮乃見節公昔宰吉陽同舟識邦桀蕉溪

公旣來匪徒迹消滅爲民預籌荒社倉穀千石政行恩
與威誰可比賢哲髮逆竄城中挺然寶劍挈相鬬力不
支捐軀以報　國踞久賊遠颺屍尋北濠得守護仗鬼
神禽獸不咀齧面目猶如生精靈竟獨絕骸骨歸故鄉
士女咸悲切仰蒙　高厚恩祠祀奬忠烈

七言歌行

蠻邨秋千曲　會稽進士施南府同知商盤寶意

散毛司畔多邨舍桫椤乍生梅欲謝蠻姑結隊鬬輕盈
早春已見秋千架秋千之架高如雲鳳翥鸞翔影不分

翩翾可惜落荒土未展六幅湘波裠黑白羅羅留部曲
蘆管聲中男女逐此戲還堪紀歲華相沿何用移風俗
君不見豪家高舘三月時十尋彩索雙畫旗江南舊夢
成追憶安得梨花作寒食

蠻刀歌　商盤

沙渠土司悍且豪大爲容美小散毛納地久降諸酋長
尚存蠻種懸蠻刀此刀出匣三尺水皃潭素練翻秋濤
春鷴長毛白皎潔鸑鷟安用尋常膏蠻皃提健逞身手
累年剽掠撲相遭官軍緩攻議勦撫居民雜處思犇逃
留茲利刃經戰鬬往往深夜鳴嗚號卽今向化買牛犢
兼有就學嫻風騷　朝廷威德加四海合兵不用皐蘭
鏖羅平妖鳥避鷹犬大宛天馬隨葡萄東南自充財賦
藪零星荒土輕秋毫奠安有方賴守牧奸宄何日潛蓬
蒿孟勞伏窦本凶器昇平盛世宜藏弢寒光如髮照無
寐起看太白西方高

表忠歌題前廣文殉難甘公墓　來鳳訓導李大訓香圃

先生之學在求仁先生之官在明倫學不求仁必苟祿
官不明倫必愛辱先生之死重邱山清風高節邈難攀

形管標芳非等閑聲名常在天地間我後先生亦司鐸
昔有干戈今禮樂振新學校大興作祀公名宦人心樂
聞公名已列昭忠今之鄉賢復祀公一身三享俎豆隆
我拜先生甘下風孤墳蠻序之東首衰草寒烟蒙蓋久
樹碣表忠君知否潛江香圃李氏某

望水堡尋前縣莊公殉節處　來鳳知縣勞宗煥宜生

嘉慶丙辰年二月十七日公蒞來鳳甫三月風吹妖氛
開白蓮散毛紛紛訛言傳書生在官盡官守佛芝流毒
愁蔓延難作之先有佛像生芝之異有陳松者前來致詞詭陳形勢

勸公勸之公聞率衆遽往討中道遇賊望水堡民未知兵力不支一時安望欃槍掃賊衆縛公脅公降公罵不絕截公吭刀砧引受血肉飛凛凛正氣扶綱常張典史甘廣文同時死事先後聞男兒就義職無小奇氣不讓南霽雲我來弔古慨陳迹一腔熱血苔花碧千秋萬歲表忠魂覩此紅岩一片石一片石七品官大書特書字深刋侯官舉人莊紉蘭

丙辰紀事　邑拔貢　王　煜　曉樓

嘉慶丙辰之亂予年尚幼家大人道軍中本末甚詳乃措拾故實作樂府十四章　選五首

白巾賊　迹脅從之冤也

褁白巾披白衣懸白帳竪白旗一身挂白一家白道是白蓮臺上蓮花師拜燈誦經咒一歛醉似泥得死以爲幸異哉氓蚩蚩無字空中賊之旨賊中老母尊莫比但知皈佛不知身引頸餐刀笑不止就中亦有呼號聲半皆鄉曲脅從耳賊中脅從多復多可憐無知罹網羅焦頭爛額等閑事洞腑穿胷可奈何録囚爭送司命府受降殺降誰活汝迷途一入無生途盡室騈誅何自苦天

可憐幾人雪爾盆下冤他生生長太平年再莫佛前拜白蓮

野有屍　傷死者不盡國殤也

朝殺人暮殺人賊兵鬬殺人鄉兵仇殺人生靈十萬幾家存無處紙錢吊新鬼無處凈土尋荒墳死不得葬葬亦不得保其身可憐屍骸如山積春草芊芊都化碧杜鵑啼斷枯樹枝明日便作西歸客

莊令尹　歎縣官之能報國也

臘月來二月死官不及七旬令尹事畢矣令尹不要錢雖死賊手賊亦憐全屍瘞墻下時平歸骨九仙山公子麻衣易棺看先軫如生萬人歎駕鶴應來丁令威持矛空感公孫瓚丈夫讀書當報國城亡與亡令尹職太山鴻毛一死分靈旗壯我山川色

甘廣文　幸見危之能授命也

廣文老無力難禦跳梁賊日閉冷署不出聲賊脅公降不可得賊曰不降便殺之公曰丈夫死耳肯降賊讀聖賢書學何事如此偷生媿臣職賊勸不絕口公引三尺綏明倫堂上授命時英靈聯步莊公後莊公先亦廣文

官琴堂饘舍兩相歡一時同入昭忠祀名在豐碑神在
天

哭白馬　痛王明府之以功獲罪也

白馬馳王公雖危如不危白馬死王公投荒幾萬里白馬與公寄生死當年脫險北門北馬如游龍人不識王公從此加顏色太歲威名壯山囷（賊見白馬皆反奔軍中呼爲白馬太歲）士死知巳馬亦然馬豈願服黃金鞍大帥索之不能得封章直達
天子前究公軍事曾有懲馬兮馬兮人可憐一朝

命下伊犁謫玉門關外天何迫馬在公無功公在馬何益大帥高高天咫尺人兮人兮馬可惜嗚乎馬受豢養恩感恩殉公惟一身吁嗟大帥伊何人

全秀才殉難辭（時年七十二歲）　遠安縣訓導　張光杰（傑人）

老秀才老秀才時危矣避速哉秀才答言若不曉吾人一生讀書巳到老猾賊如此恣猖狂無官無民殺之如菅草蚩霧蔽青天妖氛迷白日大府誠何心一卒竟莫出草莽欲起一旅師無人忠肝義膽共賦同仇與有爲傷哉義氣猶未張中途遇賊殊倉皇賊衆直縛秀才往謂是妖頭脅之降秀才罵賊不絕聲蠢爾么麽何縱橫一時忠義憤發身不顧聲泣風雨氣挾雷霆激昂慷慨輕死生一賊起云殺之快老頭巾耳何足愛一賊起云舍之便畜老憚殺況人面秀才之節窮且堅不畏威武不受憐怒罵之聲仍凜然不惜頸血濺賊刀魂魄飛散雲天高賊爲秀才留廉恥章身不脫敝縕袍秀才頭銜不足奇秀才一死有維持無官無守且如斯嗚乎無官無守且如斯

庚寅大水　嘉魚縣教諭　何遠鑒（葆山）

雷聲風聲送雨聲長江鼎沸波濤生奔騰一瀉三千里萬道飛泉奮激行浩瀚汪洋勢莫止衆壑爭趨疾如矢走石推沙高岸崩不見柳堤惟見水水行更比禾田高山人來報漲平橋道傍行人不得過相隔銀漢路迢迢莫辨山國與澤國農人相顧有憂色謂我辛勤半載功一朝淹沒空施力不見鼉吼鯨奔掀地起雲氣蒸屯猶未巳安得手撥浮雲開乃教普天之人大歡喜

仙人崗　王煜

若有人兮山之巔岩栖不知幾何年何年此地鍊金丹

金丹鍊就飛上天碧崖終古留雲端山高逼霄漢洞在山之半門前八九木闌干舊者欲墮新者換闌干縱横何處無仙境終與凡境殊岩中碧潭清無底如從海上望蓬壺君不聞海内洞天三十六龍抱神淵虎嘯谷五出曾坐黄安龜一車争駕衛卿鹿茅山况有茅初平時下元州戲赤城三山宫闕金銀色三華神氣餘晶瑩崑山瓊蘂鍊魂魄牧羊都是紫霄客采藥當成四河車論交請坐三生石石下水聲暮飲碧石上霞光曉餐赤仙人只合住名山何當同驂鸞鶴白柯爛猶呼碁局殘碁

子聲落雲漢間幾時飽喫青精飯從師浮邱去不還

卯峝　邑諸生　張濤子松

南鄉卯峝太奇絶山勢廻環水勢滅其中靈奇多異常大峝正峝景差别迢迢二水相滙流西自酉陽東施州奔流到此不知處下入辰涘隨沉浮上溯水程三十里浩悠平流自漫水行去河隘夾危岩竹箭飛馳去何駛忽然前度天門開浮圖對面撑崔嵬香爐棋枰列龕下何時遺蹟眞奇倏大峝門廣十數武層臺周圍半畝許石几方平幾三尋其上幽邃難悉數依稀慈雲大士龕蓮花座旁龍女忝滴滴徧灑楊枝水花瓣倒垂籠優曇欹崎復有四靈石龍勢騰空鳳翔翩麟龜蹲伏形如生千秋栩栩著靈跡却步登舟轟急湍削壁瀉瀑森陰寒正峝可望不可及門前時易新朱欄豈眞仙靈恣游戲胡爲往往見神異幽深靈秀天所鍾不妨然犀探秘邃我生遊覽頗好奇探幽陟險任所之書此聊作卯峝記披閱即是卧遊時

夏日游石佛潭　張鑑

何人鑿險鐫石佛列坐崖間森屹屹撥霧攀蘿躡飛蛇

驚魂動魄疑神物菩樹曇花環交加古籐慈竹相蟠鬱上有干霄之嶙峗中有空洞之岈嶮仰觀萬丈雪飛瀑俯矚千尺碧沉潭六月炎赫不知暑白晝陰凝欲飛雨日出日入爲蔽虧雲來雲去任納吐樵人每駭虎豹過漁子時聞蛟龍吼凌空一樓山之陰時當長夏舒胸襟追溯東晉迄今日（石壁刻咸康年月）山水長此有清音胡爲乎謝公屐著不到此李白西謫絶登臨地無名公巨卿跡山水寂寂少顔色我來攜有句驚人醉後高歌鬼神泣昔聞韓子諫佛投枯骨梁公燬佛庵寺滅雖爲吾道嚴

防閑要亦賢者之過刻孰若不闕亦不佞因物付物各
如性君不見畫師畫佛別有神詩人談禪深入定筆墨
得以搜怪奇天地之間增妙境此佛何以不面壁深臨
古潭波激激人言祈禱多有靈我亦爲之三拱揖

遊佛潭　邑舉人　何盛矩　伯方

山色蒼蒼高浮天溪聲汩汩平入川山耶溪耶兩清絕
君端忽湧千葉蓮城東古寺壓山腹牟尼隱現珠光圓
鬼伯蠻君列四壁金身趺坐中高懸丹壁無梯那可上
奇哉造化工雕鐫飛樓湧殿奪天巧直自林麓窮其巔

手別苔蘚尋斷碣字跡猶識咸康年憶自胡羯犯嵩洛
司馬家兒方南遷中原衣冠化塵土夜郎萬里無烽烟
帛姓妖僧來身毒奉持神咒誇通元腹孔拔絮發光怪
錦衣雕輦事尤虔聽民奉佛制非古遂令荒徼遥相沿
歷億萬劫恒不壞眉放白毫照大千坐閱滄桑數千載
面目剥落神常全偶來小憇借僧榻到門六月風蕭然
老藤掛空瘦蛟舞檐端滴溜聲濺濺潭水竝綠深不測
舊聞此處沉鐵船大旱欲雨禱輒應簫鼓驚起癡龍眠
道人延客忘禮數苦茗新汲溪流煎擾擾塵世苦酣夢
雲山佳處心神便繁華過眼嘻清淨英雄末路多逃禪
我思不朽可立致人壽何須金石堅如來聞言應大笑
不圖作佛遑云仙

登廻龍山訪唐開元寺遺蹟　邑拔貢　張　峻　小山

羣山起伏乘雲走矯若游龍昂厥首欻然回顧從西來
天公暗銷黃金紐頭角峥嶸向碧天舒張鱗甲生雲煙
偉哉造化鍾靈怪其中應有飛來仙傳聞古佛曾居此
梵王宮殿參差起借問住錫來何年三郎沉醉爲天子
版圖甫必附明皇寺號開元屬渺茫我登絕頂尋遺蹟

恍同末世談洪荒樵夫拍手向余笑胡爲洒淚來憑弔
阿房仁壽俱塵埃千桑萬海誰能料一聲長嘯謝山靈
斷碣殘碑目未經金粟如來何處訪斜陽一片數峰青

廻龍山訪唐開元寺遺蹟　邑諸生　張　浩　敬卿

城西有山淩碧空峭若天際之芙蓉巖谷綿亘數十里
蜿蜒屈曲如廻龍山勢重疊地清迥我亦登臨來絕頂
烟銷日出風景開步步引人入佳境上有古柏干青霄
下有鳴泉聲怒號林猿野鳥語岩竅茅舍竹籬臨溪橋
老人扶杖向我揖問我何事遍遊獵舊聞開元有古寺

欲向老人細研詰老人言在雲山前故址寥落無完全
春風春雨數百載桃李無言空鬬妍旁有僧塞小如斗
松林老鶴日相守可惜古寺今無存徒留此山長不朽
登山須到山盡頭山中古人今在不林鳥不知人去盡
低頭向我鳴啾啾

鄧衛公僉振武巖　王煜

南荒舊有散毛崗元朝天子早納貢宜慰軍民亦有年
感化山川竟無用天魔舞起國事非玉珍據蜀散毛歸
巳作沿邊都元帥不知明祖更尊威朝貢不來干戈起

虔劉苗夷及邊鄙自大眞如夜郎王眼中何有漢天子
聲靈巳及蠻山陬天戈直指荆南州征南將軍鄧衛國
堂堂元老壯其猷撥金伐鼓駭林莽燔燧然烽驚酋黨
飛揚旌旆如雲萘三十九崗齊掃盪野旺前徒巳倒戈
牽羊啣璧降山阿軍前獻出僞夏印漢闞壯士齊長歌
長歌聲中便振旅爲洗高崖鎮戎虜昨朝曾告太歲神
果然將帥如貔虎分道更有周德興吳良侯五溪蠻洞
同時休水盡源通塔平處依然貢獻三年秋散毛關外
駐征旆三月功成此其最揚威特書振武巖鐫字寘三字
如斗大衛公開國多奇功衛公吐氣若長虹當世惜無
班固筆熏經酌雅銘英風將軍揮毫濡醉墨下手震驚
千百國苔封蘚護五百年字體糢糊猶可識我聞遺事
笑前明遠略雖勤非至誠設衛廣屯焉可制年年歲歲
煩天兵何似我
朝敷文命闊外不勞霍去病一民尺地皆版圖
帝德遠邁唐虞盛我今亦墮散毛鄉訪古爲弔宵河王
此巖昭昭懸日月高摩碧落生光芒

天聖石柱歌　候選訓導張鈞蓮舫

羣山如龍不肯住飛騰都繞富陽去一山戴石作虎蹲
上有天聖立石處石柱胡爲在此邦州分富順境相望
蠻觸所爭僅蝸角虔劉豈憚盤羊腸天禧之中略用武
夫子桓桓來夔府窮鳥巳見號瑚弓小河無須畫玉斧
股慄耳帖垂十年蠻雲壘壘生烽烟邊吏不敢告天子
羽書夜達刺史前刺史指揮出雲棧蠢爾小醜何足辦
天上將軍下史方馬前夷長降田晏巉巉之石堅且圓
爲之界破混沌天詳記叛服分畛域大書歲月深雕鐫
南人自此不復反七女栅前春風滿持護常同神物看

摩挲敢忘天威遠蠻方撐拄經元明毛髮畢見光晶瑩一朝變化挾雷雨響徹林木藏山精吁嗟乎金人何處長承露石馬誰家終守墓白石黃金有盡時天傾地陷亦常數此物當年在人間久與咸平鎮百蠻我今駐馬尋殘柱洞雨溪風暗二關

烈女井　何盛矩

白蓮花在泥滓偶出汚泥生誓托清流死花落香風拂井水井水無波風來苦多古井無波風奈何我於兒時聞孫烈女父溺母出女時年十五莫慰母心謂他人父

烈女之生遇獨苦曹娥碑凱風詩女以一身兩兼之母不貞生何爲兒完貞死已遲身是女貞木豈容鵂鶹巢其枝歔泣訣母披髮呼天母也不諒下從阿父黃泉是時六月晝忽冥冥雷砰硍風悲鳴一躍入水天爲驚水不波雲容布一屍在水神常護屍出三日面如生蛟龍遠避蠅蚋無聲只恨難回慈母心亦如古來忠臣不得於君父汨羅江上哀屈平江水濁何如井水清井以人傳千古名碑已折泉已竭烈女之名常不滅女媧石補天缺

烈婦井　文童張之沛小鏡

烈婦姓黎適同邑何星階文生悅誠女也母鄢氏　旌表節孝咸豐辛酉年九月十五日夜髪逆陷來城烈婦身纖弱恐爲夫累遂投園井死賊退得烈婦屍猶如生鄉人哀之呼爲烈婦井

平生秉性如金鐵一朝殉難更激烈身弱足纖行不得緩死須臾賊必獲勸夫早逃莫少息無爲妾累遭慘刻妾不速死恐汚涅身辱作鬼亦不潔雙雙攜手正泣別羣賊已環烈婦宅催促夫走踰墻闕身投園井聲寂寂

賊退夫歸尋蹤跡漉起全屍形如活緗綈尚蒙作袢紲珠鈿猶壓在鬢髮水神晝夜守屍骨時經五月不變色吁嗟乎烈婦有母誓守節節烈相繼光奕奕巾幗之中此奇特扶持綱常不朽立

五言律詩

惜春　山陰人來鳳縣典史　張甯

宦況頻年薄匆匆百五過春殘鶯尚囀愁重馬難馱花骨埋紅雨吟魂散綠莎東風今已去幾度對松哦

甘學師殉難詩　邑拔貢　王廷弼誠夫

廣文學官耳一死不爲愚守土雖無責尼山亦有徒讀
書明大義臨難識眞儒愧彼干城侶空留血肉軀
奉親命赴郡乞師　王廷弼
遠害非無計難違白髮親教移忠作孝未許我猶人剪
剪風爼袖團團露壓巾書生圖報國敢憚馬蹄塵
故國難回首孤哀自激昂淚零嗟楚覆椎奮痛韓亡荻
水虧春晝征鞍帶曉霜如何甘效逆猶信禮空王
懷王明府 時諭戍伊犂　王廷弼
萬里玉門關流人幾見還大荒飛鳥外殘驛夕陽間此

地難埋劍何年看賜環西風無限淚落草即成斑
二月二十日募勇燗柴尚陳家灣作此示諸同事
存感縣訓導　張鴻範　羽儀
灑酒將心白椎牛歃血紅與君盟皎日大樹起雄風家
國仇須報安危志要同自慚才術短努力望羣公
嘉慶丁巳奉檄至來鳳協辦善後事宜館於王斌
夫別駕宅暇日斌夫與其季弟建侯邀同盧星
丹少府登半邊城感而得詩　試用佃縣　劉起鵾　碧崖
無字空中指紛紛春復秋性雖因水草勢亦等千兀九
寨豺狼靜偏城屋宇休青燐飛夜半鬼哭尚啾啾
曾聞受降　詔屢下　聖仁朝天道不好殺元戎
心益驕坑人學曹翰定遠賴班超巴蜀猶烽火難爲兵
氣銷
風塵昏百里臣節盡三公白馬飛騰久蒼生願望空讀
書難報　國感舊憶從戎王子眞奇傑歸耕不計功
指點殘營壘淒涼萬鬼場請纓猶壯志着屐又斜陽才
大逼兵法時淸賦國殤起家自忠孝誰復似王章
同劉碧崖明府王斌夫建侯昆仲半邊城晚眺

順天人試用從九　盧之楂　星丹
愚昧誠難測哀哉十萬家升天失門戶轉眼化蟲沙佛
子無君父靈文助逆邪　天戈來楚徼研斷白蓮花
隨伯兄斌夫陪劉碧崖明府盧星丹少府登半邊
城作　邑庠生　王艮弼　建侯
兄弟得隨行東山趁晚晴青青三月草寂寂半邊城冷
落新烟火銷磨舊甲兵不堪回首處狠豕憶縱橫
蓮花作禍胎大意笑如來就戮一開士 應僧佛懺 報恩三秀
才 譚周南 蕭大鍾 何 殺降無可訴守義不能回魂魄今猶毅鬼

雄俱可哀
街市不復見回思心尚寒積薪堆鬼骨炙膾雜人肝鷹
犬交相噬鯨鯢不足歎可憐泉水白曾見血流丹
唱罷國殤曲淒涼不可支兵戎亦天意儒雅得吾師劉
向通經術碧崖明府盧綸咏古詩星丹少府元方曾報　國感激
少年時

門人王小艛舉拔萃北上道出武昌以喜雨行見
贈感其意之勤而無以酬也走筆賦五律二章
以送之　施南府知府　譚光祥　蘭楣

南郡有才子情深江漢雲空山一相見幾日復論文奇
筆爭三峽雄懷薄五君聲名追賈董會向漢廷聞
作郡吾滋愧吟詩亦不閒彈琴流楚水橐筆寫燕山短
劍悲歌切空囊客路艱吹噓有鮑叔早到五雲間

謁太康張公祠　遠安訓導　張光杰　偉人

張公有遺愛一旱便知恩鑿險興民利縋幽闢水源廟
堂臨欏桱俎豆薦蘋蘩父母人爭喚堪同召杜論

弔王邑侯殉節處　文童　張宗道

野外斷人行鴉啼不任聲炊烟淒萬戶冷月照孤城有
僕同憂患無兵可戰爭效忠三尺劍雖死面如生

張公祠　張宗道

赤子謀衣食當時費斡旋鑿開山外石引出洞中泉分
潤無乾土流膏滿大田遐哉賢令尹祠祭尚年年

鳴鳳樓　來鳳縣知縣　勞宗煥　宜生

百尺岑樓在蒼茫倚夕曛星躔參翼宿天象炳奎文秀
挹蕉溪水晴開桂嶺雲朝陽羨鳴鳳雛翅九霄聞
漸改蠻方俗歸流已百年光華萃文物滄桑關山川風
景足圖繪鄉閭多誦絃溝渠聞利溥一脈引原泉

眼界高空擴登臨一放歌崇岡列屏障老樹上藤蘿石
磴趨詩去風廊載酒過劇憐晴日少只是野烟多
晝永銜盃罷時爲踏屐行試開千里目同上半邊城落
日含鄉思浮雲淡宦情所欣春雨足秧鼓勸農耕

入南軍請兵道中口占　選用通判　張鑑　鏡如

直向秦廷哭期收楚國還乞師知不易仗劍敢辭艱馬
首盈霜雪人頭落草菅元宵屈指近可許賀平蠻

亂後歸來蒿萊滿目登城四顧愴然於懷　候選訓導　張鈞　蓮舫

轉瞬感滄桑登臨惹恨長川原仍故國城市半頹墻樓
影空流水人烟斷夕陽可憐荆棘長白骨聚如霜
矯矯王明府存亡與此城見危能授命雖死信如生策
豈先幾失功難獨斷成空留忠義血碧染草青青
麂子鳴空峽將軍盡斷頭生還無勇士死戰惜良謀野
火青燐聚春波碧血流西樓埼縱目怪石不勝愁
吾愛劉光世臨危敢策兵一軍橫隘巷孱賊泣孤城不
忍原燎火胡爲夜拔營至今橋下水嗚咽有哀聲
高鳥翔朱雀殷然夜入城三更乘鼠竄一怒作蛙鳴有

士誰司命無家更苦兵搔頭問天意何以慰蒼生
舉室生還日風光漸不同柳迎虛巷綠花待故人紅民
氣蘇新霽天心兆屢豐綢繆須未雨澤畔尚飛鴻

桂林書院在卯峒司　張　鈞

手撥蓬蒿入淒涼此院中烏銜殘卷墮鼠走講堂空石
碣縈苔綠荆花委地紅蠻雲呼不醒獨立憶文翁

七言律詩

往散毛土司勘田日行萬山中　浙江進士　柯　煜　卷石

歸州已歷萬重巒又入巒中地屈蟠舉首對天原咫尺
放懷行路豈艱難竹兜可坐寬嫌窄冬日如春未覺寒
要使遐方蒙闓澤祗憑勞苦致均安
籃輿雖駕半徒行徑曲崖欹怪石橫縹緲似仙身已憊
鱗皴入畫骨還驚僕隨猿引常連臂水激鐘撞不絕聲
欲倩巨靈平險阻試捫心地更宜平
奇秀還如目素經雲開天朗快瞻聽瀑泉聒耳疑匡阜
修竹遮山宛敬亭高嶺壁分雙髻綰遠峯環列十眉青
飛行濟勝慚無具且挹清暉養性靈

入箐　柯　煜

歸州山隘鴿穿天此地兼無鴿可穿深箐亞施重頂幄
奇峰微露倒垂蓮猿吟隔澗紛相應樹卧當途礙折旋
遙憶曲江同宴客紫霄穩步作神仙

散毛司即事　柯　煜

誰道南荒行路難　聖朝冠帶徧羣蠻討稽不似巴
山峻莅衆宜知漢法寬豈有憑依成險阻共遵禮教自
平安石菴行處皆稱佛莫作蒼鷹乳虎看
高林深箐翠成圍人自中原到者稀懶訪丹砂收箭鏃
兼無綺語織弓衣犬牙相錯勘區別蝸角紛持誰是非

父老聚觀添喜色漢官言動藹春暉

尚民有乞詩者賦此示之　柯煜

踏徧西山路更西山高祇覺白雲低愧無治行傳三楚
畧有詩名播五溪夜宿葦林如過雁曉驚茅店聽鳴鷄
更從二酉探奇秘不負平生古與稽

萬山深處　柯煜

除却樵夫到者誰畫師詞客幾曾窺畧無十步寬平徑
但許千崖孔竅奇轉側豈惟騎馬滑岩巢祗覺過雲遲
丹青百斛殊難狀那得形容入小詩

冒寒涉水加犒輿夫　柯煜

天逢九九氣嚴凝赤腳何堪更踏冰就淺已驚波洶湧
礙人尤避石崚嶒宛渠螺遠應難覓蚱蜢舟輕未易乘
辛苦輿夫功不細豚肩斗酒鼓飛騰

教匪發難作　邑拔貢王廷弼斌夫

嘉慶元年二月春穴沙小醜蕩清塵絃歌寂寂難爲魯
巖洞深深好避秦薇日妖旗翻雪浪瀰天飛火漲烟塵
失機人抱睢陽恨竹簡香生死事臣

題虎耳山寺　邑拔貢張書紳道存

寺祀靈官妖蛇憑之甚有靈驗湖南老儒某作
詩頌神異因鬪焉

笑煞蘭臺老一經誤將妖物作神靈全無膏雨流鄉里
獨有腥風蕩野亭春色蓬萊千嶂碧秋光滄海一燈青
安心好傍醫王法莫使蒼天怒激霆

偕邑紳祭殉難三公祠　來鳳知縣周向青蘇門

市上傳籌放白蓮妖氛已在佛芝先（教匪初起有佛像生芝之異）散
毛土俗情猶獷瀝血疆場志益堅張許雖非同日死王
楊尚賴一時全平生識字惟忠孝香瓣南豐奉致虔

世俗因循實罪梯管絃聲啞響征鞞人皆烏合宜投首
事爲狐疑反噬臍守節無慚三尺土登陴難覓一丸泥
至今衰草斜陽外尚有哀猨不住啼

閩越循良楚北英一時同難得齊名政成三月時方淺
節顧千秋死亦輕徒有衣冠昭激烈可無祠廟表忠貞
聖朝曠典超前代卹蔭誠爲泉下榮

借箸全憑方叔猷相傳羊祜亦輕裘南雷助陣能驚敵
瞻尚從戎得報讐（弗公子念謀甘公子文郁張公弟城）一老猜嫌甘誤國
幾人歌舞盡封侯書生眼見滄桑事說到功高涕泗流

丙午憂旱　嘉魚訓導 何遠鑒 蓀山

大旱爲霖願未償關心米價問低昂山高不怕兼旬雨地僻難禁六月荒莫毒魚蝦傷造化多栽藷芋備秋糧祈甘端藉賢侯力會有精誠格上蒼

和何蓀山孝廉　聖宫種松原韻　來鳳知縣 李勗 南渠

纔出蓬蒿力不支殷勤扶植未須遲自將泮水池邊種好趁東山雨後移拓地預留盤鶴處參天應有化龍時鐵楷老樹分靈氣萬仞　宫墻總護持

題張蓮舫廣文天聖石柱歌後　李勗

心折張郎石柱歌長篇突兀興如何一時壇坫齊盟少三楚江山得助多大有雄風開瘴癘欲鐫好句向巖阿倘逢孝穆西來使片石韓陵兩不磨

聖廟種松偶成　何遠鑒

大廈急需梁棟支十年樹木未爲遲儲材　廊廟心先養扎跡　宫墻節不移秀色定標霜降後濤聲好聽月明時春風春雨欣欣長他日參天謹護持

大旺司館中口占　邑孝廉 楊逢祥 吉人

野館寒燈夜未眠更闌猶聽水潺潺遠村雞唱雲深裏山寺鐘鳴夕照邊千个竹斜朝雪影一林春暖午晴烟静中妙趣知誰得不用高僧也學禪

奉陪夏培堂夫子遊天姥洞　楊逢祥

坐風立雪已多年杖履追隨更有緣妙境還尋丹穴下豪情長放碧山顛時伸佛手拈花笑獨寓婆心枕石眠明日扁舟回望處磨崖錦字起雲烟

夏日邑侯丁公星舫招同龍山易小坪明府 學超 鮑星堂廣文 陳王萬青 啟選 楊一峯 繇猷 兩茂才遊佛潭　遠安縣訓導 張光杰 偉人

峭壁深潭取徑幽冷官奇士記同游雲山幻化留千佛龍鳳招攜有兩侯到此清風生大暑可知仙客好高樓詩情已共鑪烟結却恠潛蛟舞不休

近鳳山大觀寺同李載川邑侯作　張光杰

直上丹梯第幾重白雲輕逐馬蹄鬆船來渡口分南北人立峯頭瞰鳳龍篙竹深陰藏古寺松泉清響答疎鐘名山我已登臨遍一瓣心香在岱宗 邑侯濟南人

近鳳山大觀寺　邑人 黃宗器 板橋

鳳嶺廻翔意氣橫光搖翠蠟半邊城閑花滿野風無色
好水環山月有聲秋早忽聞來旅雁春深記得語流鶯
禪關解脫非難事更失千秋寂寞名

九日與友人登飛來閣　邑拔貢　張　峻　小山

凌空傑閣鎮崔嵬此日登臨倦眼開我輩相尋佳節到
名山也幸可人來消除俗客塵千斗奉勸金仙酒一杯
爭笑劉郎狂興減題糕不敢負詩才

飛來高處作重陽共笑狂奴老更狂入眼雲山供嘯傲
側身天地感滄桑聊斟濁酒酬千古欲上層霄覽八荒

仙佛有緣同一醉歸家各帶菊花香

登望遠峰　張　峻

仙人招我躡丹梯絕頂高吟望不迷脚底雲扶飛鳥上
耳邊風送斷猿啼峰如健馬奔三蜀水似游龍下五溪
但恐謝公遊不到驚天奇句共誰題

登青屏山夜宿佛寺　張　峻

爲訪狂僧望渺然聳身飛不上層巔高尋細路垂如綆
俯視遥峯小若拳幾片閒雲棲殿角半空斜月臥窗邊
秋宵清極無塵夢破睡聽烹第一泉

軍中感懷卽贈王斌夫同年　來鳳知縣　王三錫

四山藏寞建旌旄鼓角聲中畫策高馬首戴雲開短劍
人頭飛血灑征袍艮民家破情原慘烈士才多胆亦豪
遭際　聖朝無可報提戈殺賊要吾曹

病中聞賊搜山望官兵不至愴然有作　恩貢生　劉之均　嵩撫

中宵忽聽角聲聲報道搜山賊肆行一病已知成九死
臨危可免說偷生殘燈少焰天難曙斷雁無依夢乍驚
小醜跳梁今兩月　王師何日掃欃槍

紫雲關感事　貢生　何遠略　仲韜

大將威名似虎熊手提十萬據關東躬親矢石三軍肅
壘伏風雲八陣雄地接龍城推重望兵臨鳳嶺奏膚功
無端羽檄傳訛信坐使封侯局不終

避亂天然洞　邑貢生　張　治　崑山

尋得仙源隱共招藤蘿深處路迢迢飛泉濺石晴還雨
峭壁懸燈晝亦宵山腹暗藏千竈火天心巧設一弓橋
奉親未得終親養兵氣能銷恨不銷　辛酉年九月奉親避亂十九日先父見背

避亂山中感懷　邑舉人 何盛矩 伯方

干戈阻絕寄山村，剪紙來招亂後魂。起舞聞鷄呼祖逖，對談捫虱愛桓溫。酒澀巴罄哀東國，鎖鑰誰堪付北門。寄語南來諸將帥，好乘元夕奪崑崙。

聞官軍克復鳳城　張治

妖氛遍地掃難開，忽報王師數萬來。龍邑頓添新戰壘，鳳城無復舊樓臺。百年事業成灰燼，四野田園半草萊。我亦有家歸未得，杜鵑何必苦相催。

賊退旋里　張治

舊時臺榭委塵埃，一帶頹垣長碧苔。蔓草綿芊隨處有，梅花冷淡爲誰開。賊兵交錯難爲計，骨肉流離實可哀。四顧蕭條無別物，空留一犬卧墻隈。

亂後暮春登城誌感　張峻

豺狼盤踞亦稱雄，西勇南其競戰攻。無數樓臺經刼火，有情花鳥怨春風。圍城短樹參差綠，繞郭殘陽寂寞紅。何事饑烏啼不住，人家寥落淡烟中。

弔蕭錫紫峰大鍾茂才　新化貢生 陳魁春 大雅

太乙靈旗指夜郎，書生投筆試戎裝。能伸大義廻妖夢，

又挺雄心破鬼場。地下高談見隨陸，天邊遺憾及金張。楓林關塞魂來遠，死後猶聞俠骨香。

狂風捲地水增波，擊賊誰能競荷戈。兩道烟塵昏戰馬，一腔血淚灑長河。使君正氣乘朱鳥，仙尉吟魂散綠莎。（張尉惜春詩有吟魂散綠莎之句）太息蟲沙同往刼，精神無處向頭陀。（予與紫峯聯夜話，紫峯云：今夜精神抖擻向頭陀矣）

騰空蓬火動妖氛，大節堂堂迥不羣。爲國共推唐許遠，請纓何媿漢終軍。烟銷虎崗嘶殘月，日落龍山哭暮雲。浩氣成仁魂魄毅，靈旗風雨夜深聞。

妖星横擁木城門，獨有兹生氣節存。臨陣未能忘母病，讀書原要報君恩。三忠碧血同心誓，百里青山獨葬魂。壯烈至今神鬼泣，怒風穿骨散毛昏。

上將威名動列侯，幃中每賴贊前籌。雷聲震石驚魂碎，火彈衝雲劍氣遒。三堡樹深狐嘯雨，九龍烟净白横秋。平妖可賦才人逝，蹇咽西風渡夾牛。

和熊五夜有慈親，愛爾才華迥絕倫。千里孀居吟苦節，半生歸夢憾孤貧。悲風遠送黃驄曲，片土沈埋玉樹春。報國心雄遭計毒，慚他朱履上星辰。

一枝春賦冠羣賢幾日聯埁小雪天滇海蒼茫鐃健翼
甲坡慘淡是重泉何期春露叢蘭候竟化哀蟬落葉天
奇字滿床誰問訊竹窗螢火對愁眠
萋萋碧草墓門蕪憶爾悲歌擊唾壺義激生前倡勇士
名留死後振頑夫深閨對影愁鸞鏡遠道遺言弔女須
最是傷心寒食節一盂麥飯泣孤雛

何生巨源殉難詩　陳魁春

白社妖氛動四鄰嗟君偏作劫沙人生尋舊雨依松竹
死抱新詩泣鬼神寒雋閨中彈怨瑟孤雛膝下累慈親

焦溪烟月重回首爲賦招魂淚滿巾

莊明府　增生 鐃　琳 月樵

乾坤莽蕩起烽烟爲國捐軀豈偶然宦轍已悲春夢短
遺民爭頌使君賢危疆況乃無城郭曠典居然享豆籩
閩海忠魂飛不到子規啼血自年年

甘廣文　鐃　琳

苜蓿堆盤苦備嘗何期厄運遘黃楊官非守土生何害
職在明倫死不妨縱使招魂滿天地可憐延頸報君王
聖朝曾錫褒忠典俎豆猶欽泮藻香

邑侯王筱華殉難詩　張　峻

西風吹送鼓鼙聲僅恃區區斗大城戍卒雷奔悲失險
丁男鼠竄痛無兵魂飛楚北秋雲黯夢繞江西夜月明
事不可爲廿一死高堂泣别淚先傾
求援偏覺羽書遲賊衆城空勢莫支健僕尚留真血性僕彭元從難
同官誰作好男兒秋風激烈天含怒夜色淒涼
鬼守屍但恐龍門編不到長吟爲賦大招詩

邑侯王筱華殉難詩二首　選用通判 張　鑑 鏡如

梅關失險早心驚羸弱何堪與守城倉卒又傳風鶴警

閭閻祇戀室家情危如碁卵難籌筆遠隔湖天悵請兵
大勢已看流水去惟拚一死盡忠貞
十五宵寒月正圓靈隨皓魄上青天無情白刃誰同蹈
有血丹心獨秉堅賊悍未除君國恨屍留不朽鬼神憐
九原如遇莊明府涕泣當年嫗白蓮

惠將軍春殉難詩　張　鑑

風號激烈雪雱霏夜半角聲賊打圍委地戈矛悲戰士
運籌帷幄失軍機傷心馬革無屍裹攜手　鴉兒有伴
歸同難守備周忠福有鵲兒之號 料得龍辰師濟日應爲厲鬼執兵軍

弔愍將軍　監生何　暘白樵

朔風吹送角聲哀雪滿荒山戰壘開一騎身先馳險隘全軍骨已委塵埃志存報國方爲勇武不貪生識論才麂子峽中憑弔處可憐碧血染蒼苔

弔邑侯王筱華殉難　張　治

羽書告警賊紛羅旗幟如雲越境過幕府誰能宏保障鄉民不慣任干戈此身早已三朝許壯志曾經百戰多公歷署麻城應城數縣皆賊所到月照孤城人四散傷心黎庶淚滂沱

王公筱華殉難詩　監生張永芳芝山

彗星西指夜三更怒髮衝冠繞署行剩有孤身留虎穴

不將匹馬入龍城　恩頒丹詔忠堪憫血濺蒼苔死亦生一片精魂何處覓青山無限夕陽明

留別蕉溪諸同學　陳魁春

碧樹驚秋玉宇涼離琴彈在散毛鄉一枝碩果操逾固千里勞薪味已嘗砌竹晚蘭留後植晨星曉月趁歸裝他年天末吟紅豆夢繞南豐一瓣香

留別朝陽書院諸生　武陵舉人夏元成陪堂

彈指光陰四序移媿無學殖擁皋比門前勞載盈瓶酒紙上何曾一字師鳳嶺霜寒楓葉下鼎城月白塞鴻知別來相勗無他語努力雲霄慰所思

送黃梅廣文張偉人歸施州　貴州知府楊　庚少白

多情人欲去黃州送別同登古竹樓從此堂檐無繫馬那堪風雪獨歸舟白雲親舍江干遠赤壁新詩石上留手折梅花清到骨旗亭聊當柳枝酬

鄧衛公振武巖　張書紳

散毛元帥竟如何上將先聲已倒戈蠻王休誇覃野旺將軍誰似鄧甯河千年大長今安在三字孤崖永不磨

獨笑牛羊凶水草慣勞旌旆駐山阿

振武巖　饒　琳

雲山風樹斂旗空振武崖前紀戰功一代金戈揚偉烈千秋鐵馬咽西風天留卧虎蟠龍地客到蠻烟瘴雨中五百年來纔一瞬那堪搔首問英雄

佛潭　邑庠生熊夢祥星槎

神工鑿佛列危岑下映潭溪萬丈深泉水澄懷空法相樓臺倒影入波心圓光並擁如來座寒氣潛生祇樹林更愛古藤懸石壁禪門搖曳碧森森

卯嵩　熊夢祥

木欄經歷幾千秋仙客常從此際遊玉箸金杯空想像
琪花異草極清幽雲開石磴烟霞燦水湧銀濤島嶼浮
壁下澄潭人罕至魚龍潛處聽寒流

弔三烈士墓　武生 何遠松 雪芳

東風料峭夕陽寒杜宇聲啼血未乾忠烈同時埋指甲
草茅一樣露心肝妖氛未靖身先死闖帥無情命共殘
却惜史編搜不到空留精氣散毛關

孝子洞　何暘

一劔當門入鬼隔全家匿洞死生懸衛親險脫鼪鼯穴
駡賊愁深瘴癘天血染蒼崖留麂砍恨聽秋雨泣龍泉
我來駐馬頻搔首露冷陂塘散白蓮

伏虎嘶風　來鳳縣知縣 林翼池 警齋

扃深古洞自何年昂負呼號氣凛然立豹疑同深霧隱
明犀無用著燈燃梵輪駭聯探喉吼噎氣遊塵信口懸
勿謂使君封姓氏逍遥吹萬樂堯天

客寨霽虹　林翼池

經旬陰雨報方晴嘗見霓虹飲澗清色別雌雄明遠峽
彩分紫絳映邊城寒杉樹底樞星燦古寨橋頭複道橫
薄暮茫茫來過客恍然天際倚雲行

龍津漁火　林翼池

一帶長泓界北南漁燈草樹映毿毿中流沉璧淵光靜
隔岸燃犀水影涵萬點春星羅碧漢半鈎纖月釣清潭
漁人休向津頭問顆顆驪珠未可探

峽關傳鴻　林翼池

地接宣城出郭東峽塘關外盼飛鴻烽煙永息千年火
郵路時傳萬里筒何事銜蘆來塞外却疑繫帛墜林中

征禽不爽隨陽字遵陸清音度遠風

石門穿月　林翼池

草樹蕭疎歷晚村清輝萬丈射崖門幽林烏靜篩雲影
石磴風微逗桂魂一鏡懸空連晝夜長河瀉碧印川原
謫仙問月亭何在是處低頭憶故園

三山叠翠　林翼池

北郭峰高積翠微蓬瀛方丈是仍非珊瑚架列床儷筆
圖畫屏開簇繡圍五馬東來煙着屐九龍西去雨沾衣
吾曹安得常登陟龘玉情容幾度揮

九龍靈湫　邑庠生 歐陽祖瑛 敬亭

龍去靈湫久不歸至今想見九龍飛從來神物藏滄海
定有遺珠照夕暉雷雨捲潭山擁絮蛟螭舞壑水生衣
甘霖要慰三農望精禱他時願莫違

三山叠翠　張 治

一波未落一波生天外三峯畫不成翠重纔經新雨洗
嵐多每變夕陽晴煙鬟鼎峙連霄碧螺黛蟬聯帶月明
未必移來從海上也應仙路接蓬瀛

二水拖籃　張 治

秋染寒潭徹底清流分兩脈靜無聲三篙軟翠連龍渚
十里浮藍接鳳城練色齊涵烟縷縷風梭並織水盈盈
扁舟一葉隨波泛似在西湖畫裏行

蕉溪夜雨　張 治

沿溪曾記種芭蕉車馬喧闐過客饒野渡舟橫人悄悄
郵亭夜宿雨瀟瀟白添岸外波千尺綠碎窗前葉萬條
料得來朝歸路滑濕雲擁樹水平橋

前題　諸生 張 鼎 子文

夜雨瀟瀟感客情芭蕉窗外更淒清雲迷古徑燈無焰
風捲寒溪葉有聲暗壁鳴蟲催斷夢幽軒人語伴殘更
詩腸洗得清如許側耳終宵酒盞傾

前題　何 暘

奇峯怪石繞寒流夾岸芭蕉綠意稠日夕雲蒸山外雨
宵深涼浸水邊樓灣頭小住堪消夏枕畔閒聽欲送秋
料得瀟湘風景異黃蘆紅蓼白蘋洲

桐圃朝烟　張 治

地占平原得氣先春風披拂綠陰圓眠琴夕趁三更月
繞圃朝含十畝煙未許遠山分秀色却從鄰舍借餘妍

梭高百尺無凡鳥彩鳳雙棲憶昔年

前題　張 鼎

芳草萋萋碧可憐桐陰一片瀉朝煙雨餘風景初晴日
畫裏人家已曙天淡抹疎梧清影畔輕含弱柳曉風前
當年棲鳳知何日浮翠朝陽老圃邊

清泉引鳳　邑人 何遠程 金門

曉日晴開萬井烟源頭活潑湧清泉取攜不盡龍蟠處
耕鑿猶思鳳翽年酒後烹茶香沁齒暑中汲月夜摩肩
洗心池畔桐陰滿何怪人多陸地仙

前題　張鼎

雲根寒吐碧涓涓絕似金山第一泉人去鳳城分曉汲
茶珍龍井試朝煙澄清汪玉苔痕古蕩漾浮金月影圓
沁我詩脾塵不着竹梧陰蔭雨餘天

前題　張治

滿城煙霧鎖樓臺郭外山泉絕點埃冷冽潞敎鷗鷺避
澄清飲訖鳳凰來翩翩影自天邊去汩汩源從石罅開
井畔爪痕今在否波光常碧浸莓苔

古洞廻龍　張鼎

山形蟠曲勢廻龍古洞深深碧蘚封鱗爪帶腥經雨過
風雷得勢想雲從千秋猿鶴依營窟一片烟蘿覓舊蹤
應有探奇同禹穴芒鞋踏遍碧重重

佛潭印月　張鼎

佛潭千尺碧沉沉境闢咸康積翠深地隔紅塵空色相
波澄皓月証禪心幾行蝌蚪餘陳跡永夜魚龍聽梵音
相對頓饒清淨理幾人到此滌煩襟

前題　何暘

古寺深藏竹萬竿澄潭波靜老龍蟠佛天不借雲爲雨
仙境能教暑亦寒風淨蓮臺空色相日移藤影上欄干
參禪欲把塵心滌月照清泉眼界寬

仙洞流雲　張治

危欄倒影落溪流誰識仙人在上頭幽草奇花山下路
光風霽月洞中秋半灣綠水相環抱一片白雲任去留
世外紅塵飛不到攀援無計問漁舟

前題　張鼎

偶來勝地覓仙蹤古洞寒烟翠幾重自有千尋流水隔
長留一片白雲封靈岩遺跡曾飛鶴怪石攢空欲化龍
造訪儘教迷舊路尋眞何日一相逢

石門積雪　張鼎

漫空風雪失前村絕壁煙消敞石門白晝憑開天暗黮
深宵寒鎖月黃昏重關自闢銀爲限一徑斜通玉有痕
策蹇何人乘曉出不嫌驢背冷詩魂

文筆凌霄　張鼎

雙峯卓立位南離文筆參差入望奇染翰雲煙常擁護
濡毫風雨自淋漓澄清秋水臨池候燦爛春花入夢時
無限溪山風景好書空寫出畫中詩

老司城八咏集唐

庠生 劉宗發崇實

仙人崗

太極之元混沌坼碧城十二曲欄干嵚崖巨石自成室
登崢層峯坐可觀皓色分明雙闕牓長生只要一丸丹
誰能學得逍遥客曉潄瓊漿冰齒寒
符載　李商隱　蕭祜　崔珏
白居易　王建　李涉　包佶

天姥崗

骨聳冰凌貌瑩然何須更問洞中天容顏盡怪長如舊
世上多疑是謫仙曾得乾坤融結意已經秦漢幾千年

晴空禮拜觀眞像留與丹青作畫傳
張祜　貫休　白居易　張籍
張固　羅隱　劉禹錫　薛據

搭步橋

畫破青山路一條回看一曲倚危橋幾家渔舍冰綃隔
十里江村水墨描架險凌空隨指顧風清地古帶前朝
題橋每念相如志也跨寒驢掛酒瓢
鄭良士　秦系　顧況　熊孺登
竇庠　陸龜蒙　杜荀鶴　羅鄴

卯崗

崗穿江底出江南水物山容盡足號異草奇花人不識
寒清健碧遠相涵胸中壯氣猶須遣世上風流笑苦諳
此境眞應詞客愛醉歌烏帽逞雄談
王維　皮日休　智亮　齊己
白居易　劉威　韋莊　牟融

烏龜磯

龜能顧印誰相重正直還因造化工六中離離齊上下
元精耿耿貫當中奇形怪狀誰能識聲目開襟許暫同
八卦氣中潛至寶眞元浩浩理無窮
劉兼　杜甫　柳宗元　李賀
吳融　令狐楚　呂巖　韋應物

嘯虎灘

虎溪聲合幾峯泉萬里波濤在目前積雨暗封青草徑
楚人皆逐下江船已能經險若平地耐可乘槎直上天
舟楫杳然從此去世間無物可勾牽
齊己　沈彬　徐鉉　許渾
顧況　李白　杜甫　白居易

躍鱗潭

波浪無涯盡暴腮紅鱗多自鏡中來潴香杜若抽心短
風掃晴嵐畫障開麗日晴天相照映落花飛絮共徘徊
忽然分散無蹤影疑是神功不可猜
許渾　方干　白居易　杜光庭
萬齊融　雍陶　韓愈　唐彥謙

穿岡

一月秋空兩月懸分明挂在碧雲邊莫言天上惟孤影
目極雲霄思浩然自要乘風隨羽客不知今夕是何年
一千三百如輪夜何處風光最可憐 徐夤 繆氏子 韓偓 溫庭筠
高駢 戴叔倫 張蠙 白居易

新司城八詠集居

古寺鐘　庠生　向伯龍

松間已掩白雲封未卧嘗聞半夜鐘此際塵心應已斷
當時一笑也難逢遠林歸鳥飛還集近寺浮烟翠且重

此景此時誰會得懶將名利役疎慵 李商隱 劉商 皎然 羅隱
陸龜蒙 杜甫 永明 薛逢

玉帶岩

好倚青山與碧溪朗吟閒步喜相攜風光未斂林初曉
嶺水爭分路轉迷瑞氣迴浮青玉案閒身應謝紫金泥
爲予寄語垂紳客萬古榮華旦暮齊 羅鄴 張賁 劉得仁 李德裕
耿諱 羅帆 明宿 杜牧

月亮岩

堅貞一片色猶全磊落誰分造化權但覺虛空無障碍
可憐光影最團圞不知今夕爲何夕長取新年續舊年
留向人間光照夜迴疑江月半嬋娟 劉商 徐夤 白居易 張籍
賈島 張說 台曦 李紳

筆架山

自拂煙霞安筆格天外三峯削不成珠玉會因成咳唾
雲山經用始鮮明紫光稱近丹青筆餘力猶隨鳳藻生
詩思又牽吟咏發不妨高處便題名 陸龜蒙 崔灝 杜甫 李紳
韓偓 羅隱 白居易 朱慶餘

龍頭嘴

亂雲堆絮滿澄潭水色侵磯直似藍藤杖竹舟相掩映
淺青深碧疊東南河邊淑氣迎芳草林外遙山隔翠嵐
時過一聲新水調仙舟搖櫟鏡中酣 韋莊 陸龜蒙 杜遜 牟融
孫逖 牟融 白居易 張說

馬娃潭

波中萬古生幽石定是龍飛天上來乍結精華齊永刼
自然靈貺作梯媒綠萍白芷遙相引嘯狖啼猿見盡猜
浮世近來輕駿骨欲題風韻愧凡才 吳融 張說 齊己 吳越僧
韓翃 貫休 羅隱 楊巨源

旋潭

水蹙斜文剪綠蘿柳邊風去綠生波山含瑞氣偏當日
馬識歡心亦解歌此外俗塵都不染閒中滋味亦無過
欲拈霜管題詩句醉舞詩狂漸入魔 張祜 羅鄴 盧綸 王維
李頎 徐鉉 郎上元 元稹

大小龍潭

護江隄白蹋晴沙水面魚身總帶花遠信初憑雙鯉去
芳洲肯恨柳絲遮即今好景留人住便欲垂綸到日斜
學得莊生濠上樂棹聲煙裏獨咿啞 白居易 薛濤 王初 朱慶餘

過振武巖弔古 張 峻

過客爭談衛國公金戈鐵馬賜英風士酋羅拜迎元帥
石壁留題耀武功營壘虛無新月白旌旗想像夕陽紅
劉威 章碣 胡宿 韋莊

古佛潭 候選訓導 張 鈞 蓮舫

可憐嗚咽天橋水夜作寒濤泣鬼雄 覃氏言其祖被俘鄧愈於天橋殺之
巖覆如堂儼數層危樓半倚石崚嶒古潭照影留真佛
短榻支頤話病僧雨上泉鳴疑過雨峯頭猿下倒垂藤
詩成不敢高聲誦恐惹潛龍負浪升

鳳山泉 張 鈞

一脈香通鳳嶺巔在山泉勝出山泉洗來俗耳人應笑
清到詩脾我欲仙候鼎時聞風颯颯不波自浸月娟娟
從今要與生公約調水無符莫浪傳

鳴鳳樓 張 鈞

石磴穿花翠篠風樓高未覺在山中一層纔上雲霄近
羣峭皆低倚傍空醉我觴宜飛白羽驚人句好問蒼穹
手招鸞鳳來天際曉日梧桐射影紅

振武巖 張 鈞

彗埽星流振旅還凱歌聲徹富州山高崖哭兀留三字
上將威名鎮百蠻秋草已生神壁岸亂雲不動散毛關
作銘却恨無班固醉墨空餘夕照殷

五言絕句

烈女井 布衣 黃宗器 板橋

妾心如井水妾身沉井底匪妾甘沉身妾心不能已

佛潭印月 文童 張宗達

山靜佛天豁潭空月影孤那知塵境外猶有小蓬壺

仙崗流雲 張宗達

亂石響流泉雲飛出洞天神仙渺何處花草自年年

蕉溪夜雨　張宗達

寒雲低野渡蕉葉覆溪橋一夜瀟瀟雨應添幾許潮

石門積雪　張宗達

石徑寒飛雪驅車過此門萬峯皆積玉無復舊苔痕

七言絶句

下車兼旬即景成咏以當釆風　商盤

冉駹遺種語侏㒃大旺當年有舊司苗錦如雲成五色
勝他番罽紫駝尼

羊腸蟻穴路彎彎古迹猶存振武關散木民材同一炬
年年十月便燒山

椎髻雕題態若何利宜餘習未消磨金環貫耳誰家女
解唱龍龕蛺蝶歌

官符商引到山家綠雪紛紛乍吐芽莫怪釆茶時節好
火前茶勝雨前茶

來鳳教匪未靖奉代守硤口寨　代來鳳縣事利川縣丞 王三錫 河南拔貢

竹篙窩蓬木栅城憑高扼要勢縱橫獨憐負戟抛鋤者
盡是宣恩義勇兵

四野蛙聲雜雨聲溪流喧漲客心驚戍樓鼓角忙催柝
數到連敲第五更

迎春日作　來鳳知縣 康乂民

亮與露冕出東關日映旌旗雪滿山媿我無能蘇百姓
爲迎春色到人間

來鳳襍咏　來鳳知縣 方策 竹儂

到來長夏似深秋早晚陰晴氣不侔一陣蠻風吹瘴雨
征夫五月尚羊裘

春歸百卉始勾萌色色新奇曾眼驚讀遍離騷兼爾雅
山花山草不知名

老樹槎枒茁葉肥中林白鳥弄芳菲杜鵑啼到聲聲血
不信游人喚不歸

蘖圃蒔苗那足珍藥師收貯詫爲眞如何不識長生術
劚得黄精剔賣人

金戈鐵馬靖邊烽百十年來化澤濃今日太平眞有象
大端陽節鼓鼟鼟

亂後經來鳳作　湖南永順府知府 張修府 東墅

鶯啼村樹半陰晴驛路斜陽策馬行誰道夜郎風景惡
水田如鋻遠山橫
愁雲黯黯壓沙場亂後郊原草亦荒二月蠻天春不見
東風惆悵菜花黃
官渡寒波咽不流山城華屋盡荒邱可憐諸將論功日
白骨青燐滿地愁
焦土淒涼壞壁遮山村父老半無家垂楊也歷傷心刼
幾日春風便吐芽

烈女井　龍山增生　饒琳　月樵

海枯石爛豈無時巾幗賢名後世知一掬寒泉圓鏡影
照人肝胆魄鬚眉

弔三烈士墓　饒琳

指甲坡前草木香我歌黃鳥弔三良精魂不逐青燐散
夜夜悲風起兆邱

張尉殉難詩　王廷弼

分栽花縣多年歲一戰空留碧血殘化鶴仙人今在否
更從何處葬衣冠

弔邑侯王筱華殉難詩　邑庠生　段延澤　春圃

縣小何堪玉石焚離民散卒任紛紛獨將一死酬　君
國大節堂堂總不羣
倚劍空城力不支援兵望斷羽書遲濠梁一片無情月
照見孤臣喋血時
收骨時經秋復春紛紛士馬盡成塵凜然面目還生氣
呵護端知有鬼神
雲斷西江道路悠魂隨杜宇泣深秋以身報國原無恨
哭望高堂爲白頭
三年遺政尚如新吏牘誰分酷與循扳薙撫嬰懷往事
蒼生何處覓斯人
重重褒錫出天閽誰報淒涼地下魂感極不知雙淚落
原非一慟爲私恩

弔王邑侯筱華殉難詩　何暘

時局難期衆志成獨將一死守孤城只今惟有西江月
照徹丹心萬古清
誓將清白報君親大節無慚守土臣回憶梅花高格調
新詩早見性情眞

題王小艭冬青山館詩三首　溆浦翰林　舒夢齡　蘇橋

干戈林列李家壇五庫平開劍氣寒不道涪翁香一瓣
至今遺落尚人間
開元風調建安骨三百年來沒處尋獨惜廣陵遺曲在
幾人知是六朝琴
江左八龍早無我吳中四傑已推公詩名敢恥居王後
曾向旗亭拜下風

張鏡如逼守亂後紀事　草題詞　饒　琳

生際紅羊黑刼年香山妙咏續長篇我來同灑傷心淚
樂府新聲咽管絃

河山戰鼓日紛紛窮得仙源了不聞朝市非秦權避地
全家俱隱入紅雲
落日驅車過戰場烽烟滿目淚沾裳包胥忽作秦庭哭
終是　君恩未敢忘
妖星飛度夜郎西百里山河動鼓鼙太息秦關空設險
東封誰借一丸泥
那堪時局日艱難壕上伏屍血未乾守土孤臣拚一死
酸風苦雨曲中彈
將軍血戰早知名報　國從來性命輕麗子嶺邊流水
曲千秋猶作怒潮聲
閒談鐵馬與金戈振武銘功迹未磨今日鐃歌重唱處
河西猛士本來多
英風毅魄性情眞刼火光中大有人喜見亂離逢孝子
欣聞板蕩識忠臣
閨閣賢名世罕知凌霜傲雪盡同時虧君一管生花筆
寫出蒼松翠柏姿
北阮翻爲南阮貧連雲大廈委灰塵狸奴何物多情甚
橫臥花陰戀主人

尊前侑酒讀新詞泣鬼驚人句太奇他日輶軒資採擇
綱常名教賴扶持
謝傅才名信不虛東山絲竹樂何如蒼生近日望霖雨
黃葉林間漫著書

佛潭印月　貢生　覃化南　荆門

古寺深藏一徑開波光竹影共徘徊疑他潭靜月明夜
定有蒼龍聽法來

蕉溪夜雨

蕉葉參差夾岸生綠天低覆水雲平無端昨夜瀟瀟雨

多少離人夢不成

二水拖藍

獨上高樓縱大觀雙流出峽夕陽殘藍痕不借霜華染
好共天光一例看

石門積雪

雪光點點積蒼苔風掃石門曙氣開踏破寒雲山曲折
依稀人自玉關來

來鳳縣志卷三十二

雜綴志

集異

湖廣通志載施州漫水寨有木名普舍樹普舍者華言風流也昔覃氏祖於東門關伐一異木隨流至那車復生根而活四時開百種花覃氏子孫歌舞其下花乃自落取而簪之他姓往歌花不復落尤爲異也

城中禹王宮建於乾隆中規模甚巨有覺其楹皆香楠也初建時求棟梁不得忽城西伏虎洞冗有大木植立水中視之亦香楠遂爲大轆轤轉巨纜百夫牽挽終莫能動衆乃刑牲禱於水次是夜雷雨大作木隨暴漲流出工師度之修短適符又正殿右楹縱橫結構處其榫時離時合亦一異也

有石工入貞肅里山中伐石石間得石盒圓逕數寸揭其蓋中有二小石龍左右蟠屈成太極圖形旁列八卦方位不差

又入山伐石者得兩磁碗俯仰相合揭之碧水澄然中有金魚躍出

道光丙申五月縣西板橋河每夜有光初不知爲何故羣往視之乃羣蝦負火如螢照耀閃爍沙石畢見捕置缸中明如燃火好事者呼爲蝦燈

新司城東之山聳然特立絶頂有泰古寺圮廢已久而鐘聲常自荒煙中出或比於豐山之勝然豐山之鐘霜降自鳴此則無鐘而有聲抑亦奇矣

新司城之東十里山形若獅子每於鷄鳴後聞山上有誦佛聲

城外江西會館祀許旌陽每數歲有青蛙神至或一或

二或三不恒厥數至則止於繡谷神座前大倍常蛙色碧背負七星寺僧覺而盛以盤飼以汾酒能盡數器西人大和樂以媚之去則不知所之或不欲去而强送諸河送者未返而神已踞座前如故蓋江西土神也

乾隆戊戌己亥邑大饑城北紅桂坡忽生土屑滋潤潔白飢民取以爲食或和飯食之全活甚衆因名曰觀音泥以大士之救人也道光壬辰邑又饑亨康里之紅崖坨貞肅里之猴栗堡亦產此泥救濟亦多

按凶年噉食土屑石粉歷代已然文獻通考及稗史諸書載之詳矣占曰地生麪民將飢食之之法須和以家糧或作餅炙熟方免脹甕之害食傷瀕危惟冬葵子煎湯可以治之

米擕崗在佛山之半昔有高僧焚修於此日於石隙獲米一盞以供齋粥亦莫測其所自來久之化去後有貪僧將石鑿開了無一粒

嘉慶丙辰匪變孝原里民多避亂於高洞一日賊大至將肆擄掠水忽泛漲賊皆反奔大呼隔岸有赤面人持刀阻截遂退里人謂　關帝顯靈建廟於紅沙田

邑有所謂元魈者俞兒木客之類也來去無蹤見之者皆曰形如好女能於空中墮塼瓦碎盃棬衣履或無故自焚自出其粟使人不堪或從而奉之惟謹所欲皆應愈而至有因之致富者然小有忤觸又罄所有盜而富他人故俗謂之小神子此惟運蹇而行邪者乃罹之正人不能犯也

邑南八里有古柏黛色霜皮相傳爲明時李逵道所植今半心空矣每植晴雨輒有雲烟出其上居人屢卜屢驗

孝原里茶園溝溪畔猴栗樹一株大二丈圍高十餘丈老幹縱橫陰覆百畝遠而望之佳哉氣葱蘢也過其下者神風泠然不戢自肅宋元以前物也昔人比之海上靈椿

犀能分水通天者駭雞蘇子瞻送喬施州詩所謂雞號黑暗通蠻貨者也前代有人樵於宣撫堡之濱忽潭水沸騰見一物從水底石穴分水而出其形似牛頂額鼻各戴一角樵者駭極以手中柴斧投之復入石穴而水仍合蓋水犀也故其地各曰犀牛潭

卯水正崗上下二崗相近下崗河水所經凋遶如城垣上崗青壁無梯高數百丈仰而望之有門焉木欄縱六横七人迹所不能至也相傳漢唐時有逕可入中有金杯玉箸借之者望空誠禱即得後有易以銅錫者於是仙津隔斷可望而不可即矣

青屏山在縣治南百餘里青石屹立了無餘土縱二十餘丈横十餘丈高百餘丈四面皆壁類刀削成望之若屏古藤下垂無徑可陟嘉慶間有覃姓者聞鷄鳴絶頂乃攀大藤上之若有神助峯二層第一層石平如砥徑五丈横三丈有奇次層如之復援藤而下延工鑿修磴道險惡之處鎖以鐵緶上建佛寺二間次層亦如之寺後有瘦木數十本旁有瘦竹百餘竿涼風歘至聲動若琴絃有雅趣石壁隙中涌清泉一綫類擠出者以長頸罌承之可共二人之用其性清洌泌齒以之煮茗味極佳美謂之仙泉遂棄妻子爲僧居之不持肉戒每歲旱以小佛一尊倒負於背鳴鑼咒佛呼天求雨雨多應之俗謂之顛僧老乃積薪寺側焚身坐化焉其子拾餘骸瘞之今呼顛僧塚云

存疑

四川黔楚之交所在多漢丞相諸葛武侯遺蹟實當日旌節所蒞非盡附會以增山水光也距縣南百二十餘里有洞可藏數百人在勇敢里漫水塘下流左岸峭壁千尋中深不可測洞口緑蘿如帶雲樹蒼茫相傳武侯征蠻至此因名曰諸葛洞恒有羽客來往靡蹟宛然

府志稱邑在五代爲感化州在宋爲富州爲柔遠州其說蓋出於明雷思霈施州衛方輿書考之載記多不合者或曰柔遠州屬懷德府隸四川行省見元史地里志

或曰感化州元屬思州安撫司見永順府志或曰富州有二見宋史蠻夷傳一爲北江蠻一爲南江蠻卯峒司志載彼處土司在前明以功授爵者不一其人其强盛似出東流臘壁諸司上也明史土司傳竟無一字道及

土司官屬有同知經歷都事吏目儒學教授訓導皆以流官爲之凡土司皆然邑七土司惟卯峒志載有經歷趙全仁山東貢生餘俱無聞豈有其制而未備其員與抑代遠年湮莫能考也

宋章愔經制南北江諸蠻謂在黔之西南阻五溪漢黔中地爲北江隸辰州自辰州達於長沙各有溪峒爲南江本唐郡縣地今自辰州之西而上溯之爲北河而寶慶城步有巫江入綏甯者謂其必經南江豈卽昔所謂南北江之分與

北江羈縻州三十六而溪州爲大錦蔣富叙等州則屬北江然南渭州在唐則屬富州

官富州者五代時則有守富州別駕彭師杲宋乾德初則有領富州刺史杜審瓊瓊昭憲皇后之弟也淳化二年則有鶴州刺史向通漢改爲富州刺史至道二年封河內郡侯子光憲遞襲

祥眚

雍正年鳳鳴於半邊城

半邊城在城東不半里卽翔鳳山也土司時相傳有鳳集於此邑後因之得名

乾隆二十八年癸未七月大水

是年七月初十日霖雨三晝夜至十二日午未時各處水漲漂没樹木屋宇器物將仙人洞口壅塞不通淹至縣署頭門避水患者盡登半邊城傍晚漸退

乾隆四十三年戊戌邑大饑

乾隆四十九年甲辰邑大饑

乾隆五十九年甲寅佛像生芝如蓮

嘉慶八年癸亥空中常聞兵馬聲居民皆驚匿不敢出戶

道光初年東門外民婦産一子腦如其面各具耳目口鼻未幾死

道光十一年辛卯大饑

道光十二年壬辰大饑

道光十五年夏六月日碧色無光

道光十七年丁酉夏城隍廟外水田開並蒂蓮

道光二十八年戊申邑生嘉穀大如黃豆有纍重重團結圓如豆餅老農曰此穀王也田生此穀其穫必倍

道光二十九年己酉夏邑大饑流民入境死者枕藉是年之夏竹皆花花後盡枯死

咸豐六年丙辰夏五月初六日辰時地震屋瓦皆動同日地震者環數百里皆然咸豐黔江之変地名大

路壩獨甚山崩十餘里壓死左右民居三百餘家當地震時有大山陷入地中忽躍出而後下墮者有平地本無邱陵忽湧出小阜十餘者有連山推出數里外山上房屋居人俱無恙者有田已陷沒而田內秧禾反在山上者有被陷之人忽從地中躍出身無寸縷者詩云高岸爲谷深谷爲陵其信然矣山麓故有河河爲山石所壅水乃逆行淹沒地方復二十餘里潴爲池廣約六七里深不可測不及月餘有大魚無數游泳其中豈三百餘家之男婦化而爲之乎噫大

咸豐七年丁巳春豕産象

咸豐八年戊午夏有梟集於泮林

咸豐十年庚申大河壩山上蛾闞　貞肅里井水闞

咸豐十一年辛酉卯尚民家犬作人言　是年春東門外地鳴　夏五月夜空中有光如長虹曳尾而行自西而來悉率有聲　六月二十四日彗星見於西北逾月始滅　秋七月九頭鳥鳴　九月月赤如火　冬十一月十二日夜大雷　十二月天裂一縫逾時始合

同治元年夏五六月民間訛傳有剪髮辮剪婦人乳剪鷄毛等怪舞紅龍以禳之月餘亦無他異

案張雲谷錦里新編云乾隆己丑春各省忽有剪髮辮之異其始自東南而西北其後復自西北而東南被剪之人微覺昏暈少頃視髮辮烏有矣而人亦無恙有從髮根剪者有留一二寸從中剪者不知究被何物剪去並聞都中婦女裙幅亦時被剪川省並剪及鷄毛鴨毛不解何故一時訛言四起各有委員捕治毫無踪影直隸總督以其事入奏

上諭之曰此妖氛也見怪不怪其怪自敗可不必辦後果息無他異

同治元年壬戌秋八月禾兩歧

二年癸亥夏四月麥秀兩歧　是年夏五月空中有聲如礟

掇拾

五溪諸蠻遥接益州西境故先主伐吳使馬良招五溪諸蠻授以官爵（叙州圖經）

荆雍州蠻分建種落布在諸郡縣居武陵者有雄溪樠溪辰溪酉溪舞溪謂之五溪蠻（宋書南蠻列傳）

楚滅巴巴子兄弟五人流入五溪各爲一溪之長（晏殊類要）

開元十二年五溪首領覃行章之亂詔楊思勗爲黔中招討使率兵六萬往執行章斬三萬級（唐書楊思勗傳）

土司二字始見於宋徽宗崇寗四年王祖道奏議（文獻通考）

元世祖至元二十五年置湖廣溪峒蠻獠四總管府統州縣峒百六十所用漢人爲達魯花赤雜土人治之（本紀）

石抹狗狗契丹人至元十七年進明威將軍管副萬戶二十一年以蒙古軍八百從征散毛蠻戰於茱園坪滲水溪皆敗之（元史石抹狗狗傳）

楊偉施州衛人官衛百戶黃中叛後臘壁恃險負固偉冒死至寨諭以禍福遂詣軍門降（舊衛志）

洪武二十八年六月壬申詔諸土司皆立儒學（本紀）

按土司既設學當時列膠庠者必不乏人如今之咸豐縣先亦散毛司地也在明萬歷時則有歲貢張文煥崇禎時則有歲貢張齊廉　國朝康熙時則有恩貢楊光宣又有唐先生者傳者逸其名康熙間官安陸廣文亦散毛司人惜記述鈌如諸如此類無從稽

考耳

宏治十四年詔土官應襲子弟悉令入學漸染風化不入學者不准承襲（明史）

土司時學無額有曉暢文理者本司送荆州附考（卯峒司志）

土人呼官長曰冲又曰送又曰踵（永順府志）

土司各分部落曰旗旗各有長管轄戶口分隸於各州司而統轄於總司有事則調集爲兵以備戰鬭無事則散處爲民以習耕鑿土人有罪小則土知州長官等治之大則土司自治若客戶有犯則付經歷以經歷爲客官也

來鳳縣志跋

乙丑春省垣將有通志之役先
飭郡縣各修志備採擇檄至時
知邑事者爲蕭山　林公煦齋
議甫定以補保康去夏四月
今邑侯李公實來下車匝月他
務未遑惟邑志爲汲汲蓋將發
下邑之光非第答上游之意也
爰於閏五集邑人士咨諏咨度
而以王稿屬何君葆山孝廉鈞
亦與焉何君三長夙擅固所優
爲若鈞者鈍資懵學譬之駑駘

隨騏驥未能騰驤而先蹶其蹄
僨車之咎所不免矣旣辭不獲
已因念以邑人而志邑事分也
況　賢大夫提綱挈領顯示其
程諸君子遠紹旁搜同襄其盛
史書之紀述可援父老之傳聞
足據勉殫心力或不至大疵謬
以貽簡乘羞惟臧否人倫苟非
有道德能文章是非失當言之
不能行遠竊不敢僭請以專任
何君於是發凡起例別類分門
旣循舊以圖新更徵文而考獻

略者詳之訛者正之事惟求是
非期故異前人語必尋源要使
昭兹來許凡六閱月成天文以
下至雜綴等三十六志上之
邑侯以俟訂正　侯山左名進
士也鳴琴之暇輒復招同商搉

官閣燭搖筆談交暢理析精微
詞歸體要鈞藉以獲教多矣遂
綜何君所輯行誼忠義孝義文
學武功壽考節孝節烈入志共
釐爲三十二卷付諸剞劂極知
譾陋無當大雅然於一邑之始
終鉅細觕具端倪似亦採風問
俗者之一助云清風戒寒梓人
蕆事因綴璅言書諸篇末
同治五年歲次柔兆攝提格月
在厲元張鈞識